BLANC SILEX
éditions
Kergoulouet
29350 Moëlan-sur-Mer
Tél. Fax : 02 98 71 09 49
E-mail : brunogeneste@wanadoo.fr
blancsilex@wanadoo.fr
Site : www.planetexpo Blanc Silex édition

MAASAÏÏTİS

DIFFUSION ET DISTRIBUTION
De Borée

SARL au capital de 8 000 euros. Siret : 440 492 965 000 15. APE : 221A - RC Quimper : D005819001.
Siège Social : Kergoulouet 29350 Moëlan-sur-Mer. Directeur : Bruno Geneste

Du même auteur

L'Occidentalisation des Maasaï du Kénya,
Paris, Editions L'Harmattan, 2 volumes, 1995.

Sagesse Maasaï, Editions Blanc Silex,
à paraître mars 2004

ISBN : 2-914875-00-2

Xavier Péron

MAASAÏÏTİS

Préface de Pierre Rabhi

Photos de l'auteur en cahier central

Témoignage

BLANC SILEX
éditions

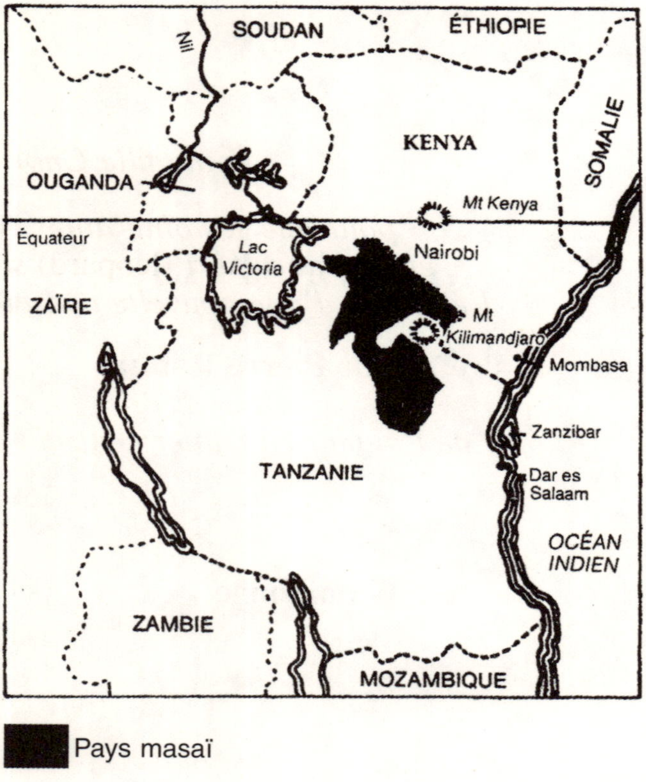
SOUDAN
ÉTHIOPIE
Nil
KENYA
SOMALIE
OUGANDA
Mt Kenya
Équateur
Lac
Victoria
Nairobi
ZAÏRE
Mt
Kilimandjaro
Mombasa
Zanzibar
TANZANIE
Dar es
Salaam
OCÉAN
INDIEN
ZAMBIE
MOZAMBIQUE
Pays masaï

A ma fille Gabrielle,

pour que ses olng'atuny (lion)
et olowuaru keri (léopard) *soient*
l'ébauche d'une nouvelle conscience

Chronologie
d'un encerclement

Avant 1400 : les Maasaï, nilotiques des plaines, ont pour origine la boucle du Nil.

1700 : les Maasaï habitent les « meilleurs pâturages du monde » le long de la vallée du Rift, sur douze cents kilomètres, du nord au sud, du lac Baringo jusqu'à Kiteto, en Tanzanie actuelle, et sur trois cents kilomètres, d'est en ouest. Ils ne colonisent aucun peuple.

1885 : première traversée du pays maasaï par un Blanc : Joseph Thomson.

1890 : mise en place d'une frontière internationale entre le Kénya anglais et le Tanganyika allemand. Le peuple maasaï est coupé en deux.

1891-1892 : « Le Désastre », deux années ainsi qualifiées par les Maasaï, où ils échappèrent de peu à leur total anéantissement. Une peste bovine décime leurs troupeaux, à laquelle succède une longue sécheresse puis une épidémie de variole.

1904-1911 : Les Anglais déguisent la plus grande spoliation de terres de toute l'histoire de l'Empire colonial britannique derrière un pseudo-accord sous la forme de deux traités iniques, les seuls jamais conclus par les Anglais avec des « primitifs », selon l'expression de l'époque. Les Maasaï perdent les trois quarts de leurs terres et sont confinés dans une réserve infestée de tiques et de mouches tsé-tsé.

1945 : Création des concepts de parc national et de réserve. Les Maasaï perdent à nouveau de vastes territoires transformés en sanctuaires de la faune sauvage : Nairobi, Tsavo West, Amboseli, Maasaï-Mara, Serengeti, Ngorongoro, etc.

1970 : Instauration d'une réforme foncière qui découpe le pays maasaï en ranchs collectifs.

1988 : Privatisation forcée des terres maasaï du Kénya. Rackets fonciers et ventes massives de parcelles individuelles se succèdent. De nombreux suicides, du jamais vu chez les Maasaï ! Résistance accrue de certaines sections telles que les *Loita*.

1992 : L'homme-médecine de très grande renommée Mokompo ole Simel prend la tête de la résistance pour empêcher la Forêt primaire de L'Enfant perdu, cœur spirituel du peuple maasaï, de devenir un énième parc national.

L'expression *« maasaïitis »* a été popularisée par Negley Farson dans « *Last Chance in Africa* », publié à Londres en 1949. Elle actualisait le mythe, très répandu sur le terrain, selon lequel l'administrateur colonial en poste en pays maasaï finissait par y perdre son autorité. Celle-ci était sapée par un mal étrange, une « maladie d'amour » connue des officiels sous le nom évocateur de *« maasaïitis »*. Aujourd'hui, cette expression traduit la corruption généralisée des fonctionnaires en poste dans les districts maasaï.

◆

Note de l'auteur

J'ai écrit ce livre à partir du carnet de route que j'ai tenu à l'occasion du séjour effectué chez les Maasaï durant l'été 1993. Je n'y étais pas retourné depuis quatre ans.

Hormis les principaux hommes politiques, les prénoms et les noms maasaï des personnages mentionnés ont été changés pour des raisons déontologiques. Je ne doute pas qu'ils se reconnaîtront aisément. A eux, toute ma gratitude.

Mon récit chemine en neuf étapes. Neuf en numérologie maasaï est le nombre le plus sacré qui soit. Il symbolise à la fois l'esprit de la communauté et la plénitude individuelle, il représente aussi l'activité de groupe dans l'implication de tous et la joie; il est enfin un aboutissement.

« Kira ilosupuko owang atua. Osupuko lang le Karsayia. Langorie enkidong e nkalamu. Maape kiriama. »

« Nous appartenons à ces hautes terres de lumière. Notre culture et notre éducation les défendront, dussions-nous en mourir ! »

Préface

Avec son ouvrage, auquel il a donné le titre de *Maasaïitis*, Xavier Péron nous invite à partager son voyage initiatique au cœur d'un peuple et d'une culture parmi les plus fascinants. De cette culture, il a une connaissance affirmée par les savoirs du chercheur, et affinée par une implication personnelle physique, concrète et sensible. Le terme « initiatique » est à la fois juste et à la réflexion insuffisant. Car, à travers le récit qui nous est offert, il n'est pas seulement question d'un itinéraire riche comme il l'est vraiment, d'enseignements importants et de singularités ethnologiques. Il s'agit également et surtout du regard d'une conscience engagée, concernée au plus profond, sur une réalité qui endolorit le cœur et profane l'intelligence. Cette réalité concerne la destructuration, la corruption au sens presque physiologique du terme, d'un ordre traditionnel séculaire, par les toxines du monde moderne paré comme d'habitude des intentions les plus louables. Le cas du peuple maasaï est transportable, sans presque rien y changer, à bien d'autres peuples et minorités ethniques, pour ne pas dire à la totalité de la planète. Est-ce un non-sens, par exemple, de se demander ce que sont devenues les ethnies et les traditions qui faisaient de l'Europe elle-même une magnifique mosaïque de cultures ?

En vérité, il sera difficile d'avoir la juste mesure des bouleversements dont est responsable l'idéologie du matérialisme presque intégral si caractéristique du modèle qui domine le monde contemporain. On peut d'autant plus déplorer ces nuisances, avec un sentiment d'humanisme universel au-delà de l'éternel clivage Nord-Sud ou du contentieux colonial, que les évolutions qui affectent les sociétés dites avancées, prospères, développées, nous révèlent qu'elles sont elles-mêmes aujourd'hui les victimes des préjudices planétaires qui leur sont imputables. Le début du processus ne date pas d'aujourd'hui, il prend probablement racine dans ces siècles singuliers où la raison pure, considérant que le créateur et la nature étaient trop séniles pour construire l'avenir, leur a substitué l'homme démiurge. Les trois derniers siècles se sont écoulés sous l'égide de cette nouvelle divinité. Et le bonheur, la libération escomptés grâce à la raison, à la science, aux promesses technologiques ne sont pas vraiment au rendez-vous. Le monde voué à la matière minérale, à l'énergie combustible, à la puissance mécanique, à la productivité sans mesure, à l'avidité érigée en système économique, non seulement arrive à ses limites, mais s'avère être le plus vulnérable de toute l'histoire. Le rêve prométhéen, hormis les avantages dont n'a bénéficié qu'une petite minorité, les 5 % d'individus par exemple dont je fais partie, qui ont le privilège de voyager en avion, reste ambigu. Et comme apothéose, nous avons pour la première fois de toute notre histoire la capacité de nous faire disparaître.

En prenant un peu de distance par rapport à toutes les questions, on peut, dans une méditation tranquille, se demander simplement pourquoi, dans le vaste champ que le réel offre à notre imagination, à notre créativité, à notre libre-arbitre, nous avons organisé le monde sur le tout duel et guerrier. Nous continuons à éduquer nos enfants sur le modèle de la compétitivité et l'ignorance de la nature, qui sort meurtrie d'une histoire de brutalité, épuisée par nos prélèvements boulimiques et les miasmes de toutes les toxicités. Tout cela est difficile à admettre, étant profondément convaincu qu'un ordre universel suprêmement intelligent n'est pas une hypothèse mais un fait. Cet ordre nous invite à retrouver les intuitions simples, à relier notre destin devenu hors-sol au fondement d'une nature à aimer et à respecter comme seule vraie garante de la pérennité, et à répondre à notre véritable vocation, mission fondamentale : créer du bonheur par l'enchantement.

L'ouvrage de Xavier Péron se suffit à lui-même et il ne m'a pas paru nécessaire d'en donner le détail ou d'en faire une longue exégèse. Il est écrit avec un langage précis et une plume sensible. Chaque lecteur pourra apprécier les richesses de son contenu. Je considère qu'il fait partie des messages essentiels. Si je me suis montré sévère avec une certaine modernité, c'est qu'en détruisant aveuglément toute les valeurs traditionnelles, elle nous confisque les recours auxquels notre histoire aléatoire aura besoin. Merci à Xavier Péron de celle belle et dramatique contribution.

Pierre Rabhi

Directeur de Terre et Humanisme
Fondateur des Oasis en tous lieux.

Prologue

« Je m'expliquerai : mais ce sera prendre le soin le plus inutile ou le plus superflu, car tout ce que je vous dirai ne saurait être entendu que par ceux à qui l'on n'a pas besoin de le dire. »
Jean-Jacques Rousseau

« "*You don't have permit, no official paper, you are in a prohibited area. Tomorrow, the police will come to take you !*", nous martèle notre hôte dans un anglais approximatif mais menaçant. Eric et moi nous trouvons être de façon pour le moins inattendue en garde à vue, allongés sur la couche principale de sa maison de bouse. Le lit, étroit et en pente, nous oblige à nous contorsionner pour éviter que nos pieds n'aillent griller au-dessus de l'âtre. Nous sommes hébétés, d'autant que nous avons eu beaucoup de mal à parvenir jusqu'à ce village maasaï, le premier que nous découvrons depuis qu'en début d'après-midi nous avons pénétré le «*Ngorongoro Conservation Area*» par l'entrée principale et acquitté comme les touristes d'un droit d'entrée de cent dollars. Malgré des pluies diluviennes, j'ai réussi à monter la grande côte qui mène au cratère, mais, après avoir obliqué sur la gauche au lieu de continuer jusqu'au plateau où se trouvent les lodges, le châssis de la voiture s'est immobilisé sur la partie herbeuse du chemin. Deux *ilmurran* (guerriers) providentiels nous ont sortis de ce mauvais pas. Nous avions eu l'idée d'utiliser le cric pour soulever le véhicule après avoir accumulé des pierres dans le rail d'argile grasse pour le faire parvenir à bonne hauteur, mais par manque de recul il nous fut impossible de tourner la manivelle. Les moranes ont tout de suite compris ce qu'il fallait faire, saisissant

une lance pour en désolidariser la partie inférieure. Puis, le geste sûr, ils ont introduit la pointe effilée dans le trou de la partie mobile du cric, exerçant des mouvements brefs de rotation jusqu'à ce que la caisse ne soit plus en contact avec la portion centrale gorgée d'eau. Nous avons pu la soulever pour la mettre de travers de telle sorte que les roues puissent à nouveau tourner ailleurs que dans le vide. L'après-midi approchait de sa fin et ils nous ont suivis. Malgré notre fatigue et une route devenue interminable à travers ronces, fourrés et pièges de boue, je me suis senti bien à les écouter nous offrir par des chants ce pourquoi je suis venu : être relié à la nature, en quête de pure liberté. Quelques heures plus tard la situation s'est à nouveau retournée contre nous. J'ai du mal à écrire, le faisceau de ma lampe torche est faible. L'homme, de dos, ôte des «fruits-saucisse» d'une énorme calebasse à hydromel qu'il brasse comme un dément depuis notre arrivée. Il nous dit être le chef administratif du Ngorongoro, et il prend un malin plaisir à nous traiter comme de grands criminels. Le village est en fête, son fils sera circoncis à l'aube... »
Ces notes furent écrites le 5 juin 1989. Le lendemain, après avoir assisté à la circoncision du fils et bu beaucoup d'hydromel, nous étions redevenus de véritables invités d'honneur, tout comme un médecin autrichien travaillant dans la région pour le compte d'une ONG, qui comprit d'emblée en nous voyant qu'il lui fallait prétendre nous connaître. C'est ainsi que nous fûmes libérés d'une situation pour le moins inconfortable. Qu'étions-nous allés faire? Nous ne connaissions personne, nous n'avions aucun papier officiel, donc *a priori* nul recours possible. Nous savions juste que les lieux étaient contrôlés et que tout accès vers les villages maasaï était prohibé. Avec le recul, j'ai la même perception des choses et de moi-même

qu'à l'époque de ce voyage qui, au-delà d'un voyage au fond de soi, avait valu par la spontanéité avec laquelle nous l'avions décidé. Avec Eric, je venais de fonder une association[1] destinée à sensibiliser le grand public et tous ceux qu'on appelle aujourd'hui les décideurs, autour de la nécessité de reconnaître les « peuples autochtones ». Pour provoquer le déclic auprès de nos interlocuteurs, nous nous appliquions à mettre en avant dans chacun de nos projets la déclaration que Claude Lévi-Strauss avait faite au *Journal de Genève* quelques années auparavant : « nous nous identifions à ces peuples que nous avons condamnés au moment où nous découvrons que nous sommes les prochains à figurer sur la liste. » L'idée de mon périple au Ngorongoro avait germé dans le cerveau émotionnel de mon plexus un soir que j'avais lu un article sous forme de plaidoyer d'un spécialiste anglais de la faune sauvage en Afrique de l'Est. C'était la première fois qu'il m'avait été donné de lire une telle prise de position, surtout de la part d'un scientifique. Il préconisait de toute urgence le mélange des animaux domestiques et sauvages dans les parcs. Son étude tendait à prouver qu'en maints endroits au cœur des parcs nationaux où les Maasaï et leurs troupeaux avaient été exclus, les pâturages livrés aux seuls caprices de la nature s'étaient transformés en broussailles favorisant le retour massif des tiques ou des mouches tsé tsé, diminuant d'autant les ressources pour la «wildlife» que ces délimitations étaient censées préserver. Sa conclusion ne souffrait d'aucune ambiguïté. Selon lui, le fait que plus de la moitié des espaces naturels protégés du Kénya et de Tanzanie fussent localisés en pays maasaï, n'était pas le

[1] Cette association, *Ethnic A.* (Afrique, Amérique Latine, Asie), est actuellement présidée par Danielle Cavaleri.

fruit du hasard. Loin des clichés de la position officielle selon laquelle les Maasaï mettent en danger l'environnement propice à la faune sauvage, il admettait que les régimes écologiques d'herbages courts spécifiques de ces régions et vitaux pour les ruminants sauvages étaient le résultat de plusieurs siècles d'activités purement pastorales pratiquées par eux. Par ailleurs, je voulais me rendre compte de l'impact de ces espaces artificiellement créés sur la transhumance des Maasaï du Ngorongoro. Avant leur exclusion du Serengeti et du cratère lui-même, je savais qu'ils inversaient volontairement leur mode de déplacement. C'est-à-dire qu'au lieu du modèle classique — pâturages d'altitude à la saison sèche / pâturages de plaine à la saison des pluies —, leurs villages permanents situés sur les hauteurs accueillaient le gros de la population à la saison des pluies, ne se déplaçant dans la plaine que pour prendre leurs quartiers de saison sèche dans des campements provisoires installés à proximité des rares points d'eau pérennes. C'était le résultat d'une longue et intime vie commune avec la faune. A chaque saison des pluies, les plaines de Serengeti sont envahies par un million de gnous. En agissant ainsi, les Maasaï entendaient éviter cette concurrence trop intense sur les pâturages et surtout ne pas être au contact avec la fièvre catarrhale maligne. Elle se transmet à leurs vaches à l'époque du vêlage, entre février et avril, les pâturages étant contaminés par le placenta des antilopes... Don Quichotte de la Manche s'était armé d'une lance rouillée lorsqu'il prit la route sur son cheval qui souffrait d'éparvins afin de remonter le cours du temps dans l'Espagne de la Renaissance. Son rêve était simple : il voulait restaurer l'âge de la chevalerie et, avec elle, redonner à une humanité avilie et spoliée la fraternité, l'honneur et jusqu'à la gloire. Mon rêve à moi aussi était simple, je voulais juste que l'on s'intéresse à l'extraordinaire richesse des Maasaï, qu'on les laisse vivre tels qu'ils sont et qu'on leur restitue leurs terres de Ngorongoro et de Serengeti pour qu'ils puissent continuer d'assumer leur rôle irremplaçable de gardiens naturels de l'environnement qu'ils ont toujours été. Quitte à être pris pour un «illuminé», comme je l'ai souvent entendu. J'aimais beaucoup ce qu'avait écrit à ce sujet Jean Malaurie : «Utopistes, traditionalistes, romantiques, vous, moi... Ah ! Les bons apôtres ! Non, ce sont nous les réalistes. Car nous savons, hélas, que ce seront ces malheureux (les peuples premiers) qui paieront les folies de nos savants planificateurs et que l'homme humilié, déraciné, arraché à sa culture, sera le furieux, le terroriste de demain...» La sanglante attaque des tours jumelles de Manhattan, symboles de la toute-puissance occidentale, devrait nous donner à réfléchir. Permettra-t-elle d'orienter nos cœurs vers un millénaire plus spirituel ? Je suis convaincu, parce que pour moi il ne peut en être autrement, qu'un retournement, sous la forme d'une vraie rencontre, finira bien par s'amorcer un jour entre une écologie sans fondement spirituel, la nôtre, et une spiritualité, telle que celle des Maasaï, qui agit écologiquement. Nous n'en prenons peut-être pas encore le chemin, mais combien de Quichotte anonymes consacrent leur vie à tenter de sauver notre terre ? A travers mon témoignage, c'est à eux qu'en premier je rends hommage. A eux qui veulent faire passer le message que ce n'est pas la vache qui a perdu la tête mais l'Occident. A lui, Bernard Tailliez[2] qui, seul contre tous, se bat contre l'indifférence et l'apathie générale face à la énième Marée noire tueuse des côtes bretonnes. Si j'ai commencé ce livre en narrant un temps fort de mon voyage en pays maasaï tanzanien, une décennie plus tôt, c'est parce qu'il illustre bien la source de conscience et d'inspiration que les Maasaï ont toujours été pour moi, rendant honneur à mon côté passionné et faisant croître ma nature profonde. Etre la personne que je suis, la cultiver, l'ouvrir, et non pas l'habiller, la maîtriser, voire la mépriser. C'est ce que j'ai appris à leur contact, c'est aussi ce qui me fit vaincre mes peurs. En partant « nu » en Tanzanie, avec pour seul but de « changer le monde », je me mettais *a priori* en danger, et pourtant à nul moment je ne le fus, bien au contraire. Les Maasaï m'ont appris à débusquer au fond de moi le mensonge et l'illusion qui vont de pair avec la peur de perdre le connu. Grâce à eux, j'ai découvert le véritable sens de l'humilité, au sens de savoir être ce que l'on est avec ses limites mais plus encore avec sa grandeur, ses qualités et son désir de s'ouvrir à l'infini. Quelques années plus tard, je démissionnerai de mon poste d'enseignant-chercheur plutôt que de m'enfermer dans un rôle et un statut, et d'être submergé par le désir de carrière et de pouvoir de mes « collègues » comme on dit dans ce « tout petit monde »[3]. Dans ce monde clos, les hommes qui se disent universitaires et chercheurs se montrent souvent méfiants à l'égard de tout ce qui touche à l'émotionnel ou à l'inconscient. Ils n'accordent de valeur qu'à l'intellect.

---

[2] Au risque de mettre en péril la bonne marche de son métier, il a prélevé et analysé lui-même, dans son propre laboratoire Analytika, des échantillons de l'hydrocarbure échappé de l'épave du pétrolier Erika. A l'opposé des officiels qui ne parlent qu'en termes rassurants et compensatoires, il crie son indignation devant le mensonge érigé en dogme. Ses conclusions ne font pourtant aucun doute. Il s'agit d'un déchet industriel hautement toxique et cancérigène, et non pas d'un fuel lourd, et, à ce titre, il eût dû être incinéré sur place au lieu de faire l'objet d'un trafic illicite. Bernard Tailliez a permis de mettre en évidence la connivence entre les intérêts marchands, l'Etat, les politiques et l'administration. L'affaire Erika est d'une telle gravité que même ceux dont les convictions sont fondées sur la morale publique ne peuvent se résoudre à envisager cette stupéfiante logique marchande mortifère.

[3] En référence à l'ouvrage truculent de l'Anglais David Lodge sur le monde universitaire (*Small World*)

J'y découvrirai le monde de la peur, peur de l'imagination, peur du changement, peur de l'Autre. Ma gravité et ma légèreté ne pèseront pas lourd face à leur sérieux, leur prudence et leur conformisme. Mais le vrai sérieux n'est pas où l'on croit, et je sais aujourd'hui que les romanciers sont ceux qui s'approchent le plus de la réalité. Eux au moins ne s'interdisent pas de parler de ce qu'ils ne savent pas ou ne veulent pas prouver. Un jour, à l'occasion de la réédition de l'ouvrage de Colin Turnbull *(Les Iks, survivre par la cruauté)* dans la collection « Terre Humaine », j'avais eu l'impertinence de répondre dans le journal *Libération* à l'article d'un chargé de recherches au CNRS qui prédisait la disparition rapide et inéluctable des sociétés traditionnelles. J'avais intitulé ma réponse de façon provocatrice : « L'Afrique à trouver ». J'avais tenu, en tant que personne libre et désintéressée, à m'élever avec force contre l'argument, très répandu dans les milieux scientifiques, consistant à cantonner l'ethnologue dans un rôle exclusif d'observateur. J'y écrivais que ne pas intervenir, c'était laisser le champ libre à la puissance destructrice des pouvoirs politiques allant parfois jusqu'à l'élimination physique; c'était la porte ouverte à l'acculturation portée par le développement désordonné des intérêts économiques, qu'ils soient occidentaux ou locaux. En résumé, ne pas intervenir était le meilleur moyen de s'assurer effectivement de la disparition à très court terme de ces sociétés. En un mot, je m'étais exprimé avec du bon sens. Dès le lendemain, j'étais convoqué à la Présidence de la République par Jean Audibert, le conseiller diplomatique de François Mitterrand. Je m'y suis rendu. Outre la taille de son bureau Empire, je fus d'emblée marqué par l'accablante rhétorique d'un homme de pouvoir que je voyais pour la première et la dernière fois. A peine étais-je assis qu'il m'avait assené cette phrase qui résumait tout : «j'aurais pu passer par les Renseignements Généraux pour savoir qui vous êtes, mais j'ai préféré que vous me disiez vous-même ce que je pense!» Sur le moment, dans ma grande naïveté, je n'avais rien compris de ce qu'il cherchait à me faire dire. Mais lorsqu'il enchaîna sur un ton sentencieux : «êtes-vous d'extrême droite ?» tout devint lumineux. Ainsi donc, le fait que je me fusse exprimé avec autorité sur un sujet aussi sensible que l'Afrique, qui plus est en prenant fait et cause pour le respect du champ africain du politique qu'est l'ethnie, m'avait valu d'être rangé dans la case des «nostalgiques» et autres royalistes, voire fascistes ! En m'opposant à la parole majoritaire, j'avais commis un sacrilège. A cet instant, si je lui avais répondu que les rapports de production dominaient la vie sociale primitive, il m'eût sans doute absous. Mon court passage dans le sérail m'avait en tout cas confirmé que la démocratie moderne est le parachèvement trompeur d'une fausse liberté. Avec ce livre, je conclus une période de dix-neuf années passées à dialoguer avec moi-même, à être critique envers la science, le développement, et à tenter de dire ce qu'est l'Occident, au travers de ce que les Maasaï m'ont apporté depuis mon adoption par la famille Sankuya, à *Entepesi* (Kénya), jusqu'à aujourd'hui. Dix-neuf années à utiliser tous les modes d'expression possibles, du travail dit académique au reportage, en passant par le cinéma[4], pour dénoncer l'usage politique de l'ethnie par l'Etat en vue de l'englober, la dominer et la briser ; pour sensibiliser le plus de monde au fait que c'est bien l'Etat qui génère ce qu'on

[4] J'ai été l'auteur en 1990 (avec Cédric Klapisch) d'un documentaire (film en 16 mm, d'une durée de 52') que j'avais également choisi d'appeler *Maasaïitis*. Sur fond de cérémonie finale de classe d'âge pour accéder à l'aînesse, le film interrogeait l'encerclement des Maasaï par la politique, l'école et le tourisme.

appelle, non sans mépris, le « tribalisme », en divisant de l'intérieur les systèmes sociaux traditionnels pour en extraire des ressources politiques. Ce livre est le récit vivant des Maasaï d'aujourd'hui confrontés à une crise profonde liée au matérialisme et au bricolage d'apparence politique dans lesquels la modernité tente de les faire rentrer avec la force ou la séduction. Il est aussi le témoignage que leur pensée, leur savoir-faire et leur mode de vie se construisent encore pour beaucoup en relation intime avec l'équilibre de la faune et de la flore qui les environnent. Dix-neuf, c'est le nombre d'années qu'il faut, à partir de l'adolescence, pour être un homme pleinement adulte, chez les Maasaï. A présent que mon initiation se termine, je sens, pour avoir fait leur rencontre et comme si j'avais été choisi par eux, le devoir impératif de témoigner.

1

Mashuuru, chef-lieu de champs clos

« *Erisio Ilmaasaï o Enkaï* »
« Les Maasaï et Dieu sont égaux ! »

Le *matatu* (taxi collectif) se fraye un chemin parmi une foule bruyante où se mêlent camelots, badauds, mendiants, enfants des rues, hommes d'affaires, voyageurs en partance pour la Rift Valley et de rares touristes égarés. Le break 403, qui doit remonter au temps de la colonie, peine à s'extirper de l'une des rues les plus vivantes de la capitale, River road, rendue célèbre par l'écrivain kikuyu en exil à Londres, Ngugi Wa Thiong'o. Le taxi est bondé au-delà du dicible, et, par chance, le petit chauffeur, pas peu fier d'étrenner un chapeau de cow-boy flambant neuf qu'il vient de marchander, m'a attribué une place côté fenêtre. Une place, c'est beaucoup dire, la majeure partie de mon séant prenant directement appui sur la portière disloquée. «Chief !», tel que l'appellent ses habitués, se retourne avec effort vers moi pour éructer « elles sont maasaï... » avant de se répandre dans un éclat de rire plein d'ironie. Mes deux voisines, deux femmes d'âge mûr, drapées dans leurs *ilkarash* (drapés unis), n'offrent pour toute réponse à son hilarité moqueuse qu'une indifférence à peine feinte. Elles sont venues s'approvisionner en perles importées de Tchéquie chez un grossiste indien d'Accra road. Les pluies torrentielles ont inondé des quartiers entiers, contraignant la valeureuse Peugeot à faire un détour par le centre-ville. En quelques années, de nombreux bâtiments de l'époque coloniale britannique ont été remplacés par des gratte-ciel d'inspiration américaine, telle la gigantesque Nation House, en remontant Kimathi street. Mon regard incrédule se fixe à travers une gerbe d'eau sur son entrée monumentale, ses colonnes, ses deux tours et la structure métallique

rouge sang qui habille la façade en son milieu, se terminant en une immense flèche-antenne. A la hauteur des Market et Loita street, ma surprise devient stupeur. Les tours brillantes ultra-modernes des années 90, qui font flamber leurs chromes clinquants et miroiter une infinitude de fenêtres teintées, ont poussé comme des champignons. Elles contrastent, non plus avec le style colonial néoclassique, mais avec l'architecture fonctionnelle triste des deux décennies précédentes. Ainsi en est-il du Barclays Plaza, comparable à l'immeuble IBM du quartier parisien de la Défense, structure en acier poli et verre fumé qui écrase de sa morgue moderne les sinistres clapiers des années soixante-dix. La surenchère s'emballe avec les immeubles d'affaires des Anniversary Towers, Ambank House, View Park Towers et Posta Sacco Plaza.
Ils ridiculisent, du haut de leurs vingtaines d'étages, des bâtisses prématurément vieillies n'ayant à montrer que des façades décrépites et d'étroites fenêtres protégées du regard par des œillères en béton. Je suis saisi par le contraste entre ce que j'imagine de ce lieu demeuré inchangé durant des millénaires et ce qu'il est devenu en l'espace de quelques années. Aujourd'hui, Nairobi, petit cours d'eau canalisé dans du béton, n'a plus de rivière que le nom. Eternelle ironie de l'histoire. Les gens s'installent dans ces régions parce qu'elles sont belles et, ce faisant, ils détruisent toute trace de ce qui les avait attirés là au départ.
Après cette visite impromptue par des rues de traverse, le véhicule cahotant se faufile comme par miracle jusqu'à l'Uhuru Highway. Il fonce vers la sortie sud-est, laissant sur notre gauche la première vitrine touristique du Kénya, le Jomo Kenyatta International Airport, avec ses gros porteurs. La foule de passagers est mécaniquement visible dans l'incessant ballet de camionnettes vans à l'enseigne

bien en évidence des grands fabricants de safaris. Comme au cinéma, ils recevront des images toutes préparées, avec en supplément l'indispensable fatigue de milliers de kilomètres dans les jambes et un vrombissement continu dans la tête. Tandis que nous prenons à droite en direction de Mombasa, la pluie redouble de violence. Mon regard reste rivé à la pancarte souhaitant une bonne route et une prochaine visite à Nairobi, avec en grosses lettres sa devise « City in the Sun ». C'est la seconde quinzaine de juillet et les pluies y sont abondantes à cette époque de l'année, contrairement aux plaines vers lesquelles je me rends à une centaine de kilomètres trois cents mètres plus bas et qui connaissent depuis un an une redoutable sécheresse. Engoncé dans sa noirceur, le ciel défie jusqu'à la caricature ces mots pris en flagrant délit de publicité mensongère: « La Ville au Soleil »! L'ironie amère que recèle la traduction du nom *maa* de la ville me frappe. Nairobi, située en pays maasaï à l'arrivée des Anglais, ne tire-t-elle pas son nom du cours d'eau que les pasteurs nilotiques appellent *enkare naïrobi*, signifiant « eau froide » ? Des files interminables de zébus faméliques se pressent aux portes de la ville, puissant symbole de la spoliation des terres maasaï. Faute de pluies chez eux, la mairie leur a temporairement donné le droit d'accéder, du *no man's land* d'Embakasi, zone herbeuse clairsemée et plate jouxtant l'aéroport, jusqu'aux gazons des boulevards et des quartiers résidentiels, à tout ce qui ressemble à de l'herbe. Juste retour des choses. Athi-River, petite bourgade devenue en un éclair une ville surpeuplée et un réservoir de main d'œuvre bon marché pour les nouvelles implantations industrielles du Kénya, marque la limite avec le pays maasaï, ou plutôt ce qu'il en reste. Nous l'avons franchie depuis de longues minutes, et les pâturages ne sont toujours que hangars et structures bétonnées. Je ne peux m'imaginer qu'en quatre années d'absence, un tel cataclysme ait à ce point saccagé les paysages paisibles d'herbes folles qui ondulaient par vagues jusqu'aux collines bleutées des Ngong Hills et que je contemplais jadis avec béatitude au guidon de mon cyclomoteur. Les kilomètres s'égrennent, et ces extensions sauvages de périmètres construits sont plus spectaculaires au passage des bourgs de Kitengela et d'Isenya, autrefois composés de cinq ou six boutiques en tôle ondulée mais qui aujourd'hui s'étendent, selon l'expression de la marée montante, à la vitesse de chevaux au galop. La sensation d'espace et de liberté qui me grisait tant se dilue dans cette vision ininterrompue de bâtisses grisâtres juxtaposées et, là où l'herbe n'est pas encore prisonnière, de gros monticules de gravats noirâtres, encombrants reliquats d'un progrès que l'on dit en marche. Cette sensation est abolie lorsque de la route bitumée et rectiligne traversant les vastes plaines ouvertes de *Kisaju*, *Olkinos*, *Embolioil* et *Empuyiankat*, je découvre, interdit, que les pâturages épargnés ne sont plus visibles qu'au travers de mailles électrifiées courant sur d'incroyables distances. Je me croirais le long de l'ancienne séparation entre les deux Allemagnes. De gigantesques ranchs à l'américaine ont pris possession des lieux, avec, partout, la même figure emblématique du forage hydraulique, de la citerne concentrique surélevée et du pédiluve pour bétail. Je file sur la route, laissant derrière moi ces clôtures dont les poteaux s'alignent à perte de vue. Autres balafres dans la coulée d'herbages, les carrières d'extraction du calcaire destiné à produire le ciment, mais aussi des églises sans fard de toutes les sectes protestantes, qu'elles soient luthériennes, pentecôtistes ou baptistes. Ne se font-elles pas une guerre sans merci pour obtenir les âmes des derniers Maasaï ayant l'impudence d'être libres ? A en croire les écriteaux qui se succèdent sans compter en bordure de route, il ne reste à ceux-ci que l'embarras du choix.

Tout finit toujours par arriver. Ce n'est qu'une question de temps. L'appel que le missionnaire luthérien allemand, Ludwig Krapf, lança plus d'un siècle en arrière, est aujourd'hui entendu bien au-delà de ce qu'il n'eût jamais espéré de son vivant. Même si nul n'oserait prononcer les mots qu'il utilisa à l'époque, la connotation du réel en dépasse le sens depuis longtemps. Ces mots qui me reviennent ne me font pas rire. Ils véhiculent tant de violence et d'incompréhension. Les gens les pensent désormais tout bas, quelle différence cela fait-il ? Ces mots s'accrochent à mon cerveau à la façon de ces paroles de propagande qui au départ prêtent à sourire et qui finissent par devenir des représentations quotidiennes : « notre église doit se convaincre d'envoyer de toute urgence des dizaines de missionnaires auprès des millions de Maasaï, afin de leur prêcher la Bonne Parole, celle de la réconciliation... Ces païens, les pires qui soient, une nation éparpillée et dévoyée, un peuple redoutable depuis ses origines, apprendront à connaître et à honorer le vrai *Naiterkob* (nom légendaire du premier homme sur terre, selon les mythes maasaï de fondation) et cesseront d'exterminer leurs prochains... » Nous arrivons à Kajiado, chef-lieu de l'un des deux districts maasaï[5]. Ici, rien n'a changé. La première

[5] L'autre district maasaï, Narok, sera amputé de la région de Transmara qui deviendra elle-même en août 1994 un district à part entière. L'objectif de cette création sera de consacrer politiquement l'entreprise de confiscation des terres maasaï due à l'afflux massif d'agriculteurs appartenant à une ethnie proche de celle du président Moi, les Kipsigis. Les Maasaï deviendront ainsi très minoritaires sur un territoire désormais administré séparément.

image qui me vient est la «nouvelle frontière», empruntée à la mythologie du Far West américain. L'animation de la ville est concentrée de façon immuable en une grand-rue, rectiligne et pentue, avec de chaque côté les mêmes boutiques en dur posées de plain-pied sur des dalles de ciment, dont le prolongement sert de trottoir et d'aire d'observation, de discussion et d'attente souvent interminable, à des femmes de tous âges. Elles sont venues de leur lointain village pour l'achat d'un tissu, d'un rang de perles, d'un fait-tout, ou pour une consultation et des soins à l'hôpital de district. La tache de couleur qui en émane et les éclats de rire qu'elles diffusent me font oublier l'aspect ubuesque du lieu. Sans le signe extérieur de leur mode vestimentaire de trois ou quatre *ilkarash* noués à l'épaule et à la taille, sans les multiples bijoux polychromes de perles en pâte de verre qui rehaussent avec grâce leur tête au crâne étrangement lisse, j'aurais deviné qu'elles étaient maasaï. Un seul coup d'œil à leur gestuelle eût suffi à les démasquer, et, en premier lieu, leur façon altière d'être assises, le buste droit et les jambes serrées, posées de tout leur long, tandis qu'elles s'occupent à enfiler des perles et manifestent avec leurs voisines une joyeuse humeur très contagieuse. Une attitude que l'on retrouve à l'identique dans leurs villages, un trait vivant de leur culture qui me rassure après ce voyage riche en émotions contradictoires. L'instant d'après, ce sont ces contradictions qui reprennent le dessus et m'empêchent de prolonger ces rares secondes d'harmonie, vécues le temps d'une vision ou d'un retour en arrière. Les nouveaux cow-boys sont partout, qu'ils soient maasaï ou non. Ils ont en commun cette arrogance bruyante, envahissante par le niveau sonore de leurs paroles épaisses, et au travers de leur tenue de ville épousant mal les formes disgracieuses de leur ventre conquérant. Qu'ils fassent de la viande sur pied dans ce qu'ils considèrent comme leur ranch privé, qu'ils soient employés au sein du service extérieur d'un ministère lié à l'élevage, ou qu'ils soient des représentants de la politique moderne, voire leurs « chiens de garde », ils ont tous signé sans le savoir le même pacte ne reconnaissant plus que les valeurs de l'argent. Ce que je vois tourne en dérision le principe maasaï selon lequel chaque être accompli doit être en mesure d'afficher ses qualités, jusque dans ses yeux et la façon de mouvoir son corps dans l'espace. Ils ont une expression pour cela: « être clair du regard et dans sa contenance, avoir une démarche alerte! » Comme pour la gestuelle des femmes entrevue un peu plus tôt, l'homme affirme la liberté qui l'habite, et la communique par une attitude franche et directe. Songeur, je reprends mes vieilles habitudes et me dirige, le pas alourdi par mon sac à dos chargé de présents, vers le Sizzlers Point, restaurant *self* et point de ralliement des Maasaï venus en ville pour la journée. Comme la majorité des commerçants d'ici, le propriétaire est un Somali. Il possède aussi le bazar voisin très lucratif. Je ne suis pas surpris de le voir assis, adossé à l'une des deux échoppes qui constituent sa vie. Plus efflanqué que jamais, il a l'air encore plus impénétrable et, mâchant de la *miraa* (feuilles de khat, plante légèrement narcotique), agrippe ses mains osseuses à la même vieille canne en bois que je lui connaissais autrefois. « *Habari za siku nyingi, habari ya Ulaya* ? » (« Comment ça va depuis tout ce temps ? Quelles sont les nouvelles d'Europe ? ») me crie-t-il en swahili, de sa voix gutturale.

Je m'empresse d'enchaîner, dans cette langue véhiculaire de l'Afrique orientale, par la seule formule de politesse qui

sied à un vieillard respecté : « *Shikamuu mzee* (littéralement « je tiens vos pieds, vieil homme ! »)
—*Marahaba* » (« délicieusement ! ») me lâche-t-il d'un ton monocorde en guise de remerciement. Il me fait signe non sans fierté d'entrer dans son restaurant qui n'est plus une gargote. Les peintures ont été refaites, et le menu est affiché avec les prix. Mieux, signe d'un lieu se voulant moderne, et peut-être pour se distinguer des concurrents ayant gardé la sacro-sainte habitude de masquer leur clientèle au regard perturbateur de la rue, notre homme a fait enlever le paravent qui, derrière la porte d'entrée grande ouverte, faisait écran avec l'extérieur. Dedans, les rares femmes et hommes à porter dans le plus pur style drapés et bijoux aux couleurs chatoyantes éclipsent, de leurs manières discrètes et respectueuses, une majorité bruyante de clients. Fermiers aisés, fonctionnaires tirés à quatre épingles, pasteurs à l'apparence clochardisée, reconvertis dans le commerce de viande, comme l'indique le port de grosses bottes noires en caoutchouc, ils semblent s'être émancipés de la tradition de pudeur et de justice si spécifiques à leur culture. Contrairement aux gestes mesurés et aériens de leurs voisins aux paroles silencieuses, qui attendent en toute quiétude que le thé en sachet infuse dans leur tasse fumante de lait stérilisé longue conservation, ils mangent avec voracité la viande grillée d'un *karanga* ou d'un *pilau*, plats paysans très répandus au Kénya. La juxtaposition de ces deux images, d'un côté les Maasaï à l'aise qui baignent dans leur environnement, fût-il modernisé, de l'autre des êtres ambigus, engloutis par la « marchandisation » des relations humaines, crée un véritable choc. Elle symbolise toute l'énigme engendrée par le développement, celle de l'harmonie et de la discordance dans un

même paysage. La « patronne », beaucoup plus jeune que son patriarche de mari, est ravie de me voir de retour. Je décèle dans son regard une lueur d'heureuse surprise. Elle ne veut pas extérioriser sa joie publiquement, voilà tout. A la façon somalienne, elle est enroulée dans une tunique fluide assortie d'une longue jupe battant la cheville, et sa chevelure est recouverte d'un foulard de soie tirant sur le rose. Après de brèves paroles de bienvenue et, m'ayant placé à une table en retrait, elle m'apporte les succulents *samosas* à la viande et les beignets *mandazi* que je lui ai commandés. Avec retenue, elle me glisse un morceau de papier tiré d'un cahier d'écolier sur lequel apparaît mon nom souligné trois fois. Je reconnais l'écriture de Leken, l'ami maasaï qui m'assiste dans mes recherches depuis des années. Je lui ai fixé ici, par un courrier adressé de France trois semaines auparavant, à une boîte postale qu'il partage dans la petite ville de Salama avec des amis, le lieu où nous nous retrouverions aujourd'hui avant de prendre le chemin de Mashuuru. Son mot me dit qu'il est arrivé en milieu de matinée, après avoir marché de son village d'*Emugur* jusqu'à la gare de Kiu et pris au petit matin l'express de nuit Mombasa-Nairobi. Il est descendu du train à Athi-River où il a sauté dans un *matatu* le menant sans encombre jusqu'à destination. Comme je m'y prépare en pareille circonstance, j'attends quatre longues heures. Elles sont entrecoupées de salutations en provenance d'une longue liste de gens que je ne reconnais pas toujours mais qui, eux, ne m'ont pas oublié malgré les années. Comme si on ne s'était jamais quittés, les uns m'interpellent joyeusement en prononçant le nom de la classe d'âge que l'on m'avait attribuée à mes débuts: *Olmerishoï* : le « vainqueur » ! Les autres, en laissant échapper, contrairement aux usages, mon nom de famille, dont ils se souviennent parce qu'il évoque une réalité essentielle de la vie des classes d'âge : *Olpiron*, bâtonnet-foret à feu et parrainage des aînés. Brusquement assis à ma table, tel un lutin venu d'on ne sait où, Leken, lui, ne s'embarrasse pas de préliminaires, les remettant à plus tard lorsque nous aurons réussi à quitter la ville. Volontaire, porté vers l'avant de sa démarche décidée, il n'a pas pour habitude de s'en laisser conter. Il aime l'action, mais plus encore passer des journées entières à discuter, à réfléchir et à écrire, activité qu'il affectionne le plus comme l'atteste le petit sac à dos bleu que je lui offris une décennie plus tôt, encore vaillant et bourré d' « exercise books » Kasuku et de stylos Bic. De petite taille mais le muscle élancé, le cheveu épais et noir, coiffé haut sur un visage très rond, l'air espiègle derrière des lunettes à grosses montures, dont la finalité est de se donner une contenance, vêtu d'une chemisette légère, d'un jeans usé bâillant sur de fines bottines transformées en chaussures tout terrain mille fois rapiécées, Leken ne change pas. Il a gardé son allure inimitable d'éternel étudiant qu'il a toujours aspiré à être. Il avait interrompu ses études à l'époque de la grande sécheresse de 1974, pour s'occuper de ce qui avait pu être sauvé du troupeau familial et participer à l'effort collectif de reconstitution du cheptel. Mais depuis lors, n'ayant pas renoncé à les poursuivre, il se comportait comme si une telle éventualité était imminente. En remontant la rue jusqu'au « Masai Store », un magasin grossiste qui approvisionne les échoppes éparpillées dans tout le district, nous scrutons les rares véhicules ayant la moindre chance d'aller dans notre direction. Perdu dans ses pensées, un jeune instituteur *kalenjin*, n'ayant pour seul bagage qu'un mince porte-documents noir brillant en skaï, est heureux d'ouvrir la bouche pour nous informer qu'une *Land-Rover* est prévue pour Mashuuru vers seize heures. Nous avons une heure devant nous. Je propose à Leken de nous rendre au marché couvert pour acheter des fruits de la passion, des oranges bien juteuses et des petites bananes de Loitokitok au goût exquis, sachant que pour plusieurs semaines j'en serai privé. Nous traversons un grand terrain vague, avec dans le fond une église catholique en construction protégée par deux rangées de fils barbelés. J'entends la voix grésillante du muezzin, provenant de la mosquée kitsch, aux maigres minarets à bulbes de couleur verte, située de l'autre côté, près de la poste qui imite quant à elle une grosse maison maasaï mais avec le revêtement en béton et la tristesse en plus. Pour ne pas être en reste, le diocèse catholique a voulu y aller de son originalité en proposant une architecture d'inspiration africaine, en l'occurrence une église évoquant la case traditionnelle des agriculteurs *kamba*, concentrique et avec un dôme rétréci vers le haut. A cela près que la terre battue a été remplacée par une dalle en béton, les piliers de bois par une armature métallique et des parpaings, et le chaume par du fer-blanc et du plastique. Le cœur de Kajiado, calé entre les temples savamment mis en évidence des deux grandes religions révélées, semble ainsi pour longtemps devoir être épargné du péché! Nous sommes loin de l'époque coloniale où les Maasaï, souffrant de la collusion manifeste entre missionnaires, colons et fonctionnaires, s'étaient opposés à l'implantation de nouvelles missions sur leur territoire. En nous éloignant vers le marché, un autre bouleversement encore plus visible confirme les statistiques, gardées secrètes, selon lesquelles les Maasaï seraient devenus minoritaires sur leurs propres terres.

D'immenses flux de populations miséreuses et clochardisées, émigrées des districts agricoles voisins surpeuplés, pour la plupart des Kikuyu, Luyia, Kamba et Luo, les quatre ethnies dominantes du Kénya, ont sans doute cru que le pays maasaï était le nouvel Eldorado et qu'il suffisait d'appliquer la section 81 du chapitre 5 de la Constitution qui proclame avec démagogie: « nul citoyen kényan ne sera privé de sa liberté de mouvement, du droit de se déplacer librement à travers tout le pays et du droit de résider partout où il le souhaite. » De retour, un nombre impressionnant et hétéroclite de passagers ont pris place à l'arrière débâché de la *Land-Rover*. Je reconnais son propriétaire, un jeune Kikuyu honoré d'arborer un nom maasaï: Saitoti. Il s'agit du même nom d'emprunt que l'un des trois députés du district et l'actuel vice-président du Kénya, lui aussi un Kikuyu dont le vrai patronyme est Kinuthia Kiarie. «De nouveau en pays maasaï ! » me concède-t-il sans conviction en se raclant la gorge, tandis qu'il charge par-dessus bord d'énormes sacs de sucre et *d'ugali*. Il est propriétaire du bazar le plus prospère de Mashuuru et vient s'approvisionner trois fois par semaine à Kajiado, profitant de chaque voyage pour également faire le plein de passagers payant le prix fort, faute de concurrence. Le plein, doux euphémisme, tant le véhicule regorge de monde et de victuailles. L'infatigable Saitoti n'en est guère affecté, profitant de ce moment inopportun pour m'interroger, ironique : « Pourquoi faire l'étude des Maasaï, alors qu'il y a ici beaucoup plus de Kikuyu et de Kamba ? » Au même moment, Leken, ayant joué des coudes, s'est faufilé à bord par un trou de souris. Il me tend les bras pour m'aider à me hisser après que je lui ai confié avec réticence le sac à dos de mes précieux appareils photographiques et enregistreurs. J'entrevois avec effroi celui-ci, comprimé sous un jerrican d'essence. Notre chauffeur, tout au chargement de sa cargaison de nourriture, feint d'ignorer la vraie foire d'empoigne qui met aux prises le flot des nouveaux arrivants. Sauf à accepter de se faire piétiner, nous voyagerons debout. Ce qui ressemble davantage à une péniche qu'à une 4x4 dominatrice finit par se mettre en mouvement. Elle crache une épaisse fumée noire, dans un concert d'aigus échappés d'un moteur en sur régime. Après deux kilomètres sur la nationale A 104, le bateau ivre vire à tribord, laissant derrière lui la bâtisse sans âme de l'école secondaire de Kajiado. La A 104, contrairement à la piste peu fréquentée que nous empruntons, est l'unique route utilisée par les Tours opérateurs pour convoyer les flots de touristes vers la Tanzanie et, via Namanga, vers le Parc national d'Amboseli situé sur les contreforts kényans du Kilimandjaro. Nous franchissons la voie de chemin de fer, qui, en direction du sud-ouest, descend de mille mètres pour atteindre le lac salé de Magadi, la région la plus basse et la plus torride du pays maasaï où l'on extrait chaque année trois cent mille tonnes de sel et de soude. Comme à chaque fois qu'à mobylette je passais sur les rails à cet endroit précis, j'ai en tête les mots injurieux de Rupert Hemsted qui avait été, en 1911, le premier administrateur colonial de la réserve maasaï. Il avait été aussi à l'origine de l'attribution à une société anglaise d'une vaste concession de quatre cent mille hectares, privant jusqu'à nos jours les pasteurs maasaï *Iloodokilani,* de la jouissance du lac lui-même et d'une multitude de sources et de cours d'eau. Comme tant d'autres, sous prétexte qu'il ne savait rien d'eux et pour accréditer le bien-fondé de sa politique, il avait eu besoin de ce miroir déformant et caricatural projetant l'idée grotesque que les Maasaï vivaient « dans des conditions indescriptibles de

saleté et dans une atmosphère de dégénérescence morale, mentale et physique ! »
Mes deux premières années passées à Mashuuru et à *Entepesi* avaient été mes «années mobylette», repensé-je avec nostalgie. Je me revois tel Don Quichotte monté sur une Rossinante à moteur pétaradant entre les ornières et les lions. Je me souviens d'une photo prise à contre-jour où l'on ne voyait de moi, juché sur ma monture des temps modernes, que des contours fantasmatiques épousant d'invraisemblables formes. Le coupe-vent qui recouvrait mon sac à dos me donnait l'air d'avoir été gonflé à l'hélium, prêt à me propulser vers la plus improbable destination. Quant aux bidons d'essence et d'huile à mélange qui tenaient on ne sait comment sur l'étroit porte-bagages, ils achevaient de rendre l'attelage des plus énigmatiques. Mais c'était auprès des Européens qu'il l'était le plus, car sans doute ne pouvaient-ils concevoir que l'on voyageât sur les pistes autrement que calfeutrés dans une voiture. Ma sécurité à moi résidait dans une boîte de rustines Rema «Tip-Top Original» et deux bougies de rechange Champion...
Ma tête tape contre les barreaux latéraux en métal auxquels je me raccroche. Les montants supérieurs du pavillon, normalement à ciel ouvert, sont occupés par les plus hardis des jeunes voyageurs, plongeant les personnes installées sur les sacs en jute du milieu dans une inquiétante obscurité. J'ai au moins le privilège de pouvoir entrevoir les paysages dont, il est vrai, je connais à l'avance les moindres changements au fur et à mesure de notre progression. A chaque freinage un peu brusque à l'approche d'une ornière, la piste, privée d'eau pendant plus d'un an, est trop heureuse de prendre sa revanche. Elle fait remonter jusqu'à nous un épais rideau de poussière, nous colo-

rant d'un gris crayeux, d'un brun clair ou d'un ton rougeâtre, selon la nature des sols successivement rencontrés, qu'ils soient de type *« Black cotton »*, sablonneux ou latéritiques. Je découvre avec une grande clarté une véritable révolution dans l'habitat traditionnel, du moins au début du voyage lorsque la vue est encore dégagée. Les villages, jadis moins visibles, concentriques et constitués de dizaines d'habitations, sont construits à proximité de la route et en sont réduits à la plus simple expression de familles isolées. Trois ou quatre maisons se répartissent à la périphérie d'un carré imparfait, protégées non plus par une barrière naturelle d'épineux mais par des clôtures métalliques. De la maison traditionnelle souvent laissée à l'abandon, il ne reste que des vestiges. En revanche, on a pris soin d'édifier des structures en terre, mais rectangulaires et sans imagination, davantage des appentis de fortune que des maisons d'habitation, où l'on doit suffoquer le jour et être frigorifié la nuit sous des toits en tôle. Un peu plus loin, après l'interminable pénéplaine au relief inexistant *d'Athi-Kapiti* que j'ai traversée ce matin entre Athi-River et Kajiado, je me réjouis des légers dénivelés d'un plateau aux ondulations plus marquées. Les collines à franchir rythment notre progression, le chemin pentu est ponctué de ravines, les cours d'eau, depuis longtemps absents, s'animeront à nouveau dès que les pluies daigneront les remplir, pour rejoindre, vers les basses terres méridionales, la rivière *Selengei*. Au passage de ces collines rapprochées, mon champ de vision s'est lui aussi resserré. Ici, la sensation d'espace est dans la capacité d'imaginer ce que recèle une végétation plus touffue d'épineux, d'acacias hockii et brevispica, de commiphoras au branchage contorsionné dont l'apparence tourmentée se marie avec les touffes d'herbages couleur de cendre.

Mais l'horizon s'ouvre maintenant vers les steppes qui s'étirent sans discontinuer jusqu'aux plaines tanzaniennes que je devine en toile de fond. Constituant des inselbergs, d'imposantes masses volcaniques en sont les uniques points de repère, les jours comme aujourd'hui où la brume et les nuages les épargnent au moment où le soleil décline. Plein sud, c'est *oldoïnyo orok*, la Montagne noire, et plus à l'est, le dôme pétrifié dans les glaces du Kilimandjaro que les Maasaï appellent naturellement *oldoïnyo oïbor*, la Montagne blanche. Des nuages ivoirins strient le ciel de fines lanières qui le font ressembler à une mer tapissée de laminaires. La nature respire en cette fin d'après-midi. Chez moi, rien n'égalera jamais cette exaltation même si cette fois encore, je suis seul à l'éprouver. En file indienne, des zébus épuisés par une longue journée en quête de maigres pâturages, réintègrent leurs villages pour la nuit. A l'approche bruyante du véhicule, trois jeunes écoliers en uniforme bleu foncé courent en tous sens pour leur faire quitter la piste, entonnant en sifflant de façon stridente l'air aigrelet dont les bergers se servent pour inciter les troupeaux à avancer dans une même direction. Saitoti, pressé d'arriver à bon port, les concurrence de son klaxon. Surgies d'un bosquet d'acacias, cinq girafes dites maasaï, par leur pelage parsemé de taches étoilées et disposées irrégulièrement, traversent en nous évitant de justesse. Une fois de l'autre côté, elles ralentissent leur cadence, la démarche à l'amble chaloupée, nonchalante. Celle-ci me donne l'impression sublime qu'elles avancent au ralenti. C'est parce qu'elles déplacent en même temps et alternativement les deux pattes latérales. Nous atteignons *Maroro*, région appelée d'après son type de végétation dominée par le gracieux acacia xanthophlœa au tronc bien jaune, plus communément appelé arbre à fièvre. De la butte où nous

nous sommes arrêtés pour délivrer des passagers ankylosés, j'aperçois au loin Mashuuru, grâce à la réflexion aveuglante du soleil couchant sur ses toits en tôle. La voiture s'est vidée de plus de la moitié de ses occupants, nous permettant le luxe de nous asseoir. Je reconnais Tinga, le seul homme à être monté à bord à l'occasion de cette escale, et je m'apprête à le saluer lorsque j'ai la désagréable sensation qu'il feint de ne pas me voir. « Il a gardé une déformation professionnelle de l'époque où il travaillait dans la police ! » dis-je à Yiaro, amusé par la scène.
Petit politicien désabusé, il était devenu un véritable potentat local, au hasard d'une réforme foncière ayant artificiellement intégré plusieurs régions voisines en un vaste *Group-ranch*[6] appelé Maroro-Mashuuru. Fort de son instruction à l'école primaire et de son art de l'intrigue, il en était devenu le président. Les images se bousculent dans ma tête. La présence de cet homme me fait revivre les deux années passées ici à étudier le sens d'une telle réforme. Le revoir ainsi me confirme intuitivement que ce sont des gens comme lui qui surent se l'approprier. Il avait profité de cette aubaine juridique pour acquérir un pouvoir exorbitant, en manipulant à son profit la tradition et la totale inexpérience des arcanes de la modernité, pour la majorité des aînés de cette époque-là. Perdu dans mes pensées et mes souvenirs, je laisse défiler les paysages paisibles de la région du « passage rouge », *Elangata Nanyokie*, ainsi appelée en raison de la coloration brun foncé par contraste avec la terre sablonneuse du lit de la rivière *Olkerie* qui la traverse. Nous bifurquons à droite, sur un chemin cabossé

---

[6] Hormis chez les *Loïta* qui résistèrent contre vents et marées, les terres de toutes les sections maasaï furent dans les années 70 et 80, à l'instigation de la Banque mondiale, découpées en ranchs collectifs, dans lesquels l'ensemble des chefs de famille étaient désormais contraints de s'enregistrer.

qui part en direction de *Ngatu*, afin d'y déposer cinq hommes et trois femmes kamba. *Ngatu* est une enclave habitée par des agriculteurs originaires de cette ethnie. La nuit est tombée d'un seul coup, alors qu'à la lueur tremblotante des phares je devine l'alignement des rares échoppes de Mashuuru. Ayant laissé Leken au domicile d'un ami instituteur où il passera la nuit, j'arpente à pied les derniers cinq cents mètres sur le chemin de terre me menant à la demeure de mes amis Nkoloi. C'est là que des années plus tôt, ma « mobylette » se reposait des pistes et que lorsque la fatigue l'emportait, je venais y réapprendre le goût du lit rehaussé d'un vrai matelas. Arrivé sur les lieux, je n'en crois pas mes yeux. Je pense m'être trompé de direction ou que les ténèbres me jouent des tours. La demeure grise disparaît désormais derrière une enceinte disproportionnée en béton, surmontée de deux rangées de fil barbelé. Elle ressemble à s'y méprendre au mur protégeant, dans la zone industrielle de Nairobi, l'usine de pneus Firestone dont le maître des lieux est le médecin d'entreprise.

Une porte étroite et grillagée a été aménagée sur l'un des côtés de l'entrée monumentale constituée de lourds supports métalliques. Je me risque à faire jouer la poignée avec la peur, incontrôlable, qu'une horde de chiens de garde se ruent sur l'intrus que je suis. Le grincement d'épouvante qui déchire la nuit n'a pas la magie des « kii wiit wiit » du vanneau couronné. « *Hodi* ! » dis-je trois fois avec empressement. C'est la formule de politesse servant, en swahili, à signaler sa présence et son désir d'être invité à l'intérieur d'une maison. « *Karibu* ! » (« bienvenue ! ») me lance en guise de réponse une femme qui, d'après le son étouffé de la voix, doit s'affairer dans l'arrière-cuisine. J'ai reconnu Esther, la maîtresse de maison. Elle prépare pour le repas du soir une marmite d'*ugali*, brouet à base de farine de maïs et d'eau, et l'incontournable *sukuma wiki*, feuilles de choux bouillies servant d'accompagnement. Esther, la cinquantaine bien portante, est institutrice à l'école primaire de Mashuuru. Elle a grandi à Kajiado puis s'est mariée à un Maasaï de la région, dont sont également originaires les gardiens du troupeau de son mari. La plupart de ceux que j'y rencontre depuis des années sont des pasteurs traditionnels dépossédés de leur bétail à la suite d'une épidémie ou d'une sécheresse. En étant salariés, ils espèrent être en mesure d'acheter de nouveaux animaux et de rebâtir rapidement un cheptel, comme cet homme entre deux âges qui, enroulé dans une couverture élimée, est assoupi près de moi. Il est de la section des *Dalalekutuk* et vient d'un village situé en face, de l'autre côté de la rivière Olkerie. Il ne semble pas à sa place, de même que pour une tout autre raison, le gros réfrigérateur et l'immense poste de télévision qui trônent sans vie dans la salle de séjour, engins inutiles d'un autre âge. C'est que ces derniers sont les puissants symboles de cette modernité inaccessible, mais tant rêvée, au même titre que tous ces interrupteurs et prises de courant qui encombrent les murs, dans l'attente d'une hypothétique électrification de la région. Pour l'heure, deux lampes à acétylène *made in Japan* animent un ballet d'ombres sous les bas plafonds, en émettant un léger souffle.

J'ai pris place, avec le même automatisme qu'autrefois, dans un lourd canapé en bois, dont les coussins et les dossiers ont été recouverts d'épais napperons de laine tricotés à la main. Dans un coin de la pièce, sur une table basse, on peut voir un vase rempli d'un bouquet polychrome de fleurs artificielles. Comme dans tous les logis de la classe moyenne kényane, des calendriers illustrés, offerts par une

multinationale ou une banque, partagent la surface des murs avec une pléthore de citations bibliques et autres inscriptions en anglais procurées par les sectes protestantes. Elles proclament «*This house is blessed by God!*», ou «*Jesus is the answer !*» Plus près de moi, je lis un texte gravé en lettres d'or, tout droit sorti des cartons poussiéreux de l'idéologie libérale triomphante et de sa logorrhée paternaliste. Il est intitulé de façon faussement anodine «How to keep your job?» Ma curiosité m'invite à en parfaire la lecture, et, ayant par pur réflexe extrait mon carnet de route de ma poche, j'y transcris ces bonnes paroles de propagande, convenant si bien à un Etat en marche dit démocratique : «*Be polite and respectful to your superiors and fellow workmates. Follow the firm's policies without suggesting any great changes, unless you are invited to do so. If you are an expert, don't refuse other work simply because it is different from your speciality. Be ponctual and don't be absent unless the situation is beyond your control. During working hours, avoid personal work unless you have permission to do so. Be interested in your work as if the company was your own. If there is any real need for extra work, or occasional overtime, cooperate without complaint. Don't consider your employer as an exploiter. A well done job will most likely be rewarded. Avoid bothering your superiors with your personal problems...* »
Face à moi, un pan de mur exhibe une panoplie complète de femme maasaï, figeant sur leur clou des bijoux en surnombre, folklorisés au magasin des accessoires, faute du support humain qui leur donne vie. Un goût de poussière dans la bouche, trace envahissante de mon voyage laborieux, je réclame sans trop y croire une bassine d'eau. «Une bassine d'eau!» s'exclame Esther, qui m'explique que l'eau courante est arrivée l'année précédente avec

l'inauguration du pipeline, faisant couler le précieux liquide du bassin de Nolturesh, situé sur les contreforts du Kilimandjaro. « Mashuuru est devenue la sixième division administrative du district, après Ngong, Kajiado, Magadi, Namanga et Loitokitok, et nous avons aujourd'hui notre propre D.O («*District Officer*», l'équivalent d'un sous-préfet) ! » poursuit-elle.

Il est dur pour moi d'imaginer ce lieu où l'herbe est reine, transformé du jour au lendemain en un chef-lieu de sous-préfecture. J'acquiesce poliment, ne voulant pas casser le rêve immense d'un avenir radieux que suscite une telle nouvelle chez mon interlocutrice devenue intarissable.

« Sais-tu que nous disposons également d'une école secondaire ? La vie est toujours difficile, tu as dû le constater, avec la sécheresse en cours, mais au moins on commence à nous écouter. Des Blancs sont venus jusqu'ici le mois dernier, ils disaient faire partie d'ONG protestantes américaines, *Worldvision* et *Compassion*, je crois. Ils ont mis en place un programme pour fournir des vêtements plus décents à nos jeunes bergers et leur procurer une nourriture plus convenable.

— Ne désiraient-ils pas en échange les convertir à la religion de leur secte, eux et leurs parents ?

— Je l'ignore, mais ce que je sais, c'est que les parents se sont plaint de voir leurs enfants refuser la cuisine familiale, une fois de retour à la maison.

Je suis consterné, sachant la perversité d'une telle démarche, dont j'avais vu les effets dévastateurs quatre années plus tôt lors d'un voyage au Chiapas, chez les Indiens maya chol. Sous le couvert de la bonne conscience, les missionnaires profitent à la faveur d'une crise ou d'une calamité naturelle, de l'affaiblissement d'une communauté, pour se montrer généreux en échange d'une conversion forcée à leur religion. C'est un prosélytisme qui tue des solidarités humaines essentielles. L'activisme et le militantisme politique des protestants américains, qu'ils soient évangélistes, baptistes, méthodistes, mormons, ou qu'ils appartiennent à une multitude d'autres dénominations plus confidentielles, sont connus dans leur engagement sans faille pour évangéliser le tiers-monde. La plupart d'entre eux, avec la puissance que leur confère leur enracinement séculaire dans l'Amérique profonde, font partie de puissantes associations à vocation internationale. Une sinistre farce vécue et racontée par Marie-Louise, une amie ethnologue, me revient en mémoire. L'histoire remonte au milieu des années 80 et a pour cadre la *manyata* (village de moranes) où elle vivait au sommet d'une colline d'*Oïti*, à l'est de Mashuuru. Un jour, alors qu'une formidable sécheresse sévissait depuis de longs mois, elle avait vu débarquer un couple de protestants américains avec leur 4x4. Profitant de cette circonstance naturelle favorable pour eux, ils sillonnaient le pays maasaï, pour montrer dans les villages épuisés par le manque de nourriture des films sur la vie de Jésus. Ayant installé un écran géant au centre du village réservé aux jeunes hommes en phase d'initiation, ils leur avaient fait la morale. Des bribes de phrases caricaturales me reviennent : « Habillez-vous de façon décente !... Cessez de vous nourrir de viande et de sang comme des gloutons!... C'est sacrilège de vivre et d'avoir des conduites licencieuses avec des petites filles!... » Par simple ignorance et par des attitudes mécaniques de non-respect des différences, ils les rendaient, c'est certain, responsables de ce qu'ils avaient en eux de plus inavouable. C'était d'autant plus indécent que ces écoliers d'*enkaï*, de Dieu, étaient au bord de la famine et n'avaient pas mangé de viande depuis des mois.

Après une nuit réparatrice, j'entreprends avec Leken un tour de reconnaissance des lieux. Encore libre de mon pesant fardeau, je profite de cet instant de fraîcheur matinale pour concentrer mon énergie sur la longue marche qui m'attend. Posant mon regard en direction du nord-est, vers *Entepesi* où se trouve mon village, j'aperçois *Olenogasaloï*, la Montagne aux lions en forme de mamelon, sur les contreforts de laquelle habitent mes «parents». En remontant vers le bourg, édifié au sommet d'une butte, nous sommes contraints de contourner un vaste périmètre clôturé. Derrière ce qui ressemble au cadre d'une prison, des pavillons tout neufs de l'administration territoriale semblent avoir été posés là par erreur sur une aire de pâture, transformée depuis en désert de terre battue ocre rouge. Le seul arbre protégeant les fonctionnaires des affres d'un soleil de plomb est la hampe du drapeau national aux bandes noire, rouge et verte ! Le dessin tracé au centre, encadré par des liserés blancs, a de quoi rendre perplexe. Le bouclier et les deux javelots maasaï qu'il représente, symboles, paraît-il, de la défense de la liberté, récupèrent la force protectrice de ce qu'ils sont pour les pasteurs de cette région nouvellement « conquise » par l'administration et sa domination « légale rationnelle ». « Baissez les armes, l'Etat vous protège ! » bruit-il en claquant au vent. Peu après, je contemple de la roche qui domine Mashuuru, un panorama agrandi par les méandres majestueux de la rivière *Olkerie*.

Son lit asséché y est à cet endroit très large. Il est recouvert d'une épaisse couche de sable fin dont la blancheur est d'un éclat tel qu'on pourrait aisément le confondre, n'eût été la chaleur ambiante, avec un fleuve prisonnier des glaces. Il marque la frontière entre plusieurs sections maasaï : les *Kisonko*, les *Kaputiei*, les *Matapaato* et les

Dalalekutuk. J'imagine sans mal qu'au siècle dernier, lorsqu'un aîné *kisonko* appelé *Mashuuru* édifia son village en ce lieu précis qui a gardé son nom, les frontières n'avaient pas la rigidité qu'on leur connaît aujourd'hui. Les frontières ont l'importance qu'on veut bien leur prêter. Et ici, c'est seulement depuis que les pouvoirs publics, sous la pression de la Banque mondiale, ont introduit la propriété privée des terres pastorales. Les choses changent bien sûr avec cette nouvelle rareté attachée au sol et à ses ressources qui jusqu'ici demeuraient la propriété collective de « tous ceux qui suivent les herbages. » Il me paraît loin le temps où le proverbe «l'herbe n'appartient à personne ! » exprimait avec force que les membres d'un même clan ne devaient pas résider ensemble, de peur qu'ils ne s'approprient les pâturages. Mes yeux vagabondent là où le large cours d'eau change de nom pour s'appeler *Selenkei*, là où les «yeux du puits» pleurent du sang depuis que les politiciens ont déclenché la guerre pour s'approprier cette nouvelle rareté. Surtout depuis qu'un Maasaï *kisonko*, alors ministre des Ressources naturelles, Stanley Ololoitipitip, fit attribuer cette région à sa section au détriment des *Kaputiei*. Ce lieu avait un caractère vital pour les pasteurs, toutes sections confondues, qui y vivaient à la saison sèche avec leurs familles. La métaphore se réfère à un puits, jamais tari grâce aux multiples filets d'eau de source qui y convergent en permanence. Cette zone « frontalière » est devenue le théâtre d'affrontements, parfois meurtriers. En contrebas du bourg, les pâturages blanchis par la sécheresse ne font-ils pas désormais de Mashuuru un chef-lieu de champs clos ? Si loin que porte mon regard, les villages, qui se juxtaposent, sont réduits à une ou deux maisons. Leurs occupants ont délimité leur lopin de terre par des broussailles. Comme Tinga ou Esther, ce groupe de « propriétaires » en puissance forme la nouvelle bourgeoisie de l'endroit, espace respirant l'ouverture et la liberté dont on s'attendrait à tout sauf à la fermeture à des fins privatives. Ces futurs possédants sont passés par l'école et n'ont pas reçu une éducation traditionnelle complète.

Leurs fonctions épousent les nouvelles valeurs capitalistes et, à travers elles, le désir d'acquérir un titre foncier. Ils sont instituteurs, policiers, fonctionnaires ou administrateurs des ranchs collectifs institués par la réforme foncière, et j'ai peur des ombres de cet avenir dont les contours clôturés se dessinent déjà à perte de vue.

2

Entepesi,
la solitude des pâturages privatisés

« Metii oïdipa oldoïnyo ake oïdipa otunokine
ewueji nemedotunye. »

« Nul n'en a jamais fini,
seule la montagne a terminé de grandir ! »

« Voilà notre nid de vautour ! » s'écrie Leken, en imitant l'oiseau de proie. Il pointe son index vers le village de *papaï* et *mamaï*, accroché, sur les hauteurs, aux herbages jaunis de la prochaine colline. De là où je me trouve, c'est vrai qu'avec sa ceinture d'épineux, je pourrais croire à un nid de vautour plaqué au sol par une tempête. Il est midi. Le soleil a liquéfié mes dernières velléités. Les lanières de mon sac à dos achèvent de tracer leurs douloureux sillons sur ma peau plongée dans le bain acide de ma transpiration. Mon impatience d'arriver m'empêche de goûter à la beauté d'un site que je connaissais jadis jusque dans la nuance. Bien sûr, la transition spectaculaire de végétation ne me laisse pas indifférent malgré l'épuisement de ces quelque cinq heures de marche. Nous venons de franchir la frontière naturelle de la région d'*Entepesi*. Une concentration d'acacias seyal et d'acacias lahai s'est substituée à des formations clairsemées de broussailles arbustives. Ces arbres personnalisent cette région au point qu'elle en porte fièrement le nom. Ils me sont familiers. Les acacias seyal m'inspirent l'image anthropomorphe d'une bonhomie protectrice, malgré leurs formidables épines par paires pouvant atteindre les huit centimètres. Est-ce à cause de la couleur pastel reposante de leur écorce tirant sur le jaune pâle que le créateur aurait à peine esquissée de peur de réveiller les esprits malins? Est-ce pour leur taille élancée réprimée par les formes très arrondies d'un branchage au faîte aplati ? Quant aux acacias lahai au bois plus rouge,

leur port en parasol me donne par l'imagerie africaine qu'il véhicule le sentiment fort de vivre dans une nature inviolée. Je goûte leur ombre réparatrice, oasis de fraîcheur qui me fait recouvrer une partie de mes sens émoussés par l'agression conjuguée du soleil et de l'épuisement. De tels moments privilégiés représentent une occasion unique de comprendre la signification profonde d'expressions jusque-là absconses. Je pense à l'expression *eata oloïp*, attribuée à un homme respecté pour ses conseils et sa sagesse, qui se traduit par « il a –il fait– de l'ombre ! » Avant d'avoir physiquement éprouvé la magie salvatrice de l'ombre, je n'avais pas réussi à dépasser le sens que nous lui prêtons. Ne disons-nous pas de quelqu'un qui fait de l'ombre, qu'il est égoïste, peu sociable et qu'il agit sans s'inquiéter d'autrui ? Au-dessus de ma tête, de grosses fleurs jaunes s'épanouissent à profusion en dégageant un parfum capiteux.
En voyant de plus près le village endormi de mes parents, engourdi sous une lumière de la mi-journée intense et brûlante, je saisis avec nostalgie que chaque famille habite désormais sur sa propre terre dans des villages, qui, pareils à celui-ci, me paraissent vidés de leur substance vitale. Sur plus des vingt maisons réparties à la périphérie d'un cercle, village dans lequel j'avais vécu durant deux années, il n'en reste que cinq. Et encore, sur ces cinq-là, l'une d'elles est délabrée, comme le prouve l'écroulement de son toit dont il ne reste qu'un entrelacs de branchages à demi calcinés. Cette ruine côtoie dans le plus saisissant des contrastes une nouvelle structure de branchages en forme de panier renversé, dont l'armature en treillis n'a pas encore été recouverte, comme les trois autres, d'un plâtrage de bouse fraîche. A l'aspect lisse et imperméabilisant de ce mortier naturel autant qu'à la forme de l'habita-

tion, j'avais toujours associé une maison maasaï à un iglou de glace. J'en ignorais la raison mais il était évident qu'ils avaient en commun de se fondre intimement dans le paysage. Ma mère Sainko figure la seule rescapée d'un désastre écologique qui aurait frappé le village. Elle est assise sur une peau de bœuf racornie, en retrait de sa maison pour se protéger du soleil. Comme si le destin l'avait choisie pour unique dépositaire de la culture de ses ancêtres, elle reproduit ce geste noble qui consiste à enfiler d'une main experte les perles de couleur verte, rouge, blanche et bleue sur une succession de spirales de fil de fer, première étape de la confection d'un *emankeeki,* collier plat de femme. Tout me paraît irréel et figé à l'instar de cet enfant de moins de quatre ans qui, une main appliquée sur l'une des jambes posées droit de la vieille femme, la contemple sans mot dire avec une béate admiration. La scène a d'autant plus d'ampleur qu'à cette heure de la journée, le large *emboo*, partie centrale du village, est vide de toute trace de vie animale, hormis ça et là quelques tas séchés de bouse de vache. « *Aï, aï, aï, aï, aï... She, Xabio* ! » s'exclame *mamaï*, ébahie, en me voyant paralysé par l'émotion et incapable de prononcer ne fût-ce qu'un mot, planté devant elle comme ces deux troncs d'épineux posés là pour servir de support à un fil à sécher le linge. Elle se lève vite malgré le poids des ans et m'étreint jusqu'à m'étouffer. Elle répète de sa voix grave cette même phrase empreinte d'heureuse surprise en l'entrecoupant de plages de rire en cascade et en sautillant comme une jeune fille, m'assénant de grandes claques affectueuses dans mon dos durci par les courbatures. Sainko ne me pose aucune question. Et, encore moins, ne me formule-t-elle de reproche sur mon absence prolongée sans donner de nouvelles. Elle se comporte comme si je ne les avais pas quittés, sans ces arrière-pensées qui entachent chez nous les relations entre amis. Ici, il n'y a pas de place pour la jalousie ni pour le chantage affectif. L'amitié ne dépend pas de la dépendance physique et le temps est l'Eternité. On peut se perdre de vue des années, se revoir une décennie après, le dialogue reprend, intact et aussi chaleureux. Elle me mène vers l'enclos extérieur. Mon père Leparakuo est là, assis sur son *olorika* (tabouret à trois pieds), à l'ombre d'un acacia dont la petite taille et l'insignifiance du branchage ne rendent pas justice à la grandeur de l'homme, tant par son physique élancé et dénué de graisse que par une sagesse et un savoir exceptionnels. Cette image me fait l'effet d'une déchéance et est renforcée par la sensation de vide et de solitude d'une contrée sinistrée. « *Lo léé* ! » me susurre sur un ton à peine audible le vieil homme qui appartient à la vénérable classe d'âge des *Ilterito*. Je me suis rapproché de lui jusqu'à le frôler en lui tendant la main pour qu'au moins il devine ma présence à défaut de me voir vraiment. L'iris de ses yeux a blanchi dans son inéluctable opacité. Qu'il ait vieilli ainsi me rend infiniment triste. Océan de sagesse, *papaï* est à ma connaissance l'homme possédant la vision intérieure la plus profonde. Mais mes larmes seront impuissantes car ses yeux sont atteints par un virus provoquant peu à peu la cécité totale.

« *Papaï, oê* ! » répondis-je selon la règle de déférence que l'on doit à un homme de la génération de votre père.

« *Supà* ! » réplique-t-il. « *Ipà* ! » dis-je enfin pour clôturer ce préliminaire de politesse sans lequel nul n'est autorisé à commencer une entrevue. L'échange de nouvelles ne se fait qu'ensuite, et encore est-il agrémenté, à intervalles réguliers, de phrases codifiées donnant à croire que tout va toujours pour le mieux. Ces belles et bonnes paroles sont aussi là pour tendre vers une dédramatisation, quelle que soit la gravité de la situation. Je dois attendre que mon aîné daigne me poser une question et aussi que j'y réponde, avant d'espérer satisfaire à mon tour mon impatiente curiosité. Leparakuo, comme tous les anciens les plus respectés, est enroulé dans une immense couverture, sans doute celle en pure laine vierge que je lui ai offerte quatre ans plus tôt, et qu'il porte sur un simple *olkarasha* à carreaux rouges et blancs noué à une épaule. La patine du temps a délavé le rouge éclatant que je lui connaissais, lorsque je l'avais remarquée dans le fin fond d'une arrière-boutique du boulevard Barbès à Paris. Son bon état général a dû supposer de la part de mon père des soins tout particuliers. Je le surprends à en remonter un pan avant qu'il ne morde la poussière d'herbes sèches, d'épines et de terre volatile, et je jubile à l'idée de lui en avoir apporté une autre, dont la qualité et la couleur sont similaires. Je connais ses goûts, ou plutôt ceux de l'ensemble de sa génération, car, loin de répondre à des critères individuels que nous connaissons, ils reposent davantage sur des critères d'identification et de conformité à un groupe social. Comme cet *emurt narok*, composé de perles plates et circulaires de couleur bleu marine que *papaï* porte à son cou, et qui indique qu'il est le père d'enfants initiés, filles ou garçons. Ce qui ne veut pas dire qu'il n'y ait pas dans certains cas des variantes d'ordre plus esthétique. Leparakuo a par exemple paré ses lobes d'oreille démesurément distendus, marque d'une meilleure écoute possible, de boucles rehaussées d'une sorte de calot en plastique incarnat, au lieu du traditionnel et lourd bijou en laiton à deux branches. « *Kaji ing'uaa? Wou inosakaki ilomon lenkang ino* ? » (« D'où viens-tu ? Peux-tu me donner les nouvelles de chez toi ? ») me demande-t-il sereinement, tandis qu'avec des gestes empreints de sacré, il retire de la tabatière qu'il porte en bandoulière, autre attribut puissant de l'aînesse, les extraits d'une carotte de tabac à mâcher et une pierre de sel cristallisé. L'association des deux est indispensable au bien-être personnel de tout adulte désireux de ne pas voir ses facultés intellectuelles perturbées par un quelconque manque ou un inconfort, et permet d'être mieux relié avec la force créatrice. De plus s'agit-il toujours d'un rituel de convivialité et d'apaisement préventif des conflits. Le tabac rapproche les uns les autres. Je remarque que le récipient en forme de cylindre possède sur le côté gauche une numérotation ainsi qu'une inscription en anglais. Je ne suis pas long à comprendre qu'il a contenu une fusée ayant jadis appartenu à l'armée kényane, et que son fils aîné, Pusi, soldat de métier en garnison à Nairobi, lui aura donné selon toute vraisemblance. Depuis les années 80, avec la multiplication des objets introduits par la société de consommation, conjuguée avec la rareté accrue des matières premières nécessaires à la confection de leurs parures, les Maasaï en utilisent certains comme des matériaux de remplacement. Il y a toutefois une appropriation culturelle de ces produits de substitution, comme l'indique de façon très convaincante cette magnifique tabatière que je croyais en ivoire, là où il ne fallait y voir que du plastique et du carbone. Le fameux tube de couleur crème a été encapuchonné à ses deux extrémités par du cuir foncé incrusté de perles aux couleurs vives, agencées d'après la section et le statut de son artisan. *Mamaï* nous a apporté, à Leken et à moi, un *olorika*, tabouret de forme circulaire, sculpté en bois massif. Ils sont tous les deux plus étroits que celui sur lequel trône *papaï*. « *Kiyetuo ngole, king'uaa Mashuuru. Kaisupati oleng. Meeta likaï omoni opishana. Niaku, supati oleng* ! » (« Nous sommes arrivés hier et nous venons aujourd'hui de Mashuuru. Tout va bien, nous allons tous très bien. Je n'ai aucune mauvaise nouvelle, donc tout va parfaitement bien...») me risqué-je à dire dans le plus pur style de la langue de bois en vigueur en pareille occasion. Leparakuo se lance alors dans ce qui s'apparente à un long monologue. Il est composé d'un même discours intemporel dans lequel s'intercalent les informations relatives au vécu, tout en s'excusant qu'elles existent dans leur imperfection. Il va jusqu'à donner l'impression d'une machination de l'idéal imaginaire, martelé à chaque fin de phrase, contre le réel cynique et imprévisible: « Ici aussi, tout va très bien. La sécheresse et la famine sont parmi nous, mais le bétail n'est pas encore dépourvu d'herbages à *Entepesi*. Ole Muyionko m'a fait appeler voici trois jours pour me parler de l'engagement de son fils avec la fille d'ole Ntoriro. La région va pour le mieux. Je me suis rendu à son village, sans que la discussion ait pu aboutir le premier jour en raison de l'absence du père de la fiancée ainsi que des aînés de son clan. J'ai dû attendre leur venue. Mais tout va bien, les vaches sont en bonne santé. Dès leur arrivée hier, nous avons eu une excellente conversation. Nous sommes tombés d'accord sur le chiffre de six têtes de bétail que la famille d'ole Muyionko devra donner comme dot à ole Ntoriro. De la sorte, ololе Tunkai, qui a divorcé d'avec cette fille, pourra récupérer sa dot à son tour. Ole Ntoriro bénéficiait du soutien des membres de son clan, tandis que moi-même, je m'étais placé du côté d'ole Muyionko pour réaliser un équilibre. La réunion s'est achevée au petit matin. Tout s'est bien passé, tout le monde se porte bien. Je me suis ensuite rendu au village d'ole Ntidai, afin de rendre visite à la seconde épouse de mon fils Naiyielenya qui vient d'accoucher là-bas d'un fils. Elle est en pleine forme et son nouveau-né aussi. Naiyielenya n'est pas encore rentré de *Kenyawa*. Il s'est rendu avant-hier chez le prophète ole Seyianduki pour s'informer si sa classe d'âge des *Ilkitoïp* devra mener les quarante-neuf vaches de l'*olngesher*[7] à *Kisokon*, en pays *loïta*, ou à *Naïbor Ilariak*, le village où il se trouve actuellement. Il lui a répondu à son village actuel. Tout va bien, les enfants sont en pleine forme. La sécheresse est sérieuse et avec les nuits fraîches comme en ce moment, les moutons et chèvres tombent malades facilement. Voilà donc les dernières nouvelles du pays. Nous n'avons eu connaissance d'aucune mauvaise nouvelle, seulement des bonnes.»

Je me sens bien malgré la fatigue. La sérénité affichée par *papaï* me va droit au cœur. Cette entrée en matière est conforme à la reproduction d'une culture qui entend se perpétuer en donnant l'apparence d'une reproduction harmonieuse sans s'appesantir intellectuellement sur la réalité des profonds bouleversements en cours. Je n'ai pas vu *papaï* depuis près de quatre ans, et pourtant, fidèle à la tradition, il n'a évoqué que les nouvelles très concrètes de ces derniers jours, sans livrer son opinion sur la situation, qui, durant ces années d'absence, a a priori radicalement changé leur mode de vie. Ce préambule me conforte aussi dans le fait que la vie continue malgré tout, tant dans sa dimension physique que culturelle. En à peine cinq minutes, je sais que Naiyielenya a pris une seconde épouse, laquelle vient tout juste de lui donner un fils ; que l'incomparable ciment des classes d'âge ne s'est pas effrité, comme le

---

[7] Ces vaches lui restaient dues pour son office lors de l'*olngesher* d'octobre 1989. Cet office avait consisté à fixer les dates de la cérémonie en accord avec la position de la lune, à prier avec les participants, mais surtout à les bénir et à légitimer tout le processus du cycle rituel dont cette cérémonie dite de «la claie à viande» était l'aboutissement. L'*olngesher*, dernier rituel collectif des hommes, en fit des aînés à part entière. Il leur fut remis à cette occasion les trois attributs de l'aînesse: un chasse-mouches, une tabatière et un tabouret.

prouve l'annonce de la préparation d'une cérémonie imminente des *Ilkitoïp* avec l'homme-médecine; et enfin, que les aînés sont loin d'avoir perdu leur rôle unique de médiation et de conciliation.

En guise de conclusion, j'offre à *papaï* sa nouvelle couverture dont il ne tarde pas à reconnaître la qualité, non pas à sa couleur qui, s'il avait eu une meilleure vue l'eût rendu muet d'émotion, mais au soyeux de la laine qu'il effleure de l'intérieur de ses longues mains déployées comme à l'occasion d'un rituel de bénédiction. « *Ashe naleng'* » répète-t-il encore, tandis que *mamaï* s'est éclipsée afin de mettre en lieu sûr, dans sa maison qui demeure la propriété exclusive de la femme, ses propres présents constitués de quelques kilos de thé, de sucre et de perles. Seule concession à la modernité, j'ai glissé parmi eux un sac à main très souple doté d'une longue bandoulière apte, pensé-je, à compléter l'encombrant *embene* en cuir brut que toute femme maasaï possède pour y ranger effets personnels et bijoux. L'instant d'après, je courbe le dos pour franchir l'entrée étroite et basse de la maison de Sainko, en émettant un léger raclement de gorge. C'est la procédure la plus utilisée pour signaler sa présence, avant de pénétrer le sanctuaire sacré du monde domestique de la femme. «*Tijing'u*» me répond-elle avec une franche gaieté. La fumée piquante qui provient du feu allumé en permanence dans la pièce centrale m'atteint en m'arrachant un léger cri de douleur. Je marche à tâtons, portant une main au visage pour tenter en vain de dégager mes yeux embués de larmes. Je baigne dans une noire obscurité, et j'use de mon autre main comme d'une antenne, plaquée contre une paroi du corridor en zigzag. L'entrée dans le logis maasaï, ainsi différée par cet étrange couloir, est très utile. Elle rend plus incertaine et moins massive l'intrusion intempestive d'insectes et d'éventuels prédateurs. La sensation rugueuse de la fine couche craquelée de la bouse sous mes doigts mobiles me fait penser à la mince lamelle durcie qui se détache, pour mieux vous attirer, sur la partie supérieure d'un gâteau au chocolat. Ce faisant, je progresse en épousant la forme en méandre du boyau enfumé, jusqu'à déboucher sur un espace bizarrement éclairé situé au cœur même de l'habitation. Le plafond, constitué de branches liées les unes aux autres et noirci par la suie, est couvert d'un épais nuage d'un blanc immaculé, immobile et dense, comme s'il était maintenu à la structure du toit par de la colle extra-forte. Ce brouillard tenace s'est formé lorsque *mamaï* a ranimé les braises assoupies dans l'âtre composé à même le sol de trois grosses pierres mal équarries. A l'inverse d'une situation critique au fond de l'eau, toute opération de survie consiste ici, non pas à remonter à la surface, synonyme à coup sûr d'inflammation des muqueuses et de quinte de toux, mais à plonger vers les profondeurs de l'antre mystérieux. Je ne me fais pas prier et m'asseois en me précipitant, comme si je manquais d'oxygène, sur l'*eruat kitok*, grand lit réservé au mari et aux invités. Malgré l'intense chaleur dégagée par le foyer tout proche, je peux au moins respirer et ouvrir grand les yeux au spectacle fort qui m'entoure. Le bruit mat du cuir échappé du frottement des quatre peaux juxtaposées du «grand lit», sous la pression de mon corps, répond par intermittence au doux crépitement du bois sec en combustion. L'atmosphère m'apparaît d'autant plus magique qu'il existe à l'intérieur une palette de couleurs. Celles-ci sont nuancées par une lumière chaude et intense en provenance des bûches enflammées, alliée aux rais de lumière crue traversant en oblique l'intégralité de la pièce à partir de ce qui s'apparente à des meurtrières de cinq centimètres ouvertes sur chacune des façades extérieures. *Mamaï*, assise en face de moi sur sa couche, à l'entrée de la chambre qui lui est réservée, s'affaire sur le feu, malaxant sans compter, à l'aide d'une longue cuillère de bois, la farine de maïs qu'elle a saupoudrée dans une énorme marmite d'eau bouillante. Elle s'éponge le visage à l'aide d'une extrémité de sa jupe qu'elle atteint en se penchant avec une surprenante agilité. Je perçois à peine les formes de son corps, que je devine au travers des sons métalliques libérés par une multitude de bijoux entrechoqués. Leur bruit se conforme aux mouvements circulaires de l'ustensile, produits en accéléré jusqu'à ce que la pâte se transforme en *enkurma*, genre de polenta. Fasciné par cette scène chargée de mes souvenirs, je savoure par d'infimes gorgées, tant le quart rouillé me brûle les mains, le thé de bienvenue que ma mère vient de m'offrir. Trace vivante du passage des Anglais, le thé au lait remplace le lait tout court pour accompagner la magnifique hospitalité et l'incontournable rituel d'accueil d'un étranger ou d'un visiteur. Habituellement succulent, grâce au goût fumé et caramélisé du lait frais à peine coupé d'eau, il n'aurait plus eu que la saveur plate de l'eau bouillante si ma mère ne l'avait de manière fort à propos aromatisé de feuilles de menthe. Du moins, le pensé-je. C'est bien la première fois qu'un thé de cette nature m'est ici proposé. Mais je continue de me comporter comme si je n'avais rien remarqué. Près de *mamaï*, dans un espace spécialement aménagé, niché dans un renfoncement situé à l'angle de sa chambre à coucher et de la pièce principale, mes yeux vagabondent sur une série d'*inkukurto* et d'*ilkukurto*, gourdes à lait oblongues fabriquées à partir de calebasses évidées et séchées. Elles symbolisent à elles seules la culture et le peuple maasaï. Elancées et cuivrées, elles leur ressemblent jusque dans leur apparence physique. Enveloppées sur les côtés par une épaisse lanière de cuir parée de rangs de perles, dont l'ordonnancement des couleurs et des figures géométriques composent le code social de leur propriétaire, elles constituent l'une des clés à la compréhension de leur culture. Selon leur usage, un observateur, ignorant tout de l'environnement climatique, pourrait déterminer la nature de la saison en cours. Il lui suffirait pour cela de vérifier que les plus imposantes d'entre elles, d'une taille moyenne proche du mètre, soient pleines. Il ne pourrait alors s'agir que de *kule naaoto*, lait conservé plusieurs jours pour cailler. Ce lait caillé, synonyme d'abondance, est bu à la saison des pluies, à une époque où les pâturages ont reverdi et où le lait coule de nouveau à flots. Les plus grandes calebasses, penchées en avant et prêtes à tomber par manque de poids, me confirment que les familles et les animaux de ce pays pastoral sont rentrés dans la rareté d'une saison sèche qui se prolonge. Je promène mon regard dans ma tasse de thé mentholé, noyé dans l'eau sucrée, puis sur le bloc durci à base de farine de maïs que je vais devoir avaler sans que mon tube digestif n'ait été préparé par le liquide chaud du lait frais. Des rêves d'âge d'or, de corne d'abondance, m'engloutissent. Je repense aux saisons des pluies que j'ai vécues au cœur d'un jardin d'éden à la fois imaginaire et réel, traversé de mille rivières jamais taries de lait sous toutes ses formes. Je repense aussi à mes dents qui se refont toujours une santé ici grâce à ces protides complets que sont le lait et la viande. J'ai en tête l'image de Weston Price, ce médecin-dentiste américain venu ici dans les années trente pour étudier les effets de l'alimentation sur les dents, le squelette, le psychisme et l'état de santé général. Il avait fermé son cabinet pour entreprendre un tour du monde et visiter la plupart des « peuples naturels », après avoir fait le stupéfiant constat de la différence entre le nombre impressionnant de caries chez ses patients et la qualité des dents sur les crânes retrouvés lors de fouilles en Amérique du Nord. Comme pour les Maori et les Inuit, il rapporta que les Maasaï avaient un état de santé remarquable et que leurs dents étaient exemptes de caries. Son implacable conclusion concernera-t-elle les Maasaï dans un proche avenir ? Selon lui, chaque fois que ces populations entrent en contact avec le monde blanc, dit civilisé, elles adoptent son mode alimentaire basé sur des aliments raffinés et sur l'alcool, coïncidant avec l'explosion des caries dentaires et la prolifération de maladies, jusque-là inconnues. Lorsqu'on parle ici d'écologie humaine, il n'est jamais question que d'influences négatives de l'homme maasaï sur son environnement. Pourquoi attendre que la nature et tous les êtres qui y vivent et la font vivre soient en danger de mort pour reconnaître le rôle positif des activités humaines purement pastorales dans la conception et la sauvegarde de ce pays de savane? Pour les Maasaï, avoir par le passé exclusivement élevé des troupeaux domestiques, alors qu'il eût été envisageable pour eux de cultiver sur leurs hautes terres très arrosées, avait été un choix culturel. Un choix qui, en plus des conséquences vitales pour leur écosystème dans le respect et l'interdépendance de toutes les espèces, avait spécialisé leur mode alimentaire. Jusqu'à une époque récente, le lait frais constituait leur nourriture quotidienne. J'avais estimé qu'en moyenne pour subvenir à ses besoins, un homme devait requérir deux à trois vaches en période favorable, mais entre dix et quinze têtes durant la saison sèche, nombre pouvant s'élever à plus de trente en cas de sécheresse. Fait unique, grâce à cette alimentation hyperspécialisée basée sur le lait de vache non pasteurisé, ils comptent parmi les rares populations de notre planète à ignorer les maladies cardio-vasculaires. Cela en raison d'un faible taux de cholestérol dû à un trait biologique spécifique acquis sur une très longue période. On a constaté chez eux une forte présence d'immunoglobuline IgA. C'est elle qui leur a permis d'absorber la teneur considérable en cholestérol de leur nourriture grasse. Il leur aura fallu à l'évidence un millénaire ou plus d'un tel régime alimentaire pour laisser à l'immunoglobuline le temps d'être génétiquement fixée à l'échelle de leur population.

Combien d'années leur faudra-t-il pour perdre cette immunité si patiemment acquise ? Le temps peut-être de voir, tant en nombre qu'en qualité, disparaître leurs zébus qui se sont eux aussi au fil des siècles adaptés à leur environnement, grâce à des croisements judicieusement sélectionnés. Le temps peut-être de voir s'éteindre l'intime et très humaine relation entre l'homme et la vache que résume à elle seule la métaphore *inkishu*, «les vaches», dont ils usent aussi pour se nommer en tant que peuple. Le «peuple de la vache» perdrait-il la mémoire ? Le nombre de vaches laitières par habitant a chuté depuis la mise en place de la politique de privatisation des pâturages, les contraignant à diversifier leur façon traditionnelle de se nourrir avec des produits agricoles tels que riz, haricots rouges et maïs. *Mamaï* m'explique, comme pour s'excuser, qu'avec la progression de la sécheresse, après leur vaine attente de la moindre goutte d'eau lors de la supposée longue saison des pluies précédente entre avril et juin, le lait les a quittés. Et ceci, d'autant plus que *papaï* a préféré laisser la garde de son cheptel à son fils Naiyielenya, dont le village est à un kilomètre d'ici. Chaque soir, après une journée passée à surveiller les troupeaux cumulés de son père et de son grand-père dans les pâturages ou au puits creusé dans le lit asséché de la rivière, Sulel, leur petit-fils, vient au village leur ramener cinq ou six vaches, dont *mamaï* extraira à peine une demi-calebasse de *kule naairowua*, lait frais. A l'aube, en berger accompli et responsable malgré son très jeune âge, il est de retour pour les récupérer après la traite matinale. *Mamaï* parle trop vite pour mes oreilles, plus guère habituées aux variations mélodieuses mais rapides de cet idiome tonal. J'ai omis certains détails. Par troupeau de *papaï*, il fallait y inclure les têtes de bétail de ses deux autres fils, Pusi et Kerashon. Noonaishi, l'épouse de Pusi occupe la première maison située à gauche de l'entrée du village. Elle s'est absentée depuis plusieurs jours, pour se rendre à pied au-delà des collines d'*Oldoïnyo Loomakerikera*, au village de son père qui vient de s'endormir, expression apaisante de la mort préférée à ce terme par trop brutal que nous employons. Son retour est prévu pour ce soir. Le petit garçon, entrevu tout à l'heure avec sa grand-mère, est son fils aîné. Il s'appelle Lengete, et il est resté avec *mamaï*. Noonaishi est partie avec Marenge, son nourrisson de six mois, laissant également aux bons soins de sa belle-mère sa jeune sœur Siamoi, âgée de cinq ans, qui est ici depuis que la maladie de son père s'était déclarée. Elle est sur la colline, derrière, en train de faire paître depuis le matin moutons et chèvres, en compagnie d'Alissa et des deux filles du même âge d'amis *dalalekutuk* de *papaï* qui leur offre l'hospitalité depuis six semaines. Alissa, qui vient d'avoir huit ans, est la fille aînée de Neranto, l'unique fille et aussi la petite dernière de Leparakuo et de Sainko. J'en avais passé des journées avec elle, à garder le troupeau de son père, alors qu'elle n'était qu'une jeune fille. Je la revois, dans l'insouciance et la liberté des enfants de son âge, rire aux éclats en chevauchant un taureau adulte. C'était trois ans avant son mariage. Après avoir liquidé mon repas version saison sèche prolongée, c'est-à-dire mon bloc de polenta bien dure, aidé par des gorgées de thé à l'eau bues au bon moment, je remonte à l'air libre. Passer d'un lieu fait de pénombre et de lumière tamisée, à l'éclairage violent et aveuglant du jour, nécessite un instant d'adaptation pour ne plus avoir à cligner les yeux. Une fois ma vue recouvrée, j'aperçois incrédule Naserian, la première femme de Naiyielenya, et une jeune initiée, rentrer d'un pas pesant au village. Elle s'approche de moi et courbe la tête à mon attention. A l'instar des enfants, c'est ainsi qu'une jeune femme rend hommage à un adulte en visite ou rencontré sur son passage. Comme pour une bénédiction, l'homme impose la main droite sur le sommet du crâne qui s'offre à lui. La noblesse de ce geste empreint de respect m'avait beaucoup ému, douze années en arrière, lors de mon premier séjour à *Entepesi*. L'homme étend la main d'un geste si solennel qu'il apparaît comme si les enfants et les jeunes femmes courbent la tête à l'aspect d'une chose sacrée. Certes, son mari appartenant à ma classe d'âge, elle n'eût pas dû avoir cette déférence, mais il en avait toujours été ainsi avec elle. Penchée vers moi en équilibre instable, réitérant un *ng'asak* plus audible, Naserian ne s'impatiente pas pour autant malgré mon inaction coupable. Je suis coupable de ne plus me rappeler l'expression à formuler simultanément au geste d'imposition. J'avais souvent ces trous de mémoire qui m'embarrassaient beaucoup. Ici, point de souffleur comme au théâtre, mais les efforts que je fournissais pour tenter de m'exprimer dans leur langue les touchaient beaucoup et c'était là l'essentiel. « *Na tomononi* ! » Ô ! femme, m'écrié-je finalement en effleurant sa tête d'un geste bienveillant et ostentatoire avec ma main droite grande ouverte. « *Eéo* ! » réplique-t-elle en écho.

« *Takuényà* » continué-je avec autorité, tandis que je l'entends répondre du son, recherché pour la circonstance, très haut perché de sa voix : « *iko* ! » Dans le même temps, la jeune fille initiée est demeurée en retrait, occupée à décharger les lourds récipients d'eau de *mamaï*, ou du moins à feindre de le faire. Il était très inhabituel de voir une *esipolioi*, jeune femme en phase d'initiation, prendre part à une activité du quotidien des femmes, hormis peut-être le gardiennage des jeunes enfants. On la considère comme «impure» durant la période de plusieurs mois qui va de son excision à la cérémonie de purification ponctuée par le rasage de ses cheveux. Son regard espiègle bravant le mien sans la moindre gêne, je la reconnais enfin. C'est son air malicieux et enjoué, sur la retenue mais toujours prêt à s'exprimer bruyamment sur le mode du rire, qui m'a mis sur la voie. Je retrouve maintenant son visage d'enfant qu'elle était encore à peine quatre ans plus tôt. Passer de huit à douze ans fait ici toute la différence entre un enfant sans réelle distinction de sexe et une jeune fille devenue femme, l'espace d'un rituel initiatique. J'étais bien en présence de Nooltimari, la fille aînée de Naiyielenya et de Naserian. Je m'approche d'elle pour la saluer et, par curiosité, commence à la taquiner en esquissant un pas de course pour voir si elle se souvient du jeu qu'elle affectionnait, qui consistait à lui courir après pour la rattraper et la prendre dans mes bras. En raison de son nouveau statut sans doute, je la sens contrainte d'être sur la retenue, mais à son sourire échappé comme par mégarde de sa bouche, je suis heureux que d'avoir grandi si vite n'ait en rien affecté sa spontanéité de petite fille. Peu après, c'est avec une grande émotion que je l'entends marmonner mon prénom Xabio, Xabio, Xabio, jusqu'à ce que ses rires devenus fous ne le rendent complètement inaudible. Comme toutes

les initiées, elle est recouverte d'un drapé de couleur sombre enduit de suie. A son cou, elle porte à peu près le même collier de perles bleues que celui de *papaï*. Il a été béni par son père Naiyielenya. Son front est ceint d'un bandeau de cuir incrusté de cauris, d'où descendent perpendiculairement en son milieu, jusqu'à la saillie naissante du nez, quatre rangées de perles bleues assorties au collier et se terminant par trois lignes horizontales de perles blanches et rouges. Il masque mal sa chevelure de quelques mois qu'elle a laissé pousser le temps de devenir une jeune femme à part entière, une *esiankiki* prête à trouver un époux. Et je pressens que la date de son rasage, qui met fin à son initiation, est proche. D'après l'explication que me donne sa mère, la mise à contribution de Nooltimari est exceptionnelle. Elle n'a été motivée que par l'absence concomitante de Noonaishi et de Nashipai, la seconde et jeune épouse de Naiyielenya, avec lesquelles Naserian est de corvée d'eau en alternance chaque cinquième jour. La presque jeune femme est quasiment arrivée au terme de son bref parcours initiatique, et, dans quelques jours, elle ne sera plus considérée en marge des activités de la société, suite au rasage de ses cheveux par sa mère. A entendre Naserian, ils n'ont fait après tout que devancer l'officialisation prochaine de son statut de femme, sans avoir acquis le sentiment d'avoir enfreint la loi du groupe.
La collecte de l'eau prime sur toute autre considération. « Pourquoi parcourez-vous tous ces kilomètres jusqu'à Mashu-uru pour approvisionner en eau vos deux villages ? N'est-il pas plus simple de vous rendre au puits de la rivière ? » lui demandé-je incrédule à l'idée d'une si longue marche, même si les ânes sont des animaux de bât très efficaces.

« Le puits d'*Olkerie* est certes moins loin, mais on utilise plus volontiers son eau pour le bétail, m'assure-t-elle péremptoirement. Depuis que l'eau de la Montagne blanche est arrivée à Mashuuru, on n'hésite plus à faire le voyage. Tout le monde la trouve délicieuse et elle est moins salée que celle que l'on puise dans le sable. Ce n'est pas tant d'aller à Mashuuru qui nous ennuie. C'est le fait que très souvent, le long tuyau de Nolturesh reste sec et muet, et on revient désespérés à la maison. Dès le lendemain, il n'y a plus qu'à prendre comme avant le chemin du puits. » Les ânes ne sont pas déchargés que deux autres femmes, l'une jeune et l'autre d'âge mûr, arrivent à leur tour dans le village et passent devant nous à un trot menu et saccadé. Naserian les interpelle pour les saluer, ne recevant en retour qu'un laconique *iko* ! Pliées en deux, la tête tendue à l'extrême pour compenser le poids qui les tire en arrière, elles se dirigent à l'extrémité de l'enceinte, là où se trouve la cinquième et dernière maison. Maintenu parallèle au sol, leur front est cerclé d'une épaisse bande de cuir emprisonnant dans le dos une véritable cargaison de bois sec, utilisé comme combustible.

Je patienterai jusqu'au soir pour en savoir plus sur cette famille que je vois pour la première fois. J'apprendrai que la plus âgée des deux s'appelle Nairesiai. Elle est l'épouse de l'ami de *papaï* qui s'est endormi l'an dernier, et aussi la mère de l'autre femme, plus jeune, Napoona, dont le nom courant est *ng'oto* Meromo, prénom de son fils aîné. Divorcée, elle vit à nouveau avec sa mère et ses frères. Ce qui ne l'a pas empêchée d'avoir un nouveau fils avec un amant. C'est une pratique courante et bien acceptée. Simplement, ce nouveau-né est reconnu comme un *olentito*, un «fils de fille», et on l'intègre au clan de sa mère et non du père comme ses autres demi-sœurs et frères. Il y a un mois, elles sollicitaient l'entraide de *papaï*, considéré comme le grand ami de la famille. Et Nairesiai, l'un de ses fils ainsi que sa fille Napoona, elle-même accompagnée d'Entenkei et de Manang'oi, ses filles de neuf et cinq ans, de Meromo, son fils de six ans, et de Kilelo, le petit dernier de cinq mois, n'avaient pas tardé à se mettre en mouvement après avoir reçu l'invitation expresse de mon père qui les suppliait de venir s'installer chez lui. Grâce à la vue plongeante vers l'ouest qu'offre le site d'*Entepesi*, je prends conscience de l'urgence de la situation, découvrant avec stupeur des pâturages brûlés par le soleil, comme figés et vidés de leur substance nourricière. Ils s'étendent comme de la lave en fusion, au-delà de la courbe blanche d'*Olkerie*, jusqu'aux contreforts pentus des hautes collines de *Maparasha*. C'est le territoire de la section maasaï des *Dalalekutuk*, d'où ils sont originaires. La sécheresse ne les a pas épargnés contrairement, dans une certaine mesure, à *Entepesi* où ils ont trouvé refuge — eux et une grande partie de leur cheptel. *Entepesi*, de même que la région de *Kiloo* qui la prolonge au nord, est connue pour être une zone pâturable idéale durant la totalité d'un cycle pastoral, et même en période de sécheresse car, au dire de ses habitants, « le bétail n'y succombe pas facilement et les taureaux demeurent féconds ». Ce n'est pas sans raison s'ils l'ont surnommée *emorua naaïrowua*, «la région qui est chaude», à l'image du lait frais, également appelé *naaïrowua*. Dans une telle situation, une amitié s'avère souvent capitale. C'est pourquoi les Maasaï l'assimilent à une relation de parenté qui continue après la mort avec la famille du défunt. L'ami se transforme en un *osotwa*, «cordon ombilical» tout aussi indéfectible qu'un frère de sang, comme le sous-entendent ces deux proverbes: « une relation de parenté peut jaillir de n'importe où » ; et « ce n'est pas la consanguinité qui noue une amitié, mais un choix sincère mutuellement exprimé». L'authenticité de l'amitié entre *papaï* et le mari de Nairesiai, nouée dès l'enfance, s'était trouvée renforcée lorsque, jeune morane, mon père avait été sauvé par son ami lors d'une chasse au lion à *olenogasaloï*, la Montagne aux lions que l'on aperçoit en surplomb du village. Son ami était parvenu à donner à temps le coup de grâce au moment où le fauve s'apprêtait à l'assaillir. Je me souviens aussi de ma propre expérience qui me replonge dix ans en arrière, dans un village de *Kiloo* non loin d'ici. J'avais participé au procès traditionnel d'un homme d'une trentaine d'années que sa classe d'âge, la même que la mienne, accusait d'avoir mangé de la viande de mouton préparée par son épouse. Il s'agissait alors d'un interdit alimentaire, sa génération n'ayant pas encore accompli le rituel collectif destiné à l'abolir. A cette occasion, et alors que son troupeau venait d'être confisqué, j'étais parvenu à récupérer l'une de ses vaches et à la lui restituer. Je connaissais son père pour l'avoir moi-même aidé en une autre occasion à retrouver deux ou trois chèvres égarées. Quelque temps après, il m'avait invité chez lui pour se déclarer mon ami, l'officialisant en ces termes: «désires-tu une vache avec poils ou sans poils ? » la vache sans poils étant sa fille qu'il m'offrait en mariage. J'avais décidé de choisir la première ! Ce qui fit que nous nous appelâmes désormais l'un l'autre *ndauwo*, génisse. Le village s'anime en fin d'après-midi, au moment où une douce tiédeur emplit l'air violet du soir, coïncidant avec le retour des maigres troupeaux et des petites bergères d'occasion. Il faut voir tous ces crânes rasés, arrivant à hauteur de ma taille, converger en même temps, puis attendre dans une ambiance faite de murmures d'intense surprise et de gloussements mal réprimés, que j'y impose ma main.

Cette insouciance enfantine s'évanouit à l'instant où Noonaishi, tel un spectre fantomatique, fait son apparition. Hagarde et triste, transportant comme une malédiction, dans son dos, son fils Miato, enveloppé dans un tissu imprimé de couleur sombre, elle ne me voit pas. Elle a dû prendre un *matatu* qui, une fois par semaine, fait le trajet Kajiado-Ngatu. Elle est précédée d'un jeune Kamba qui transporte sur une bicyclette deux de ses sacs à provisions les plus volumineux. Elle ne restera pas seule bien longtemps car, à peine arrivée, Sainko se précipite dans sa maison pour lui tenir compagnie et consoler son immense douleur d'avoir perdu et enterré son vieux père. Avec *papaï*, ils se relaieront une bonne partie de la nuit pour lui témoigner la sincérité de leur amour, en ces jours de deuil où l'usage veut que l'entourage d'une personne affectée par la mort d'un proche l'assiste jusqu'à ce qu'elle soit en mesure de surmonter sa peine. La vie communautaire prend son sens en ces circonstances de profond chagrin. Ils savent que sans ce soutien constant mais surtout sans cette vie collective quotidienne qui continue de faire participer l'individu endeuillé aux activités du groupe, il pourrait aller jusqu'à se laisser mourir. Mon père, qui vient de me rejoindre, me rappelle qu'au temps de l'ancien village que j'avais connu et où tant de personnes vivaient ensemble, les nombreux chefs de famille se seraient succédé chez elle pour la réconforter et lui offrir des présents sous forme de têtes de bétail. « Nous, Maasaï, nous savons cela depuis des temps immémoriaux, m'assure *papaï* en me secouant fermement l'épaule, comme pour exorciser la prémonition d'un avenir proche sans humanité. L'essentiel, c'est de leur donner des preuves d'amour, et sans arrêt jusqu'à ce qu'ils aient accepté de vivre avec la mort. Si ce sont des jeunes, qui n'ont jamais été confrontés à cette éventualité, les aînés se mobilisent pour les empêcher de penser de façon obsessionnelle à l'être cher disparu, en essayant de les divertir loin du village. S'agissant de mères ou d'épouses, les autres femmes se chargent, le temps qu'il faudra, des tâches domestiques les plus ardues telles que la collecte de l'eau et du bois. Et elles le font avec une humeur plus joyeuse qu'à l'accoutumée. De la sorte, la vie redevient très vite supportable... » Je le suis chez Noonaishi. Dans une attitude de prostration, je la surprends le regard triste, perdu dans la flamme vacillante de son feu. Silencieuse, *mamaï*, malgré l'étroitesse de l'ouverture donnant sur sa couche, se glisse auprès d'elle et, d'un geste décidé et tendre, prend son visage défait entre ses mains, puis la blottit au creux de son épaule en la cajolant comme un nourrisson. *Papaï* quant à lui, avec moi-même à ses côtés, s'assoit sur le grand lit juste en face. D'une voix douce, il sait trouver les mots justes pour la réconforter au moins assez pour rendre à ses traits un début d'expression. Il ponctue ses paroles chaleureuses par ces quatre phrases dites comme une prière: « sois ici chez toi ! Faisons don de tout ce que nous possédons au Tout-Puissant ! Prions *enkaï*, Dieu, qui est le seul à connaître le jour de notre grand repos ! Qu'il nous donne le temps de vivre des jours heureux, et qu'il nous guide enfin vers ceux qui nous ont quittés, car la tombe est notre lit à tous ! » Des mots destinés à réconforter, mais aussi des clés pour relativiser la mort et permettre à un être désorienté de retrouver au plus vite le sens des réalités. Les secondes qui s'écoulent semblent comme immobiles et suspendues aux lèvres de Nekisayio, d'habitude si généreuses. L'odeur subtile du bois d'olivier sauvage en combustion réveille mes sens endormis, tandis que son crépitement intermittent œuvre à atténuer mon état de somnolence. Mais la trêve des mots, dans la lourdeur de leur silence, est rompue par la voix frêle de la jeune femme éplorée enfin sortie de sa torpeur. C'est maintenant le long récit des funérailles, entrecoupé de soupirs et de sanglots. Nous l'écoutons sans mot dire. Seul *papaï*, comme l'exige la marque de respect que l'on doit à celui ou à celle qui s'exprime, parachève chacune de ses phrases par un *eé*, oui, formulé avec gravité et réelle compassion. Son père a été placé dans un cercueil et enterré, ce qui eût été impensable il n'y a pas si longtemps. Ne pouvaient être ensevelis que les corps des prophètes, sur la tombe desquels on entassait des pierres en pyramide. Les aînés décédés, mais laissant derrière eux une descendance, avaient, quant à eux, le corps enduit de la graisse d'un taureau sacrifié, et on les chaussait de sandales neuves. La dépouille était transportée vers un endroit ombragé en dehors du village pour être exposée à la faim des prédateurs, et en particulier des animaux nécrophages tels que les hyènes. Si le jour suivant, ils n'avaient pas achevé leur macabre repas, on en concluait que de son vivant, le mort n'avait pas eu une conduite irréprochable. Les crocs des bêtes sauvages indélicates étaient en quelque sorte réveillés à l'aide d'un agneau abattu sur place et déposé à proximité du défunt. « Mon père souffrait de pneumonie, et il avait été emmené le mois dernier au Nairobi West Hospital, dit-elle sans force. C'est là qu'il s'est endormi voici une semaine. Mes frères, mes demi-frères, des tas d'amis et de voisins s'y sont précipités pour le voir une dernière fois. Ils l'ont ramené au village dans un cercueil. On a eu des difficultés à le faire rentrer dans la maison de sa première épouse, qui en raison de son âge a eu le privilège de veiller sur lui la première nuit. Le lendemain à l'aube, mes frères conseillés par tous les anciens du voisinage ont abattu le plus magnifique de nos bœufs. Au même moment, d'autres voisins creusaient la tombe à l'extérieur du village. La foule était de plus en plus nombreuse et, tandis que les femmes servaient du thé et de la nourriture à l'assistance, deux anciens, suivis des fils de mon père, entrèrent dans la maison funèbre. Ils sortirent le corps du cercueil, lui otèrent ses drapés et l'enduisirent sur la moindre parcelle de peau d'une épaisse couche de graisse cuite provenant de l'animal sacrifié. Après une heure peut-être, mais je n'en suis pas bien sûre car les filles n'assistaient pas à ce rituel, ils l'ont replacé à l'intérieur. Nous avions ôté tous nos bijoux et nos parures. C'est seulement en fin d'après-midi que nous vîmes nos frères extraire le cercueil de la maison de l'*enkitok botor*, première épouse. Ils le transportèrent lentement à travers l'*emboo,* suivis d'un long cortège de personnes affligées, et passèrent la barrière familiale en direction du côté droit de la tombe, creusée à l'ombre d'un grand acacia. Ma famille avait fait appel à un pasteur du PEFA[8], qui récita une prière chrétienne et consacra le cercueil au moment où mes frères le descendaient dans le trou à l'aide d'une corde. Je n'ai pu m'empêcher de pleurer en imaginant que c'était mon père que la terre allait bientôt recouvrir. Les aînés ont marqué l'endroit et condamné l'accès à l'aide d'une haute barrière d'épineux, dissuadant les enfants de l'approcher. C'est donc tout ce qui restait de mon père. Nous nous sommes mutuellement réconfortés, par petits groupes, dans la maison où il venait de reposer, pour y boire le traditionnel *enkare pus*, du lait dilué dans beaucoup d'eau. Après deux jours, un second bœuf, celui qu'on appelle *olkiteng lenkare*, a été sacrifié. Les anciens ont placé mes frères au

[8] Il s'agit du sigle d'une secte protestante africaine très active au Kénya, et plus particulièrement chez les Maasaï: Pentecostal Evangelism Fellowship of Africa. Les Maasaï n'ont pas de bénédiction spécifique, à l'occasion de telles funérailles.

centre de l'enclos des vaches, afin de leur donner la bénédiction finale et leur faire officiellement part des volontés de mon père concernant l'héritage. Ils ont conseillé à tous les habitants du village de ne pas le quitter pour vivre séparément, jusqu'à ce que le corps soit entièrement décomposé, d'ici deux ans. Chacun pourra alors décider d'aller vivre où bon lui semble, mais pas avant d'avoir passé deux jours, ensemble, dans un village provisoire édifié à proximité du premier. Ils nous ont mis en garde contre toute tentative de nous séparer à la hâte, dans le désordre et sans respecter cette procédure, ce qui exposerait la famille à une dangereuse malédiction. »

La nuit fut brève. Je ne parvins à trouver le sommeil, sur le lit de *papaï*, qu'au lever du soleil, au moment où j'entendis la voix lasse de Sainko me murmurer « *Xabio, wou chaï...* » («Xavier, le thé est prêt ! »). Je m'étire nerveusement. Comme à chaque fois que je prévois d'assister à une cérémonie ou à un événement particulier, il me tarde d'être sur les lieux, afin d'être sûr de ne manquer aucun détail. C'est aujourd'hui que l'on baptise le dernier-né de la première épouse de Naiyielenya. J'ai beau savoir que *mamaï* et *papaï*, ses grands-parents, doivent être présents, je suis très impatient et la nuit quasi blanche m'a transformé en une pile électrique. Leken y est aussi pour quelque chose, me répétant sur le ton de celui qui joue un tour: « vite, vite, je suis sûr qu'ils vont lui donner ton prénom ou ton nom : Xabio ou Piron ! » Sur le sentier sinueux qui nous mène au village du fils aîné de Leparakuo, coincé entre une colline et les contreforts de la Montagne aux lions, nous croisons un homme jeune et élancé. Il a les deux lobes troués remontés derrière la partie supérieure de ses oreilles, accentuant le côté irréel de sa soudaine apparition. Une toge d'un rouge éclatant posée sur l'épaule, il serre dans sa main droite plusieurs générations de bâtons. Un *esiare narok*, longue pièce sculptée dans un bois dense que les aînés affectionnent pour leurs déplacements. Il tient aussi un *orinka*, massue en bois clair, dont la tête porte une imposante pour ne pas dire intimidante protubérance excentrique, et enfin un *oltinka*, du nom de la machine à pomper l'eau du puits moderne dont il a extrait une roue de friction du moteur pour surmonter le manche en bois d'un nouveau type de masse d'armes. C'est Kerashon, le plus jeune des trois fils de mon père. Il n'a pas perdu son élégance naturelle ni la plasticité de sa stature longiligne. Quelque chose en lui m'inquiète néanmoins. Je l'avais connu jeune morane, dans l'insouciance d'une tranche de vie où les expériences individuelles de la liberté priment sur toute autre considération. Bien sûr, il n'a plus cette chevelure tressée qui fait la fierté de cet âge initiatique, ni l'*eremet*, cette lance lourde et légère à la fois. Non, c'est autre chose, indéfinissable, plus intérieur aussi, me donnant à penser qu'il a changé. Cela me met moi-même mal à l'aise, m'estimant presque coupable de cette situation. C'est dans son regard que ça ne colle pas. Il n'a pas la transparence et l'assurance qui siéent à un homme en passe de devenir un jeune aîné. Pour le moins énigmatique voire fuyant, il trahit à n'en pas douter une personne sur le qui-vive. Lorsque d'emblée, il me réclame de l'argent, chose la plus inhabituelle et improbable qui soit, je comprends la gravité de sa situation. Et, en contradiction manifeste avec le plus élémentaire des usages, il me débite sans préambule le récit de ses errances passées. Au terme de son initiation à la *manyata*, que les pouvoirs publics avaient écourtée dans le but d'abolir ce type d'école traditionnelle, Kerashon, homme accompli dans son ethnie et considéré comme un vulgaire analphabète dans la nation kényane, avait tenté sa chance dans la «Kenya police»: « avec beaucoup d'autres jeunes gens de ma génération, nous nous sommes dit, après que le gouvernement nous eut contraints d'être rasés au cours d'un *eunoto*[9] tronqué, que le mieux était de nous enrôler dans la police. La plupart d'entre nous étions découragés et très amers de n'avoir plus d'avenir dans les villages. Or, nous aurions souhaité y rester et mener la même vie que nos parents, la vie des Maasaï, comme notre apprentissage de morane nous y avait préparés. Nous étions prêts à le faire. Un proverbe proclame que si l'un le possède aujourd'hui, un autre le possèdera demain. Et pourtant, certains ont fait en sorte que nous n'ayons plus jamais la possibilité de posséder ce que nous chérissons le plus, des vaches, des moutons et des chèvres. Ils ont fait barrage à ce que nous soyons à notre tour enregistrés, comme les autres adultes, sur le cadastre des ranchs collectifs, de sorte que lorsque ceux-ci seraient subdivisés en parcelles individuelles, nous n'aurions plus de pâturages où faire paître nos troupeaux. Alors, à quoi bon garder l'espoir d'en avoir un jour à nous. Nous étions désespérés de voir notre pays bradé entre les mains des plus riches, des fonctionnaires et des politiciens. Nous avons pensé que notre avenir était peut-être ailleurs et pourquoi pas dans la police. Je me suis retrouvé dans le Nord, à Kitale, avec des Somali, des Borana et des Oromo, mais je ne me suis jamais adapté à cette vie, où il fallait pourchasser les bandes de *shiftas* (contrebandiers) possédant des armes automatiques redoutables. Pour la première fois de ma vie, j'ai eu très peur, car contrairement au

---

[9] Cérémonie collective la plus marquante et la plus spectaculaire de la culture maasaï; la plus longue aussi puisqu'elle dure normalement plusieurs mois. Elle met fin au mode de vie séparé, vécu par les moranes, jeunes initiés, durant trois à cinq années au sein de villages appelés *manyata*.

pays maasaï que je connais jusqu'au moindre chemin, là-bas, je ne maîtrisais rien. Je n'avais qu'à obéir aveuglément aux ordres, sans être capable d'apprécier s'ils étaient justes ou non, et sans être en mesure de les exécuter avec le minimum de risque parce qu'en connaissance de cause. Tout cela était contraire à ce que l'expérience m'avait appris. Un jour que j'avais bu pour oublier ma peur, j'ai tout quitté. J'ai erré avec mon fusil de prairie en prairie, dans la direction de mon pays, mais je me suis fait reprendre alors qu'à la nuit je croyais tirer sur des ennemis. C'était le fruit de mon imagination, à moins que ce ne fût encore ma peur. Deux semaines plus tard, j'étais libre et je regagnais *Entepesi*. Non sans avoir fait un petit détour par *Arroï*, pour enlever une jeune fille que j'aime. Son père est un Maasaï qui détient plusieurs centaines de vaches. Je la cache dans le village d'un ami, derrière cette colline. Je cherche à réunir la dot car je veux l'épouser. C'est pour cela que je vous ai demandé de m'aider avec de l'argent. *Papaï* essaie de résoudre ce conflit en usant de son talent oratoire et de sa renommée de grand sage. Il m'a assuré qu'il me ferait hériter de son droit d'inscription à la terre qu'il occupe au sein du ranch collectif de Maroro-Mashuuru. Malgré ce soutien, je n'ai plus d'énergie car ma classe d'âge a été sacrifiée. Combien ai-je d'amis qui n'auront pas cette chance d'hériter la terre de leur père, parce qu'ils ont plusieurs autres frères de leur âge ou plus jeunes ? Je vais m'occuper à nouveau des troupeaux de mon père et de Naiyielenya...» Nous nous remettons en route, accompagnés de Kerashon, soulagé de nous avoir communiqué ses états d'âme. En arrivant, j'ai la sensation de me retrouver dans un décor de théâtre. La lumière mordorée du matin, alors que nous sommes en surplomb, exprime la fusion d'un habitat avec son environnement. Il ne compte que

deux maisons et pourtant il m'apparaît, telle une maquette de village jouet, comme la reproduction miniaturisée d'un village maasaï type. Le vert tendre des grands acacias protecteurs, dont l'un trône au centre de l'enclos, et la tache immaculée en perpétuel mouvement des moutons et des chèvres, contrastent avec les tons fauve et rouge brique dominant les autres éléments. L'alliance est fusionnelle entre les sols au ton rougeâtre et les deux maisons, pareilles à deux gros cookies en chocolat pleins d'alléchantes promesses. Elles empruntent leur appétissante coloration à la latérite, insinuée partout alentour entre les touffes de hautes herbes couleur de blé. Les sons aussi contribuent à faire de l'ensemble une pièce des plus réussies, avec le tintement des grosses cloches des animaux leaders, les grelots des moutons et les sifflements des jeunes bergers en partance pour les pâturages. Naiyielenya, affichant une élégance sans affectation, hiératique dans sa couverture marron clair de jeune aîné, nous accueille le plus naturellement du monde, comme si nous nous étions quittés la veille au soir. Je lui raconte les dernières nouvelles comme je l'avais fait hier avec *papaï*. Lui à son tour: « j'ai une seconde épouse. Mais, en ce moment, elle est chez ses parents. Le mariage vient d'avoir lieu dans mon nouveau village que tu vois. Je me suis acquitté d'une dot de six vaches. Elle aussi, elle vient d'accoucher d'un fils. Je tiens à ce qu'on l'appelle Leparakuo comme mon père, insiste-t-il avec un sourire de béatitude à la commissure des lèvres.
— Je sais, *papaï* m'en a fait part.
— Ce que tu ne sais pas, c'est pourquoi je me suis marié une seconde fois. J'ai épousé Nashipai lorsque j'ai pris conscience qu'en cas de problème je ne pouvais plus m'en sortir, par exemple si ma femme est en train d'accoucher,

plus personne pour aider à la traite, au puisage de l'eau, à la collecte du bois. Nashipai sera la seconde assistante de mon village. C'est cela, la propriété individuelle, tout devient difficile. » Il nous fait pénétrer dans la maison de Naserian. Elle s'affaire à préparer le thé du matin. Je suis intrigué au moment où elle verse dans le liquide bouillant en même temps que les feuilles de thé, des gouttes d'un quelconque élixir. Je suis d'autant plus surpris que c'est la première fois que j'y vois rajouter autre chose que lait, eau, thé et sucre en poudre. C'est seulement lorsque je trempe mes lèvres dans le breuvage tout écumant que je comprends que ce que j'ai pris chez *mamaï* pour des feuilles de menthe, n'est autre que du camphre additionné de menthe provenant d'une substance rouge de type baume du tigre. Je demande à voir la bouteille du délit. Il s'agit d'un baume décongestionnant pour soigner les rhumes ! Sur l'étiquette détrempée, je lis ces quatre mots en anglais: « *For external use only* ». Naiyielenya m'explique comment toute la région s'est empressée d'emboîter le pas à *mamaï* qui, à la suite d'un refroidissement prolongé de *papaï* pour lequel le centre de santé de Mashuuru lui préconisa cette potion, crut bien faire en en distillant à chaque fois dans le thé. Ils ont fini par y prendre goût et, *papaï* guéri, ils n'en continuent pas moins de verser le produit qui est devenu un ingrédient indispensable pour le thé quotidien. «Mais indispensable pour toute une région » insiste-t-il. Les hôtes de passage, convaincus du bien-fondé de cet heureux mélange colportèrent la nouvelle si bien qu'il est bien rare aujourd'hui de trouver par ici un village proposer encore le thé maasaï d'avant, sans le camphre ni la menthe. D'ailleurs, on peut maintenant trouver ce flacon ailleurs qu'à l'hôpital, par exemple chez Saitoti à Mashuuru. Il est devenu un produit de consommation courante. « C'est un médicament qui ne se boit pas ! dis-je sans grande conviction à l'adresse de la maîtresse de maison. — Qu'importe qu'il se boive ou non, si les gens en aiment le goût pour être mélangé au thé, spécialement à la saison sèche où le lait se fait rare » rétorque-t-elle sans hésiter. Je savais qu'il était inutile d'insister sur l'éventuel danger d'ingurgiter de la sorte un baume destiné à des applications cutanées, connaissant d'avance l'imparable réponse du type « pas de danger, il ne nous est rien arrivé de fâcheux ! » Des voix, dehors, se rapprochent, Naiyielenya interrompt là notre conversation. Il sort précipitamment, je le suis de près vers l'extérieur. Les préparatifs de la bénédiction du nom ne se font plus attendre. Le vieux Leparakuo et Sainko viennent d'arriver. Six autres jeunes aînés de la classe d'âge de Naiyielenya sont également là. Ils semblent vouloir rester en retrait, à l'entrée de la maison désertée de Nashipai située à l'autre extrémité de la partie habitée en demi-cercle du village. La seconde épouse de Naiyielenya réside dans le village de ses propres parents où elle vient elle aussi d'accoucher. Naserian apparaît avec son nouveau-né, qu'elle berce dans ses bras pour l'empêcher de pleurer en ce jour de cérémonie du nom considéré comme marquant pour son avenir. Elle le chatouille et se laisse aller à danser avec lui en le soulevant très haut audessus de sa tête à la façon des *murran*. La danse s'accompagne de paroles chantées doucement: «pousse, mon enfant, comme une montagne ! Pousse aussi haut que le mont Kénya ! Pousse aussi haut que le mont Kilimandjaro! ». Les officiants sont les parents. Les autres participants, dont moi-même, formons le groupe des témoins. A ma grande surprise, l'assistance n'est pas aussi nombreuse que j'étais en droit de l'attendre pour le déroulement d'une telle célébration. Du temps où les grands villages communautaires n'étaient pas éclatés en habitats individualisés, il m'avait été donné de fêter ce type d'événement parmi une foule colorée d'aînés et de femmes. Aujourd'hui, la preuve est faite qu'une population dispersée est moins à même d'être mobilisée dans le cadre d'un rite. Nous formons un cercle autour de Naserian, et après que les autres voix se sont tues, elle porte son regard vers son mari et l'appelle par deux fois *menye Kilongo* (« père de Kilongo »), n'obtenant pour seule réponse qu'un silence redoublé. Kilongo est le nom d'un jeune Kamba de *Ngatu*. Sans doute s'agit-il d'un prénom fantaisiste. Le rituel requiert que l'on prononce en premier le nom de quelqu'un d'autre, et surtout le nom de quelqu'un dont les traits de caractère ont le moins de chance d'influer sur la personnalité du tout petit. Naserian interpelle à nouveau Naiyielenya, mais en prononçant cette fois très distinctement et avec lenteur *menye Koimeren* (« père de Koimeren »). Je n'ignorais pas que Leken s'appelait lui-même *ole Koimeren* (« fils de Koimeren »). Je savais aussi que son père était un vieil ami de la famille. Ils avaient donc choisi de l'honorer en choisissant d'attribuer son nom à leur propre fils. J'avais rêvé que ce fût le mien, mais je n'y pensai plus pour mieux reporter mon attention sur ce qui allait suivre. Cette fois, Naiyielenya se manifeste par un *eé*, oui, sans appel. « *Menye Koimeren* », répète-t-elle une seconde fois avec toujours plus de conviction dans la voix. « *Eé* », confirme le père sans autre commentaire. La mère du jeune Koimeren prononce une prière destinée à la bénédiction finale du nom : « Que ce nom t'habite et que les autres le respectent ! Puisse ton avenir se faire avec tes enfants ! Puisses-tu être celui qui hérite et non pas seulement celui de qui les autres héritent ! Puisses-tu exhaler des senteurs agréables ! Sois comme *oldoïnyio keri* (le mont Kénya), *oloïbor* (le mont Kilimandjaro), comme les *Iltuati*, les *Iltareto,* les *Ilterito,* les *Ilnyankusi* (classes d'âge d'anciens) ! Croîs, grandis comme *enkoileelio*, la rosée du matin ! Sois encore plus que Sankuya et Leparakuo. Sois à ton tour le porte-parole respecté de ta classe d'âge ! »

« *Naaï*, *naaï*, *naaï* !... » (« oui, mon dieu ! ») s'élèvent de l'assistance jusqu'à ce que Naiyielenya prenne la parole. Il interroge sa femme selon la même procédure, tout d'abord en déclamant à deux reprises *ng'oto Kilongo* (« mère de Kilongo »), demeuré sans réponse, puis *ng'oto Koimeren* (« mère de Koimeren »), suivi par deux fois du « oui ! » approbateur de Naserian. Il dit ensuite la même prière...

« *Naaï* ! » m'écrié-je avec les autres invités. *Papaï* conclut ce rituel par une bénédiction tenant en quelques mots. J'ai le sentiment très net que l'émotion commence à le gagner, le son de sa voix est comme voilé : « Que dieu vous écoute ! Qu'il vous accorde ses bienfaits ! Qu'il soit doué de bonté avec Naaisisho (sa mère), Sankuya (son père), Salonik (l'un de ses frères) qui reposent en paix, et Lepore (un autre frère) ! Que dieu écoute les personnes de cette assemblée ! Puissent-elles sentir bon et ne jamais être infécondes! Que cet enfant ne soit pas le dernier à naître ! »

« Oui mon Dieu !, oui mon dieu, oui... »

3

Papaï : « Le désordre est partout ! »

« *Memut elukunya nabo eng'eno* »
« Une seule tête ne vient pas à bout de la connaissance ! »

L'incroyable finesse des longues jambes de Leparakuo qui lui donnait jadis une démarche si aérienne porte aujourd'hui dans la souffrance un corps à l'allure désarticulée. Prenant appui sur un immense bâton blanc de berger, recourbé sous le poids de sa nouvelle cape en laine rouge sang, il me fait penser à la légende de ces Hébreux, lors de leur marche vers la Terre promise, épuisé mais digne, tranquillement déterminé. Sa progression est lente et régulière. A cent pas, une autruche mâle au cou et aux cuisses écarlates, les yeux perchés à plus de deux mètres au-dessus du sol, le fixe en le narguant, jouant son rôle qu'elle est la seule à partager avec la girafe, de tour d'observation de la savane. Contrairement à une pratique bien établie qui veut que la femme demeure au village de son mari jusqu'au terme de la grossesse, Nashipai s'en est allée accoucher chez ses parents. Cette attitude ne se serait pas concrétisée du temps où je partageais avec Naiyielenya un village de plus de vingt familles. En individualisant l'espace, on isole les gens, et l'entraide n'a plus l'efficacité du nombre, de la spontanéité et de la permanence. Il faut la quémander à plusieurs heures de marche. De plus, le proche entourage de Naiyielenya était privé d'un maillon vital de la chaîne solidaire du quotidien en la personne de Noonaishi, partie au même moment se recueillir auprès de son père endormi. Avec *papaï*, nous avons pour mission de ramener Nashipai, avec son fils âgé de huit jours, au village de son mari. La raison en est que la cérémonie de passage des quarante-neuf vaches, du village de Naiyielenya vers *Naïbor ilariak*, est dans l'attente de l'exécution préalable du rituel de purification de la famille du porte-parole de la classe d'âge. Ce rituel est d'autant plus nécessaire que les deux aînés de Naiyielenya, son fils Koitalel et sa fille Nooltimari, mettront à cette occasion un terme à la période de quelques mois considérée comme impure, qu'ils viennent de traverser en tant qu'*isipolio*, jeunes initiés. Plutôt que de m'imprégner du spectacle irréel de la végétation empourprée par les premiers rayons du soleil ascendant, je ne suis préoccupé que par l'irrépressible envie de soulager mes innombrables démangeaisons. Je n'ai pas assez de mes deux mains pour y parvenir de façon tout juste supportable. Mon corps doit donner l'image d'un énorme court-circuit, mais, hormis l'autruche qui je suis sûr ne parlera pas, personne ne me voit me laisser aller ainsi à cette ridicule pantomime.

Une heure plus tôt, alors qu'il faisait encore nuit et que je repliais à la hâte mon sac de couchage, je découvris avec stupéfaction une puce géante. Elle ne sautait plus et j'avais imaginé qu'elle s'était repue de mon sang. A présent que la sensation, qui provoque chez moi le besoin impérieux de me gratter, m'envahit tout entier au point que j'en éprouve une certaine jouissance, ce n'est plus du tout une supposition. Le frottement de la toile du pantalon sur mes jambes recouvertes de piqûres accentue mon supplice. Il s'estompe au cours de la marche, et, à la vue d'un hibiscus, je l'oublie tout à fait. A l'aide de mon opinel, je sélectionne et coupe la plus belle branche, à la fois compacte et souple, pour me confectionner une *enkike* qui, ici, fait office de brosse à dents. Avec la lame de mon couteau, j'extrais l'écorce de sa partie supérieure jusqu'à ce qu'elle soit lisse. Il ne me reste plus qu'à en effranger le bout en le mâchonnant. L'avantage d'une telle brosse, outre sa gratuité, est que la corvée d'un brossage régulier des dents

devient, au prix d'un geste naturel, un réel plaisir quotidien. Avoir le goût subtil de ce bois, imprégné de sa sève, dans la bouche, apporte une sensation de bien-être, physique et moral, que ne procurera jamais le poil synthétique des brosses produites en masse et vendues dans les supermarchés. Au bout d'une heure de brossage des dents, de la gencive et de la langue, je me sens régénéré et dispos. Je repère peu après la tache marron clair du village et j'en suis soulagé pour mon père, même s'il ne s'est plaint à aucun moment. Dès notre arrivée, je comprends pourquoi Nashipai a préféré s'y installer. Trois familles habitent une dizaine de maisons symétriquement disposées autour d'une aire concentrique spacieuse réservée au bétail. De celui-ci, parti à la recherche de maigres pâturages, il ne reste que des veaux et un taureau malade, laissés à la garde d'un jeune garçon filiforme, flanqué là à une centaine de mètres de l'enceinte d'épineux, aucunement surpris de nous voir prendre sa direction. Il a la posture du *murran* qui pose sur le monde un regard neuf et plein d'assurance. Il n'est certes qu'un apprenti berger mais, comme tous les autres de son âge, il a maintes fois eu le privilège de côtoyer avec admiration les écoliers de Dieu. Son unique rêve rejoint le temps, qui doit lui paraître une éternité, où à son tour il le deviendra. Pour l'heure, s'il n'en est qu'à une phase d'imitation, je me dis qu'une fois initié, il n'aura que peu d'effort à faire pour être naturellement lui-même dans ce nouveau statut de jeune homme libre.
Une lance à la lame arrondie, bien plus imposante que lui, est plantée à ses côtés. Ses jambes graciles sont croisées haut, maintenant captifs et à portée de main les bâtons sans lesquels il ne pourrait assumer son activité de gardiennage. Il a porté la main droite à son front pour faire visière et nous observer, *papaï* et moi, dans le moindre

détail, sans être gêné par le soleil qui lui fait face. En toute indépendance, l'autre main est occupée à nettoyer sa dentition à l'aide d'une *enkike*. A notre approche, il baisse la tête en signe de déférence aux aînés que nous sommes. Tous les enfants en âge de marcher sortent des différentes barrières familiales, dans un concert de rires et de chuchotements. Ils convergent, avec un mélange de curiosité et de crainte, vers le couple de visiteurs dont ils sondent l'étrangeté. Conformément à la hiérarchie de l'âge, je succède à *papaï* pour imposer ma main droite, qui ricoche de petites sphères en sphères plus grandes, d'où me provient de façon à peine audible l'expression de timides *ng'asak*. Elles sont silencieusement penchées dans le but respectueux de recevoir ma bénédiction. Puis, les rires espiègles, les attitudes hardies et les jeux de défi reprennent dans une cacophonie de voix sonores, comme pour prévenir que le respect des anciens doit demeurer compatible avec l'indispensable épanouissement des jeunes générations. Un comportement qui me séduit par sa réciprocité. Les jeunes se soucient de leurs aînés, parce que ces derniers les laissent, dans la limite des tâches quotidiennes à accomplir, les plus libres possible de vivre leur enfance. Tandis que *papaï*, imperturbable, continue d'appliquer sa belle main noueuse sur de nouveaux crânes, mais cette fois de jeunes femmes accourues pour saluer le vénérable sage, de mon côté, je suis occupé à répondre du mieux que je peux à deux jeunes aînés de ma génération, venus m'adresser la bienvenue. Au lieu de me faire entrer dans leur village, ils m'indiquent un sentier étroit sur la gauche. Intrigué, je l'emprunte en laissant mon père aller se reposer, comme l'exige la première règle de l'hospitalité, dans la pénombre réparatrice de l'une des maisons de la belle-famille de son fils aîné. Je le suppose, entouré des autres aînés, en train d'exprimer la raison de cette visite inopinée, six jours à peine après sa précédente venue. Il doit se délecter d'une tasse de thé, préparé au feu de bois, puis, tout en mâchant son tabac avec recueillement, procéder en alternance à l'écoute et à l'expression du rituel des nouvelles.

Bientôt, je me retrouve en compagnie de quatre autres aînés occupés dans la bonne humeur à confectionner un feu, à l'ombre d'un acacia-parasol. Après les présentations d'usage, je leur prête main forte. Je leur prends un *olalem*, glaive à deux tranchants, et me mets en quête de bois sec intermédiaire. Ayant porté mon dévolu sur un commiphora très touffu, je suis déçu par son absence de feuilles, dont la présence eût été le signe avant-coureur de l'imminence des premières pluies. Je prends garde d'éviter les piquants qui, nombreux, recouvrent les grosses branches de la base, et m'attaque à celles de la portion supérieure, sur lesquelles ma main libre a plus de chance de trouver prise sans me blesser. J'assène de l'autre des coups de glaive rageurs, jusqu'à ce qu'elles se cassent. Une fois que j'en ai supprimé les épines, je transporte, à proximité du feu, le bois fin prêt à servir de combustible. J'ai à peine le temps de décharger mes fagots qu'une *entito*, jeune fille, venue exprès du village, me tend une tasse fumante de thé à l'odeur de caramel, ainsi qu'un *olorika* pour m'asseoir. Un jeune aîné attise le feu pour constituer les braises. Dans un espace attenant, un mouton, sacrifié à la première heure du jour, a été débité en tranches, selon les règles immuables que tout homme connaît dès l'adolescence. Loin de me faire horreur, cet étalage de viandes saignantes en plein air m'attire au contraire, et aiguise mon appétit. Elles sont disposées sur un épais tapis de feuilles odoriférantes d'un vert tendre, et, du bois qui commence à crépiter dans l'âtre improvisé, un léger parfum âcre se dégage et déclenche

chez moi les prémices d'un lent processus de plénitude. Aimanté par la viande attirante, un homme, contrairement aux trois autres qui ponctuent leurs phrases de puissants éclats de rire, est absorbé à confectionner des croix à l'aide de tiges en bois longues et flexibles. Une fois montées et maintenues par des liens végétaux, il y étend les tranches en les fixant aux trois extrémités supérieures, plantant d'un coup le bâton inférieur dans la latérite presque orange, à la lisière du foyer. Aux sons intermittents du feu de bois, se mêle le doux chuintement du mouton en train de rôtir. L'avantage d'un tel dispositif est de griller la viande à souhait sans la carboniser, en la maintenant saignante à l'intérieur. Le délicat fumet qui me parvient, à la faveur d'une brise, me laisse envisager ce jour sous de délicieux auspices.
De temps à autre, je prenais l'initiative, sous l'œil perplexe de mes hôtes, d'extraire en alternance les supports de viande. Tout en évitant d'entrer en contact avec les rôtis et côtelettes, qui crépitaient de façon prometteuse, je tournais la face non exposée côté feu, et finalement les replantais au même endroit, jusqu'à ce que, d'un commun accord, nous décidions qu'ils étaient à point. M'activant à enlever les grillades de leurs supports, je réalise que les meilleurs morceaux découpés dans la culotte du mouton, ainsi que sa graisse, ont été mis de côté. Devançant ma question, l'un de mes compagnons, distribuant à chacun un bout de viande des plus appétissants, tranché avec la lame de son coutelas, m'explique que, s'ils ont abattu deux moutons en huit jours à peine, c'est avant tout pour Nariara et son nouveau-né. « Tu vois, me dit-il en pointant son index en direction de Kirosio, en train de caler sur les bûches rougeoyantes une imposante marmite noire de suie. Il s'apprête à faire fondre la graisse de l'animal.

Lorsqu'une femme accouche, on prend soin de redonner des forces à la mère. Il faut préparer le petit à autre chose que la douce chaleur du ventre de sa maman. On abat un bœuf ou des moutons bien gras, dont on fait fondre la graisse, puis on la donne à boire à la femme. Une partie de cette graisse liquide est conservée pour le jeune nourrisson, à qui la maman en donnera quotidiennement une cuillerée jusqu'à son sevrage complet, d'ici deux à trois ans. Ce qu'on cherche à faire, c'est le rendre fort d'abord, pour qu'il résiste ensuite à la maladie. On est persuadé qu'en avalant un peu de graisse tous les jours, il dotera son estomac encore fragile d'une protection supplémentaire.» Kirosio choisit cet instant pour parodier la modernité à son insu. A proximité du feu, il avait soulevé la marmite, remplie jusqu'à ras bord de graisse liquide, afin de la transvaser dans un saut en plastique rouge provenant de la boutique de Saitoti. Il n'eut que le temps d'écarter les jambes pour éviter d'y recevoir la substance bouillante, alors qu'il avait projeté de transporter le seau dans la maison de Nariara. Le fond du récipient venait de se désagréger. Après une longue seconde de stupeur générale, les éclats de rire succédèrent aux moqueries jusqu'à ce que les paroles fussent submergées par un fou rire généralisé. «Saitoti m'a trompé. Il m'a assuré qu'il était solide et de bonne qualité. C'est la dernière fois que j'achète quoi que ce soit chez lui. C'est un voleur!» ne cessait de répéter Kirosio, encore blême. Cet acte manqué confirmait combien un Maasaï peut ainsi se ridiculiser par l'usage non maîtrisé d'un produit manufacturé que par définition il n'a pas lui-même conçu et testé. L'humour rattrapait bientôt l'infortuné mais chanceux Kirosio qui se mit, comme les autres, à glousser de plaisir lorsque je lui expliquai qu'en ville le moindre enfant savait que le plastique fondait sous l'action de la chaleur. Par la même occasion, je disculpai Saitoti. Car, dans le cas contraire, il risquait de ne plus avoir un seul client dans toute la région, à l'inverse du succès qu'il venait de remporter avec la vente du baume devenu un ingrédient indispensable à la confection locale du thé. *Papaï* n'était pas réapparu depuis notre arrivée, mais il n'y avait là rien que de très normal. Les âges ne se mélangent pas et chacun recherche naturellement la compagnie des membres de sa classe d'âge parmi lesquels il existe une immense solidarité mais aussi d'intimes relations de complicité. On avait pris soin de lui faire parvenir, ainsi qu'aux autres vieillards du village, deux gigots aux formes épanouies et, à l'heure qu'il était, ils devaient somnoler tout en se racontant leur jeunesse flamboyante, à l'ombre salvatrice d'un gros feuillu protecteur. Lorsque enfin, je le vois au loin s'éloigner avec lenteur du village, sur le même chemin que ce matin, je me lève d'un bond pour le rejoindre en courant et salue mes hôtes en les remerciant de ma voix chevrotante pour cause de précipitation : « *ayia naa duoo sere*, *ashe naleng'...* » (« au revoir, à bientôt, merci beaucoup... »), tandis qu'en écho me parviennent dans la plus grande confusion leurs « *ashe, sere naa*, *ayia sere*, *ole sere* », merci, au revoir, à bientôt, mille fois répétés. Mon père est seul, alors que nous étions supposés ramener chez son aîné sa seconde épouse et son jeune fils. Que s'était-il passé ? Je n'osais le lui demander. Je supposais que Nashipai avait décidé que, ses forces n'étant pas recouvrées, elle attendrait un jour ou deux avant de se mettre en route pour le village de son mari, même s'il fallait pour cela reporter la cérémonie familiale de purification de quelque vingt-quatre heures. Sa santé et celle de son tout petit avaient sans conteste la priorité, d'autant qu'un nouveau mouton avait été sacrifié dans ce but. Il leur fallait le temps de s'en nourrir en quantité suffisante. Le soleil est encore haut dans le ciel. La chaleur commencerait à être à nouveau supportable dans une heure seulement, lorsque la brise de cinq heures apporterait comme chaque jour la fraîcheur réconciliatrice du soir. Sur le chemin du retour, nous rencontrons un groupe très coloré de femmes récemment mariées, gloussant comme des fillettes tout à l'impertinence de leur jeune âge. Arrivées à notre hauteur, seules les mouches volent. Le respect, à la vue de *papaï*, les rend timides comme de jeunes écolières prises en faute. Nous apprenons de leur bouche qu'elles se rendent chez un certain Lesalon, qui s'est éteint voici trois mois en laissant de nombreux fils à la charge de sa femme. Elles vont préparer le *harambee*[10], qui aura lieu le mois prochain à *Ngatu*, en vue de collecter des fonds suffisants pour payer les « *school fees* » du fils cadet du défunt, inscrit à l'école de Mashuuru, ainsi que la dot de l'aîné, désireux de se marier d'ici la fin de l'année. Elles m'observent, muettes, comme si j'étais un revenant. Certains regards me sont familiers, mais j'eusse été incapable de mettre un nom sur leurs beaux visages interdits. Elles, j'en suis sûr, se souviennent de moi comme si je faisais partie du décor. Elles cherchent à me taquiner pour mieux renouer le contact. Imperturbable, je ne baisse pas ma garde et me replie moi aussi derrière un mutisme qu'un étranger prendrait pour de l'impolitesse. Leur affectation sérieuse, qui ne leur ressemble pas, est un jeu auquel elles ne résistent guère plus de quelques secondes. Je ne suis

[10] Originellement, mot d'ordre (en swahili: «Tirons tous ensemble ! ») du président défunt Jomo Kenyatta. Aujourd'hui, c'est le nom donné, au Kénya, aux réunions publiques de collecte de fonds. Censées être organisées sur un mode populaire et communautaire, ces harambee ne sont bien souvent qu'un instrument de propagande officielle et un formidable impôt forcé déguisé sous forme d'initiative locale.

pas inquiet le moins du monde. Le signal de leur reddition intervient, dès la minute suivante, lorsque l'une d'elles se met à pouffer par saccades de plus en plus incontrôlables. Un bref dialogue s'instaure entre nous. «*Xabio*, *koree piki piki* ?» («Xavier, où as-tu mis la mobylette ?») s'enquièrent-elles d'une seule voix, comme si j'étais inconcevable sans mon vélomoteur. «Vous voyez, j'ai retrouvé mes jambes de *murran* ! » répliqué-je sans sourciller. « Alors, tu dois nous suivre. On verra si tu chantes mieux que les femmes !» poursuivent-elles sur un ton de complicité moqueuse avant que *papaï*, un rictus d'amusement aux coins des lèvres, n'y mette bon ordre : « nous allons y faire une visite de courtoisie. Lesalon était l'un de mes plus fidèles amis, son village est en contrebas de cette butte, on sera à peine retardé», m'annonce-t-il sur un ton sans appel, en m'indiquant que je devrai bifurquer sur la gauche. Le crochet que nous effectuons est beaucoup plus significatif que ne le laissait sous-entendre l'euphémisme du vieil homme «au long cours». En pénétrant l'enceinte du village de feu Lesalon, la belle lumière, profonde et libératrice, de l'ultime portion de l'après-midi s'est transformée en un éclairage crépusculaire colorant l'ouate du ciel de dégradés de rouge, d'orange, de violet et de mauve. Mon regard se porte sur les femmes que nous avons croisées tout à l'heure. Elles se sont mêlées au centre de l'*emboo* à un groupe assez compact d'une trentaine d'autres femmes arborant leurs plus beaux atours. C'est sûrement la raison pour laquelle, au lieu de nous faire rentrer dans l'une des maisons d'habitation, d'où me parvient l'odeur réconfortante du feu de bois, on nous propose deux tabourets, afin que nous nous reposions de notre marche tout en assistant à leur répétition. Deux grandes tasses débordant de lait tiède nous sont également apportées. «Quel souci de l'hospitalité, pour en arriver à se sacrifier de la sorte ! » murmuré-je, ayant remarqué alentour les herbages brûlés par le soleil. C'est la première fois depuis mon arrivée à *Entepesi* que je bois du lait frais. Bien que me sentant coupable, car j'imagine les pis asséchés des vaches amaigries, pressés pour quelques gouttes du précieux liquide, je laisse la saveur fumée du *kule naairowua* m'envahir d'un plaisir chargé d'intenses souvenirs. L'un des nombreux fils du village s'est immiscé entre *papaï* et moi. Nous sommes tous trois adossés à la façade brun foncé d'une maison dont le revêtement de bouse se craquelle de partout et la fait se fondre encore plus avec la terre elle aussi lézardée par la sécheresse. Comme deux autres de ses frères, il m'apprend qu'il est militaire de carrière et qu'il est revenu avant-hier de Namibie, où il faisait partie d'un contingent, envoyé là-bas sous les auspices des Nations-Unies. Il m'informe aussi qu'une vingtaine d'hommes de la localité se sont engagés dans les forces « UN » stationnées dans l'ex-Yougoslavie en guerre, et que le village voisin fêtera, dans trois jours, le retour au pays de l'un d'entre eux, Panai ole Kisirontei, que je connaissais bien dans les années 80 lorsqu'il exhibait ses tresses de *murran*. Le soldat en permission assis à mes côtés est intarissable, comme s'il avait été privé de parole depuis des lustres. Il met un point d'honneur à s'exprimer dans la langue de Shakespeare, dont à l'évidence il ne maîtrise pas la syntaxe. Il le prend sans doute pour une promotion. Cet effort pathétique va de pair avec ce que je ressens comme un profond mal-être. Un même état que je perçois toujours chez ces êtres en situation chronique d'instabilité, sans repère, ayant eu l'élan vital de la tradition brisé par des années stériles sur les bancs de l'école primaire, où la culture de leurs parents est dénigrée et niée. Ils ne sont plus qu'une caricature d'eux-mêmes, caricature de Maasaï autant que caricature d'individu occidentalisé. Les propos deviennent outranciers, et la surenchère dans le discours, entre autre sur les produits de luxe qu'offre notre société de consommation, se transforme en idée fixe. La langue de Shakespeare se métamorphose en une langue de bois n'appartenant plus à personne. « Je vais vendre toutes mes vaches pour acheter un *pick-up* Peugeot. Sans voiture, qu'est-ce-que tu peux bien faire ici ? » m'assène-t-il, m'empêchant de jouir du spectacle chanté, répété par les femmes en prévision du futur *harambee*. L'une d'elles s'est détachée du groupe pour exécuter en solo les couplets d'une mélodie traditionnelle, avec une voix suspendue très haut dans un ciel en attente imminente d'étoiles. Toutes les autres forment le chœur. Elles sont debout en un vaste demi-cercle continu au centre de l'enclos à bétail. Elles disposent pour elles, exceptionnellement en raison de la sécheresse, de tout l'espace ou presque. Seule une poignée de vaches rescapées leur disputent, avec force tintements de cloches, l'aire qui, en temps normal, leur est spécialement réservée. « Je vais vendre toutes mes vaches, tu sais !... » Décidément, il est dit que je devrai patienter jusqu'au *harambee*, jour J de la « représentation », pour apprécier et aussi décrypter leurs chants. Je ne me sépare jamais de mon appareil enregistreur, et je suis passé maître dans l'art d'appuyer plus vite que mon ombre sur les deux boutons déclencheurs. Même si le son n'était pas de toute première qualité, ce qui m'importe, c'est de « mettre en boîte » les paroles qu'ensuite, je n'ai plus qu'à traduire. Après avoir réussi à faire le vide dans mes pensées au prix d'un effort surhumain, je parviens à me concentrer sur les chants des femmes, et le babillage de la voie aiguë de mon voisin s'est estompé, comme emporté par le vent. Sous la pression corruptrice des politiciens locaux, j'entends avec stupeur que le sexe « faible », très courtisé pour son droit de vote, a fini par abdiquer en les laissant récupérer ses somptueuses prières de fertilité, pour glorifier à la place les leaders du Kénya et le nouveau Dieu-développement. Des panégyriques à la gloire des détenteurs du pouvoir, j'en ai entendus, mais, là, je pressens qu'un nouveau cap a été franchi dans l'escalade de la dénaturation des œuvres et représentations d'une culture minoritaire. « Je vais vendre... vaches... voiture... Peugeot... », le vent me joue parfois des tours, mais après tout pas plus pendables que ceux orchestrés par les « affreux » de la politique, alors ! Quand le vent change de direction et capte à nouveau le timbre vibrant des mélodies féminines, j'entends à peu près ceci:

« Toi, le plus cher de tous les êtres, toi, mon Dieu,
ne reste pas silencieux lorsque je te parle !
Protège-moi, oh mon Dieu, *oleiyio* !
Tu m'as généreusement donné des enfants,
garçons et filles,
et je t'en suis reconnaissante, *oleiyio* !
Toujours, je t'adorerai et t'implorerai, *oleiyio* !
Je suis humide par ta fertilité
et je t'en rends grâce, *oleiyio* !
Puisses-tu me faire respirer l'air pur
et me donner une bonne santé, *laleiyio* ! »

(refrain repris à l'unisson par le chœur des femmes)

« Moi (président du Kénya) et Saitoti (vice-président)
composent ensemble un Kénya nouveau !
Ensemble, ils vont à la vitesse de l'éclair
pour développer notre pays !

Vous avez le respectueux soutien
des citoyens et de votre fidèle armée !
Quel plus beau cadeau pouvons-nous faire à Moi ?
Rien moins que suivre son autorité
et son pouvoir de guide
pour le développement du Kénya nouveau !
Moi est très élégant
avec son club magnifique de leader suprême
pour mener le Kénya vers la prospérité ! »

(couplet repris à tour de rôle par une soliste)

Le vent ondoyant a oblitéré les couplets intermédiaires, remplacés par les paroles obsessionnelles de mon soldat de voisin. Mais le contraste, entre la teneur des deux textes chantés, n'en est que plus caricatural. Comment prêter un sens à cette combinaison contre nature ? Le seul sens que j'y vois est que les hommes politiques ne considèrent plus la fertilité des femmes qu'en terme de moisson de bulletins de vote. *Papaï* s'y est-il laissé prendre, lui qui se relève en prenant appui, une main sur son bâton, une main sur le mortier de bouse, provoquant une petite avalanche de flocons brunâtres sur le crâne de mon voisin ? Si au moins elle peut lui remettre les idées en place ! Je me lève à mon tour. La pénombre ne va plus tarder à se changer en nuit, et même si le disque argenté de la lune presque plein éclaire les ténèbres, il est préférable de nous hâter afin d'écourter notre marche nocturne. Après une fin de parcours à la nuit tombée sans histoire, malgré les ombres que ma débordante imagination finit par rendre menaçantes, nous retrouvons *mamaï* qui, croyant me faire plaisir, a cuisiné un plat paysan épouvantable à base de haricots et de maïs. En fait, je n'ai pas faim mais soif. Les grains jaune citron du maïs et les gros haricots rouge grenat auraient sans doute été comestibles s'ils n'avaient nagé dans un océan de graisse végétale industrielle, dont en un clin d'œil en direction du sol, j'identifie la marque, Kimbo — qui avec son concurrent Kasuku, investissent avec habileté les campagnes kényanes pour les rendre dépendantes de l'agro-business en transformant leur diététique — sur le récipient en plastique crème de deux litres, posé aux pieds de Sainko. Je n'en dis mot pour ne pas l'offenser, elle qui fait tout pour rendre confortable mon séjour « à la maison », mais mon pesant silence est éloquent. Elle a vu mon embarras, mais elle aussi évite d'aborder le sujet. Je la soupçonne de chercher à savoir jusqu'où je suis capable d'aller, pour endurer la consommation d'une nourriture qui m'inspire un tel dégoût. La graisse me pique atrocement la gorge, et pourtant, demeuré stoïque, je l'ingurgite, en ayant parfois de désagréables reflux gastriques. Quand j'eus enfin terminé, les ronflements de *papaï* m'indiquaient qu'il s'était endormi. Ils me prévenaient surtout que le plus dur restait peut-être à faire, c'est-à-dire réussir à trouver le sommeil. J'eus raison de m'inquiéter, car je ne devais jamais m'endormir cette nuit-là. Fut-ce à cause du Kimbo, des sons discordants émis par mon père à son insu, ou des piqûres de puce de la veille qui, perfidement, avaient réveillé mes démangeaisons ? Je n'aurais su le dire, tant j'étais épuisé à l'aube du nouveau jour. Comme je le faisais jadis en pareille occasion et chaque fois que je voulais être seul, je dirige mes pas engourdis vers le chemin qui, à moins d'un kilomètre au nord, me mènera à l'*osoït lenkima*, aggloméírat impressionnant d'étranges rochers à la pierre gris sombre. La fraîcheur de l'aube est divine et a sur moi un effet immédiat de regain d'énergie. J'aime m'y retrouver à cette première heure du jour, parce que je domine les steppes herbeuses, les plaines ouvertes, et qu'au loin, pour

quelques minutes, les « neiges éternelles » du Kilimandjaro étincellent, tel un paisible iceberg au-dessus d'une mer de nuages immaculés.
Dans un foyer, *osoït lenkima* est cette troisième pierre indispensable à l'équilibre d'un récipient sur le feu. On l'associe aussi à une discussion qui, de la même façon, ne peut s'achever si seulement deux personnes y ont pris part.
C'est aussi une heure privilégiée pour y observer, sans risquer de les effrayer, une multitude d'herbivores autres que le bétail domestique, même si la saison actuelle s'y prête avec parcimonie pour certaines espèces. Assis sur une roche tremblante, je suis troublé par les sons étouffés de sabots martelant le sol, je suis aux aguets. Mon regard croise, à une centaine de mètres, un maigre troupeau de gnous, se suivant à la file comme des âmes en peine. D'allure «préhistorique» avec un dos très incliné et des pattes grêles, le pelage gris parsemé de rayures verticales, ils émergent sans grâce et avec une lenteur affectée d'une zone recouverte d'acacias lahai. Ils me rappellent qu'un pathétique spectacle se produit en ce moment même à moins de deux cents kilomètres, plein ouest. C'est la célèbre transhumance, qui voit un million de ces antilopes parcourir chaque année, jusqu'à épuisement, un millier et demi de kilomètres, des savanes du Serengeti vers les plaines grasses de Masaï-Mara. Je savoure ces images, tandis que mes souvenirs se mêlent au rêve d'une nature idéale. En voyant leurs grosses têtes, surmontées d'une crinière de longs poils, et reposant sur des cous inexistants, je repense aux deux années que j'avais passées à suivre à la trace Stanley Ololoitipitip, inamovible député maasaï, plusieurs fois ministre de Kenyatta et de Moi, et qui se prenait pour l'*olkinki* (« le Roi ») du peuple dont il était issu. Il avait comme signe distinctif une tête énorme, taillée dans

la masse et reposant sur un cou aussi bref que large. Les Maasaï ne s'y étaient pas trompés, lui ayant attribué à l'époque le surnom d'*oïnkat* («le gnou»). La minute suivante, les gnous défilent à l'aplomb d'une autre butte de rochers amassés, trois cents mètres en aval. L'espace grandiose à mes pieds en est parsemé. Je me souviens de la magnifique description que Gustave Geffroy, naturaliste du dix-neuvième siècle, avait faite du pays *pagan* de mon Finistère-nord natal. Je la déclame aux gnous en signe d'adieu: « sur cette avancée de terre, des pierres étranges, oiseaux, tortues, griffons, mastodontes, si changeantes d'aspect et d'expression, immobiles, passives et convulsives. Des morceaux de pierres crevées et usées offrent des faces de désolation. D'autres gigantesques, au loin dans les flots, sont des châteaux de rêve. » De retour, je trouve *mamaï*, appliquant de l'*emodioï*, bouse fraîche associée à de l'eau et de la cendre de bois, sur les façades extérieures de sa future maison. Son aspect verdâtre prendra bientôt une teinte marron clair et si elle est encore plutôt liquide, elle ne sera pas longue à durcir, ce qui la rendra alors imperméable aux intempéries. Arpentant l'*emboo* de long en large en quête des petits tas de bouse constitués durant la nuit, Noonaishi les récolte un à un, puis les transporte à bout de bras jusqu'à proximité de la construction, là où prend forme une motte fumante, telle une pâte à pain prête à pétrir. A chaque fois qu'elle y jette une bouse, la substance flasque du monticule de fiente émet comme le son aspiré d'une ventouse. Rien ne se perd, rien ne se crée, tout se transforme, aurait dit Lavoisier. Je songe à ces coléoptères qu'il m'est ici donné d'observer, appelés bousiers parce qu'ils recyclent les crottes et les bouses des herbivores. C'est toujours un événement que de les voir faire rouler la boule d'excréments deux à trois fois plus grande qu'eux, qu'ils ont fabriquée et dans laquelle ils pondent leurs œufs. Les larves y consomment paraît-il, dès leur naissance, les fragments de végétaux qui n'ont pu être digérés par les ongulés domestiques ou sauvages. L'écosystème se perpétue parce qu'il existe un fragile équilibre entre toutes les espèces. Le doux visage de Noonaishi, que ma mère soûle de paroles sur un ton badin, n'exprime plus tant le désespoir, affiché le jour de son retour endeuillé, qu'une infinie lassitude. Je l'ai pourtant vue m'esquisser un sourire. C'est elle qui a proposé à *mamaï* de l'aider, signe prometteur que la vie trouve à nouveau à s'insinuer dans son corps et dans son âme. Sainko a colmaté de feuilles vertes et d'herbe dorée les nombreux interstices visibles au cœur de la structure élémentaire de la maison, composée de pieux plantés à hauteur d'homme et liés les uns aux autres par trois rangées de longues branches flexibles qui, espacées de cinquante centimètres, en font le tour. La partie supérieure de cette ingénieuse habitation, dont la forme est à mi-chemin entre le rectangle et l'ovale, est constituée d'un treillis aux mailles moins espacées de branches plus fines et plus souples, de sorte qu'en les recourbant puis en les liant à l'armature centrale avec des ficelles végétales, elles formeront la fondation du toit. L'ouvrage que j'ai sous les yeux en est à cette phase de la construction. Le toit n'existera vraiment que lorsque *mamaï*, après y avoir déposé une épaisse couche d'herbe séchée protégeant le treillage, l'aura enduit avec la mixture imperméabilisante de l'*emodioï*. J'ai en tête cette image forte de villages maasaï en ébullition, les jours précédant la délivrance des trombes d'eau de la saison des pluies, avec la joie criarde et badine de tant de femmes accroupies sur le toit de leur maison, colmatant les brèches avec des monceaux de bouse. Je me souviens d'une fois où cette joie avait tourné court. Dans la maison où l'on m'avait donné l'hospitalité, je nageais avec les vaches au cœur d'un village submergé par un ras de marée. Et en me réveillant en sursaut au milieu de la nuit, j'avais dû constater que la réalité n'en était pas très éloignée. Je pataugeais bel et bien dans de la boue liquide, et ne savais que faire: rester dans mon bain de boue ou sortir pour recevoir la pluie cinglante d'un incroyable déluge. Je n'avais jamais connu une telle averse. Le lendemain, la femme, convaincue de négligence par son mari, n'en menait pas large. « Xabio ! As-tu bien dormi ? » s'écrie *mamaï* sur un ton taquin, sachant fort bien que je n'avais pas fermé l'œil de la nuit. « Je me sens toujours trop nerveux à l'approche de la pleine lune », rétorqué-je pour donner le change sans risquer de l'offenser en désignant la cause exacte de ma nuit «blanche». « Es-tu venu de ton pays avec une *enkaji oolashumpaï*, maison d'Européen, sous-entendu une tente ? poursuit-elle.

— Oui, j'en ai emporté une ! » fis-je, stupéfait. Il était rare que je me déplaçasse sans une tente légère à deux places, mais il était non moins rare que j'en eusse l'usage. La tente est le plus sûr moyen de se couper des gens, de leur quotidien, et accrédite l'idée que la recherche ethnologique doit s'opérer sur la base soi-disant plus « scientifique » d'informations à partir de thèmes présélectionnés, collectées à l'occasion d'interviews ou par des informateurs. Pour peu qu'on se laisse dériver au gré des événements en apparence répétitifs et monotones du quotidien, on finit par s'imprégner, au-delà du savoir, de la connaissance plus intime d'un peuple vivant à un autre rythme du temps. « J'ai pensé que pour te réadapter, tu pourrais vivre pour l'instant dans deux maisons à la fois ! » continue ma mère sur le ton cette fois de la confidence.

« Que veux-tu dire ? m'enquis-je, perplexe.
— Tu vois cette maison que j'édifie. Eh bien, l'intérieur, hormis les deux pieux de soutènement du milieu, n'a pas été aménagé. Je suis sûre que tu pourrais y installer ta maison à gauche ou à droite de ces deux poteaux de bois.
— Une *enkaji oolashumpaï* dans une *enkaji oolmaasaï*, voilà qui est un bon début, pour me réhabituer à dormir comme les Maasaï ! » répliqué-je avec une pointe d'ironie. La voix de *mamaï* est éraillée, tant elle se met à rire. Elle glousse de plaisir, propageant sa bonne humeur à Noonaishi, dont la voix fluette est à son tour secouée de spasmes contagieux. J'essaie de concevoir les raisons qui ont poussé Sainko à me faire cette proposition. Ce projet n'avait en tout cas rien à voir avec une quelconque volonté d'ostracisme de sa part. Bien au contraire. *Mamaï*, elle aussi, n'avait guère dormi plus que moi ces dernières nuits. Inquiète, sans doute avait-elle échafaudé mille plans pour que, dorénavant, le soir m'apportât la quiétude et le repos. Je suis persuadé qu'elle n'a envisagé cette solution de compromis que pour mieux ménager mon éventuelle susceptibilité. Je dormirais dans sa nouvelle maison tout en demeurant dans la mienne. « C'est d'accord ! » dis-je enfin, déclenchant de sa part un soupir de soulagement. Tandis que Noonaishi me propose de venir chez elle boire le thé du matin, ma mère me suggère de l'accompagner un peu plus tard dans le courant de la matinée, jusqu'à la rivière. « Tu as vu tes vêtements ? Ils ont la couleur de la terre. Tu ne ressembles plus à un être humain. Je les laverai pendant que toi, tu te laveras. J'en profiterai aussi pour te couper les cheveux. J'ai vu que tu te grattais la tête, tu as sûrement des poux ! » s'exclame-t-elle en croisant mon regard avec obstination, comme pour m'inciter à me ranger à cette évidence. « Tu as raison, il est temps que je

redevienne un homme digne de ce nom ! » Le thé fut à la hauteur de mes espérances. Noonaishi avait dû y verser tout son lait disponible, et ô! miracle, son goût n'avait pas été altéré par le camphre du fameux baume décongestionnant. Je me sentais requinqué pour la journée, fin prêt à entreprendre la marche, sous un soleil de plomb, jusqu'à la rivière. Mais auparavant, je décidai de profiter que *mamaï* terminât de modeler sa façade pour planter dès maintenant ma tente au cœur de l'habitation inachevée. En rentrant d'*Olkerie*, les forces viendront à me manquer, et je n'aurai qu'une idée en tête, me reposer. Au moment de déployer la toile à l'intérieur, à même la terre battue dont j'ai enlevé les pierres inopportunes, j'entends les murmures rapprochés de voix enfantines. Tous les enfants du village se sont donné le mot. « Xabio est en train de construire sa maison dans la maison de *mamaï* », répètent-ils les uns après les autres. Les plus hardis penchent leur tête pour ne pas perdre une miette du spectacle, mais n'osent franchir le seuil. Ils sont vite remplacés, poussés par ceux dont la curiosité n'a pas été satisfaite, dans une cacophonie de piaillements et d'interminables fous rires. L'exercice qu'ils viennent d'imaginer pour se donner du courage consiste à franchir le seuil à tour de rôle, en scandant jusqu'à s'époumoner « Xabio, Xabio, Xabio... » puis à effleurer la tente et à regagner la sortie sans demander leur reste. C'est dans ce tumulte joyeux et bon enfant que je parviens à édifier mon nouveau nid, bien qu'on eût dit une voile mal bordée, tant la toile flotte entre les piquets métalliques. Je me convaincs qu'elle fera l'affaire à condition qu'en mon absence les enfants ne l'instituent pas en nouvelle aire de jeu. Pas question d'y poser un double toit, car l'opacité des deux toiles superposées m'empêcherait de jouir de l'éclat nocturne de la voûte azurée. J'avais vérifié, en étendant mon corps dans le sac de couchage posé sur le tapis de sol, que mon champ de vision parvenait jusqu'au ciel, ignorant les deux barrières rendues quasiment invisibles de l'étoffe transparente de la tente et du treillis de branchages du toit en devenir. Je me suis endormi sur cette image, car, lorsque je reviens à moi, je ne peux que réviser mon jugement. Mon corps est secoué de frissons, et des aiguilles brûlantes me percent les globes oculaires. Le soleil est déjà haut dans le ciel, et je ressens comme si mille soleils s'étaient donné rendez-vous dans ma future demeure, pour m'éprouver peut-être ou me lancer un signal. Les rayons pleins d'ardeur franchissent les mailles du treillis et convergent vers ma couche, me transformant en un « chercheur grillé ». Il est évident qu'aux heures les plus chaudes de la journée je n'y mettrai pas les pieds, avec ou sans double toit. La voix rauque de *mamaï* me sort de la léthargie dans laquelle le feu du jour m'a plongé corps et âme. « Xabio, Xabio, il est temps de partir. Tu dormiras mieux ce soir. » Je fourrage dans mon sac à dos afin d'en extraire deux tee-shirts encore humides, à propos desquels j'ai beaucoup de mal à imaginer qu'ils aient jamais été blancs, un short froissé, trois paires de chaussettes de coton métamorphosées en blocs de glaise et quelques sous-vêtements très usagés. Je les range pêle-mêle dans un sac en cuir souple que je porterai en bandoulière. J'aurai ainsi les mains libres pour aider Sainko à transporter des récipients. N'est-il pas incongru de se rendre à la rivière, sans au moins en rapporter quelque vingt litres d'eau, même si le but affiché est tout autre? Goguenarde, *mamaï* m'attend de pied ferme, la main gauche serrant à la taille une bassine verte en plastique pleine d'*ilkarash* (drapés), au sommet desquels trône un pain de savon couleur vert-de-gris, le bras droit emprisonnant un tonnelet vide également en plastique, mais dont les deux extrémités sont cerclées d'une lanière de cuir afin qu'en étant reliée au front, elle permette le transport du fût sur le dos. D'autorité, je le lui extirpe, m'excusant en français auprès d'elle, de cet acte non concerté, par un improbable « c'est la galanterie française ! » qui la laisse perplexe. Je positionne la lanière de cuir en écharpe de telle sorte que j'aie le fût bien calé à la hanche opposée à celle recouverte par mon sac.

« *Maape* » (« allons-y ! ») m'écrié-je, sûr de moi.

« Nous devons attendre Noonaishi. Elle a promis à Naiyielenya de l'aider avec l'*embombo* (vaporisateur) à la rivière. C'est le jour qu'il a prévu pour vaporiser la robe de ses vaches. Il y a beaucoup d'*oltikana* (maladie transmise par les tiques), tu sais... » rétorque-t-elle, visiblement mi-amusée, mi-irritée de me voir transporter son habituel fardeau. En silence et l'un après l'autre sur l'étroite bande de terre latéritique qui serpente au milieu de touffes d'herbe haute, nous descendons tous les trois en direction du lit asséché de la rivière dont j'aperçois le sable scintillant émerger d'un rempart d'acacias-parasols. A vol d'oiseau, nous n'en sommes distants que de trois kilomètres, mais en raison du terrain tortueux, vallonné et de l'heure tardive donc chaude de la matinée, je compte une heure et demi de marche pour y parvenir. Après avoir traversé une cathédrale d'acacias seyal, nous quittons avec regret leur ombre salutaire, au moment de franchir la piste Loitokitok-Kajiado à la hauteur de la ravine et du nouveau pont métallique qui l'enjambe. A cet endroit, le sol n'est plus qu'une poussière orange volatile et l'herbe a disparu. De l'autre côté de la piste, le chemin jusque-là tracé à taille humaine au cœur du bouquet d'arbres, s'est mué en un boulevard « expansionniste ». J'ai beau savoir qu'il est le lieu de convergence et le passage obligé des troupeaux de la région auxquels, alternativement, une journée de corvée d'eau est consacrée, je n'en suis pas moins stupéfait. Les effets cumulés de la sécheresse et du piétinement accru d'un bétail en surnombre ont anéanti le couvert végétal sur une largeur d'un demi-kilomètre. Irréel dans cet univers ocre, le pont, symbole d'un développement inutile, mais symbole visible de l'action de l'élu local, a remplacé l'ancien radier, qui n'était pourtant submersible que tous les dix ans. Vide de sens autant que d'activité, figé comme les gros galets gris qu'il domine, il méprise de sa morgue artificielle la question simple de la survie posée alentour aux hommes, au bétail, à la faune et à la flore. Il est certes plus facile d'édifier des ponts, des routes et des écoles, pour satisfaire aux critères de la mondialisation et être réélu sur la foi de réalisations concrètes, que de s'attacher à préserver une culture et une économie précisément mises en danger par les maux du développement ! Le vent fait voler la poussière comme des fantômes qui joueraient sur une terre à l'agonie. Ce sont ce que les colons anglais appelaient les « *dust devils* », des diables de poussière. Je courbe l'échine tandis que l'un de ces tourbillons formant entonnoir me frôle, en m'aspergeant de particules de cette terre appauvrie. Je tousse, je me racle la gorge, je renâcle, *mamaï* et Noonaishi sont aux anges, elles qui me toisent d'un air faussement outragé. Nous finissons tous par en rire. Un autre nuage de poussière se soulève sur notre droite, mais le vent n'en est cette fois pas la cause. Au même moment, un bruit sourd agite le sol, comme s'il tremblait sous le coup d'un mini-séisme. J'entrevois un couple de phacochères, la queue dressée en l'air, suivis de quatre marcassins, cavalant, placides, en file indienne. Le mâle est imposant, avec sa tête aplatie et large, tel un masque, et son museau saillant muni de longues défenses recourbées vers le haut. L'éclat de nos voix les a dérangés, à moins que ce ne soit l'heure de la sieste, leur précipitation étant alors à interpréter comme le souci légitime de retrouver l'ombre réparatrice de leur tanière, pour digérer le repas de la matinée composé de racines et de larves. Les volutes de latérite, dont ces joyeux cochons sauvages nous gratifient, ne sont rien par rapport à ce que présage, droit devant, un écran de fumée opaque, rendu blanchâtre par l'écrasante lumière verticale de midi. Nous faisons maintenant route avec des dizaines de troupeaux de zébus, de moutons et de chèvres, en partance pour les points d'eau, et dont la concentration augmente à mesure que nous nous approchons de la rivière. Parfois, nous en croisons d'autres qui, ayant fini de s'abreuver, remontent en sens inverse vers des pâturages plus cléments. Le remugle qui en émane, mélange subtil d'effluves de bouse, de cuir et de produit anti-tiques, titille mes narines sans m'écœurer, au contraire. En l'absence de la poussière érigée en un épais brouillard asséchant, je l'aurais même humé à pleins poumons. L'image fantomatique, opérée par les formes stylisées des zébus et des jeunes bergers-guides, pareilles à des statues anorexiques de Giacometti, défile devant moi à travers un prisme de poudre très fine qui m'aveugle. Un brouhaha de tintements de cloches, de mélodies sifflées et de paroles échangées envahit mes oreilles, sans que je sois en mesure d'en identifier les auteurs avec précision. J'ai l'impression d'être, au cœur d'un pays mystérieux, un naufragé solitaire auquel les habitants ne prêteraient pas attention. Les yeux étrécis, j'avance le pas hésitant. Je dois avoir la posture d'un prisonnier d'une tempête de sable dans le désert. Dans l'attente d'une éclaircie, qui remonte vers moi sous forme d'une vaste étendue de sable fin d'un blanc miroitant, tandis que je viens d'emprunter un sentier en surplomb. A travers des branches d'épineux, *mamaï* et Noonaishi foulent, en se déhanchant d'une façon outrancière qui me fait sourire, le sol meuble du lit de la rivière. La clarté du sable cuit par le projecteur rapproché du soleil est telle qu'une douleur fulgurante brouille ma vue. Large de quatre cents mètres, cette plage, dont je n'ai jamais vu ailleurs une telle pureté de grains beige clair, court paresseusement à perte de vue, jusqu'au prochain méandre. Quel contraste avec la seule et unique fois où je la vis submergée par des flots tumultueux de couleur sombre charriant la terre et les troncs d'arbre dans un bruit de tonnerre ! C'était il y a bien longtemps, lors d'une «petite» saison des pluies encore digne de ce nom. La nappe d'eau affleure, ou presque, quoiqu'il faille creuser de plus en plus profond, à mesure que la saison sèche se prolonge. Les *ilcorroï* (les puits) sont alignés le long de chaque berge ombragée par la présence de plusieurs espèces d'acacias majestueux. Des centaines de vaches, de moutons, de chèvres et d'ânes sont postés là, en bordure, impatients que leurs jeunes gardiens les laissent franchir à leur tour la démarcation d'épineux les séparant de l'abreuvoir dans lequel ils étancheront leur soif. Les animaux trépignent, des taureaux se chamaillent ou bien concentrent leur restant d'énergie sur une génisse à leur portée, tandis que d'autres bêtes encore ne demandent pas leur reste et, sans attendre qu'on les y autorise, se ruent vers l'un des points d'eau aux mirages alléchants. Sulel, drapé dans une toge de la même couleur que les zébus à la robe fauve qui se serrent juste derrière lui, fait le guet à la hauteur de la barrière de branches entrelacées et couvertes de longues épines, qui inaugure la descente détrempée vers l'abreuvoir. De là où je l'observe, de face, sa tête semble rehaussée d'une couronne de cornes en forme de lyre. Les pieds bien campés dans des sandales découpées dans de vieux pneus Firestone, et, reposant ses deux mains sur un bâton de berger, il attend le signal pour laisser à nouveau quelques vaches franchir le seuil du point d'eau aménagé par son père. Mais jamais plus de cinq à la fois, alors que les cinq bêtes désaltérées ont à peine le temps de faire le chemin en sens inverse. Sulel maîtrise le flux avec une stupéfiante assurance au point qu'il a rarement recours à son bâton ou encore moins à un jet de pierre. Il lui suffit de produire un claquement de langue appuyé ou un son de gorge. Si les vaches lui obéissent au doigt et à l'œil, c'est davantage parce qu'il existe entre elles et le jeune garçon une relation de confiance et d'amour. Naiyielenya s'active de son côté à maintenir à niveau le contenu de l'abreuvoir en terre argileuse, grasse et compacte, qu'il a aménagé à même la paroi abrupte de la berge, à droite de la mare du puits dans laquelle il patauge jusqu'à mi-cuisse. Cette tâche, que je considère ardue et éreintante pour l'avoir maintes fois entreprise, dure plusieurs heures. Il est muni d'un jerrican couleur poussière, dont il a tranché la partie supérieure pour en faire un seau. Tel un métronome, il courbe son buste luisant de moiteur pour atteindre l'eau trouble et y plonger le récipient jusqu'à ce que celui-ci disparaisse. Il se redresse d'un coup afin de le remonter, avec sa vingtaine de litres en plus, et, apparemment sans effort grâce à de bons appuis et bien sûr l'habitude, le hisse à bout de bras au-dessus de sa tête vers l'ouverture de l'abreuvoir. Le liquide s'est à peine déversé que l'ersatz de seau se remplit à nouveau. Pour que sa longue toge pourpre nouée à l'épaule n'entrave pas ses mouvements amples et répétitifs, Naiyielenya l'a emprisonnée en se couvrant la taille d'une étoffe rouge foncé à larges carreaux de couleur verte, qui lui donne l'air de porter un kilt écossais. Son crâne et ses cheveux coupés ras sont rouge orangé pour avoir été enduits d'un mélange d'ocre, d'eau et de graisse. Le rouge ainsi exhibé est synonyme d'état rituel et cérémoniel. En tant que porte-parole de sa classe d'âge, il fait automatiquement partie de l'*olamal,* délégation spéciale, qui sillonne le territoire des *Kaputiei* depuis des semaines pour mettre au point les derniers détails de l'offrande toute proche des quarante-neuf vaches au prophète Solonga. C'est sûrement l'explication. Du moins me satisfait-elle pour le moment, et je me garde d'importuner mon frère et compagnon de classe d'âge en le questionnant à propos d'une telle évidence. « *Pakiteng, wou ene, tipika enkare empeut* ! » (« Ma vache ! Viens verser l'eau dans l'abreuvoir. ») me lance-t-il, de sa voix forte mais chevrotante du fait de l'effort concomitant de transvasement qu'il n'a pas cru bon interrompre. J'hésite à lui répondre par l'affirmative, tant la chaleur et la fatigue m'accablent, mais finalement, j'accepte de relever le défi pour éviter l'éventualité quasi certaine de faire l'objet de moqueries qui m'épuiseraient plus encore. « Je viens, mais pas longtemps, car j'ai beaucoup à faire avec *mamaï*.

— Je sais, elle doit tondre tes cheveux et laver tes habits, pendant que tu feras tes ablutions. » Comment l'avait-il appris ? A mon arrivée, j'avais vu *mamaï* et Noonaishi obliquer sur la gauche en direction d'un groupe de femmes, sans qu'à aucun moment elles ne se fussent approchées de lui... Peut-être l'a-t-il su par un visiteur de passage à *Entepesi*, alors que je m'étais lourdement écroulé sous la tente, et qui serait venu depuis à la rivière ?

« A ce propos, pourquoi n'attends-tu pas demain pour être rasé comme le reste de la famille ? ajoute-t-il d'un air ébahi.

— Je ne souhaite pas être chauve, comme c'est le cas lors d'un rituel, insisté-je.

— Tu fais partie de la famille, et les cheveux, ça repousse vite. » En signe d'impuissance, je hoche la tête et oriente la paume de mes mains vers le ciel. Je voulais couper court à la discussion. J'avais horreur de la mystification, faux-semblants ou déguisements, en particulier lorsqu'on s'y adonnait tout en se persuadant avec le plus grand sérieux que, loin de s'être travesti, on était réellement rentré dans la peau de quelqu'un d'autre. Je n'avais pas cette prétention et ne l'avais jamais eue. Je n'étais pas un Maasaï et mon but n'était pas de le devenir. Je n'avais pas non plus à imiter, au risque de ridiculiser et de folkloriser leur culture. Beaucoup s'y essayaient, et l'image qu'ils donnaient tant d'eux-mêmes que des Maasaï était à chaque fois désastreuse. Je recherchais juste, sans décors en trompe-l'œil, l'intimité d'une relation qui m'aiderait à comprendre. Le contact de l'eau fraîche me saisit délicieusement les jambes, et l'envie me prend de m'y plonger tout à fait. Ayant remplacé Naiyielenya dans le trou d'eau, j'ai grand peine à hisser le lourd bidon sur l'avancée en terre glaise, dont l'abreuvoir est le prolongement, et qui est située pas loin de deux mètres au-dessus de mes pieds fébriles. Je tente de faire bonne figure. Mon frère, avec un sourire complice, n'est pas dupe. En me gratifiant d'un « *ashe naleng* » (« merci beaucoup »), après à peine cinq minutes de ce dur labeur, il me fait plaisir en pointant son index vers l'endroit où *mamaï* et Noonaishi sont supposées être, afin que je les rejoigne et fasse ce qui était prévu. Comme un automate, je place un pied devant l'autre et m'enfonce à chaque pas dans le sable brûlant, à la recherche des deux femmes. Je longe la berge sur la gauche, partout l'activité de puisage et de transvasement de l'eau est omniprésente. Les sons liquides du puits que je viens de quitter s'éloignent tandis que s'amplifient d'autres sons liés à d'autres puits. Aux beuglements, bêlements et braiments du bétail s'ajoutent les nombreuses voix joyeuses qui m'interpellent chacune à leur façon: « Xabio!... » Xavier ! « *Pakiteng* !... » ma vache ! « *Esupen*!... » ma brebis! « *Ndauwo*!... » ma génisse ! « *Supa* !... » bonjour! Ayant repéré un monticule isolé de terre sablonneuse, telle une taupinière, situé à quelque distance de la berge où la plupart des puits se concentrent, j'y découvre *mamaï*, accroupie un mètre plus bas au fond d'un trou contigu dont le diamètre ne doit guère lui non plus dépasser le mètre. Mais je ne vois pas Noonaishi. Ma mère est en vis-à-vis avec une femme, plus jeune. Au-dessus de leurs têtes, à l'entrée de ce puits de fortune, trois autres femmes attendent, assises sur des bidons vides. Toutes mariées comme l'attestent leurs parures, mais d'âges différents, elles ont en commun de porter des *ilkarash* rouges à carreaux qui magnifient la beauté de leurs crânes lisses, sur lesquels le soleil se reflète. Je suis aveuglé par cet éclat comme si, face à moi, les rayons lumineux se réfléchissaient dans un miroir. Elles ont en commun de rire à gorges déployées en se racontant leurs histoires de femmes, je présume, à moins qu'aujourd'hui je sois devenu l'objet de leur hilarité. Je me console en sachant qu'elles ne tiennent jamais de propos ridicules ou moqueurs. Les femmes maasaï sont heureuses de vivre voilà tout, surtout lorsqu'elles se retrouvent entre elles. Leur bonne humeur est intarissable. Ma mère, ainsi que l'autre femme qui partage avec elle le fond du puits, remplit son fût à l'aide d'une timbale en fer à la peinture écaillée. Ce type de puits peu profond, qui rappelle les trous creusés par nos enfants sur les plages de leurs vacances, est réservé au puisage de l'eau à usage domestique. Et si une timbale est utilisée, c'est pour éviter d'y mêler trop de sable. « Xabio ! enlève le linge sale de la bassine verte, et prends-la pour te laver. Si tu veux un endroit ombragé et tranquille, mieux vaut que tu ailles sous le gros acacia, là-bas sur la berge, » me dit-elle en agitant sa main en direction de l'abreuvoir de Naiyielenya. « Je t'y rejoindrai pour te tondre les cheveux dès que j'en aurai fini avec l'eau, » poursuit-elle. Après avoir rempli la bassine au puits de Naiyielenya, j'escalade la berge et me protège des regards, à l'ombre de l'acacia très touffu que Sainko m'a indiqué. J'aurais aussi bien pu attendre, comme je le faisais jadis, que les autres hommes eussent achevé leur travail, pour me laver avec eux dans une mare accueillante au creux d'une dune. C'est pour eux un instant privilégié de détente où, le corps nu et dans une totale insouciance, ils s'éclaboussent de cette même eau qui les a tant fait transpirer les pénibles heures d'avant. Mais, pour que j'acceptasse cette perspective de jubilation collective, il eût fallu que j'attende plusieurs heures encore, ne fût-ce que pour laisser les femmes repartir dans leurs villages respectifs. Pas question ici d'avoir son corps nu exposé au regard de la femme. Il eût aussi fallu que je ne nourrisse aucun complexe à propos de mon corps, que je considère encore à mon grand regret par trop disgracieux pour avoir été malmené par une année parisienne sédentaire. Devant un parterre de corps parfaits et élancés, et même si bien sûr je ne participe à aucun concours de beauté, je ne veux pas briser l'harmonie du lieu et la plastique magnifique des autres membres de ma classe d'âge. Dans quelques jours peut-être, après cent heures de marche ! Ayant retiré tee-shirt et short, découvrant avec stupeur les dégradés de rouge sur les portions exposées de mon corps par contraste avec les parties cachées, je me sens encore habillé mais, cette fois, de façon ridicule. Mon choix de me laver en solitaire n'en est que plus renforcé. Faisant tout pour ne pas attirer l'attention d'éventuels nouveaux arrivants, parce que le chemin qui mène à la rivière est à vingt pas d'ici, je me suis blotti entre un rideau de broussaille, situé derrière moi, et le tronc épais de l'arbre qui, en face, m'apporte l'ombre en même temps qu'il m'empêche d'être vu. L'effet réparateur est immédiat, bien que le bout de savon graisseux subtilisé à *mamaï*, loin de faire disparaître la sédimentation brun foncé qui me couvre des pieds à la tête, ne fait que la répartir sur ma peau cramoisie en petits tas noirâtres peu ragoûtants. Peu importe ! Je me dis que de retour à *Entepesi*, la couche de poussière aura repris ses droits sur toute la surface de mon épiderme. Le temps de me rhabiller, et j'entends Sainko, le souffle court, tenter de se frayer un chemin au cœur de l'abondante végétation qui m'encercle. «*She*, *Xabio...*», bredouille-t-elle. Tenaillé par la faim, je ne suis plus d'humeur à subir une quelconque remontrance. « Tu t'es peut-être lavé, mais tu as remis tes vêtements sales. Après t'avoir coupé les cheveux, j'irai te les savonner, frotter et sécher avec les autres. Pendant ce temps, tu n'as qu'à te couvrir la taille avec ce tissu, me suggère-t-elle, en passant par-dessus tête, avant de me le tendre, celui qu'elle porte en cape. — *ashe* ! merci », lui dis-je, soulagé. Elle dénoue son autre *olkarasha*, qui lui enserre les hanches, pour en extraire une vieille lame de rasoir pleine de rouille. C'est le moyen le plus utilisé par les femmes pour transporter au quotidien des effets personnels, tout en ayant les mains libres pour les multiples activités de la journée. Et elles ne sont pas avares de nœuds, elles qui emprisonnent ainsi des choses aussi diverses que pièces, billets de banque ou kilos de sucre au détour d'une échoppe. Autant de biens précieux ou de denrées rares à propos desquels elles ne peuvent se permettre la moindre négligence. La lame de rasoir fait également partie de ces objets à ne pas perdre, non seulement parce qu'elle s'est substituée à la lame traditionnelle des forgerons mais aussi dans la mesure où les Maasaï, en particulier les femmes — excepté les femmes enceintes, et jusqu'à ce que le nouveau-né soit sevré — continuent, avec autant d'assiduité, de se raser le crâne. Même le petit étui en papier qui la protège a été conservé. Il s'agit certes d'une lame industrielle, mais de ces lames d'autrefois — plates à deux bords et qui rasent des deux côtés. Voyant cela, je m'empresse de tendre à ma mère une paire de ciseaux, en lui expliquant qu'il serait peut-être plus pratique de s'en servir à la place de la lame de rasoir. Et moi, joignant le geste à la parole, de lui en expliquer l'usage. Mais, en pure perte. Je comprends avec stupéfaction qu'elle aussi se propose de «blanchir» mon cuir chevelu, comme il se doit ici. Je ne ferai pas exception. « Je ne veux pas avoir le même problème que lors de ma première année passée à *Entepesi,* » m'autorisé-je à lui rappeler. Odile, l'une de mes sœurs qui m'y avait rendu visite, horrifiée par le nid de poux que ma chevelure en bataille était devenue, m'avait contraint à éradiquer tout ce qui dépassait au-dessus de mon crâne rongé. Blanc comme le croupion d'un poulet qu'on s'apprête à dorer, mon cuir débarrassé de ses cheveux s'était lui-même mis à griller sous les coups pernicieux du soleil, au point qu'à mon grand désarroi, je dus, le jour, porter en permanence un chapeau cloche en toile. *Mamaï* se met à rire, comme pour se moquer de moi et de mon attitude qu'elle doit juger puérile. « Je vais essayer de ne pas tout raser, mais ce ne sera pas facile, » prévient-elle pour détendre l'atmosphère. Elle commence sa coupe à grand peine. Il est vrai qu'il n'est pas commode de s'y prendre de la sorte avec pour unique instrument une lame de rasoir dépouillée de son support. Lorsque à tâtons je trouve dans le fouillis de mon sac un miroir en miniature et que je fais un gros plan sur ma tête prisonnière des mains de Sainko, il est trop tard. Ayant l'arrière et les côtés dénudés, je suis en passe de ressembler à un Iroquois, mais à un Iroquois décadent ! Mes cheveux restants sont devenus pareils à de l'étoupe. «*Tapala, tapala* ! ! ! » (« ça suffit ! »), martelé-je, effaré, en me retournant vers *mamaï* qui croise mon regard d'un air amusé et détaché. Attirés par le haussement soudain de ma voix, deux aînés, sur le point d'emprunter, avec leurs bêtes, l'ultime portion déclive ouvrant sur le lit de la rivière, se déroutent vers notre refuge. Sidérés de me voir ainsi, ils s'exclament de concert « *Kainyoo pee* ? » (« pourquoi ? »), que je traduis par « pourquoi ne pas tout enlever ? » ainsi qu'eux-mêmes le font sans demi-mesure. Curieuse pratique d'*olashumpaï* (européen) ! doivent-ils penser. D'autant qu'avec empressement, je m'en tiens, mais avec les ciseaux cette fois, à ne couper que les touffes demeurées par trop inégales, alors que j'ai demandé à *mamaï* de tenir le miroir. Les deux hommes repartent comme ils sont venus. *Mamaï* me presse d'en finir. Il est urgent pour elle de régler la question du linge. Elle se lève, s'empare de la bassine dans laquelle je viens de déposer avec gêne mes sous-vêtements, tee-shirts, chaussettes et shorts marronnasses. A peine ai-je le temps de lui dire que je reste faire la sieste sous l'arbre, qu'elle s'est évaporée. Je me vois mal déambuler sur le sable, drapé dans son *olkarasha*. En penchant ma tête de côté, je l'entrevois qui savonne et frotte une à une, sans compter, chaque pièce d'étoffe qu'elle s'est fixé pour objectif de rendre propre. Malgré la relative abondance de l'eau, en ce lieu du moins, elle conserve le réflexe de survie de n'en user qu'avec parcimonie. Une

fois lavé et rincé par puissantes torsions inlassablement répétées, chaque vêtement est étendu au sommet de la barrière de branchages qui sert à délimiter le puits de son fils. En cas de coup de vent intempestif, les nombreuses épines sont là pour le retenir. Solidement accroché, il devient tel un spi amarré à la proue d'un voilier, et met d'autant moins de temps à sécher. Les femmes ont l'art d'opérer sans que le moindre accroc ne détériore le textile délicat de leurs drapés. Ce que je ne sais pas faire, moi qui constate le plus souvent les dégâts causés à mes tee-shirts, transformés en haillons, pour n'avoir pas eu la patience de les extraire sans effet de force, une fois secs, de cette surface d'excroissances dures et pointues. En pivotant vers la droite, je repère Noonaishi. A en juger par la volumineuse bassine qui déborde de linge aux couleurs éclatantes, trônant à ses pieds, elle aura probablement lavé ses affaires en compagnie d'un autre groupe de femmes, amies et confidentes, à quelque distance de là où je me trouvais tout à l'heure avec *mamaï*. Il en essaime partout, le long de chaque berge sur des dizaines de kilomètres.
Elle est en grande conversation avec son beau-frère Naiyielenya. Il dévisse le capuchon d'un fût blanc en plastique pour y diluer une dose de produit anti-acariens contenu dans un flacon posé à côté de lui. Je reconnais d'ici le logo en croix, souligné d'un cercle, de Bayer. J'associe toujours ce logo à une tête de mort. Bayer demeure pour moi l'ex-propriétaire, durant la Deuxième Guerre mondiale, du complexe industriel IG Auschwitz, responsable du camp de concentration du même nom, mais aussi la multinationale agro-chimique, responsable en 1981, dans une quasi-indifférence générale, de la mort de mille personnes et de l'infirmité de dizaines de milliers d'autres[11] !... Naiyielenya y insère un dispositif constitué

de deux cylindres métalliques coulissant l'un dans l'autre et se prolongeant au sommet par une poignée rigide. Il s'agit de la pompe. Le tube principal, dont la portion la plus importante n'est pas visible puisqu'elle est immergée au fond du récipient, est doté d'une ouverture à l'endroit même où il émerge du fût. Relié à l'ouverture de ce cylindre, un tuyau clair et souple en caoutchouc long de quinze mètres achève son déroulement en s'adaptant pour finir à un nouveau tube en fer qui se termine lui-même par un minuscule pommeau. L'ensemble compose le vaporisateur mobile. Eux, l'appellent *embombo*. Je vois Sulel, qui a réussi sans aucune aide à diriger l'ensemble du troupeau de son père à l'intérieur d'une sorte d'enclos improvisé, contigu à l'aire du puits. C'est au sein de cet espace clôturé d'épineux que Naiyielenya se prépare, comme chaque semaine, à asperger de produit chimique la robe de ses vaches, couverte d'énormes tiques gorgées de leur sang. Noonaishi enclenche la pompe, et, Naiyielenya, une fois le liquide jailli du pommeau, se faufile parmi les zébus pour éviter que la substance prophylactique, qui est très chère, ne se répande inutilement ailleurs que sur le cuir de ses vaches, taureaux et bœufs à bosse. L'air grave et concentré, Noonaishi se tient debout, les jambes droites bien appuyées sur les arrondis du fût, pour qu'il garde sa stabilité. Ses deux mains, refermées sur la poignée, elle se contente d'abaisser et de relever la manette, actionnant en permanence la pompe qui expulse le mélange d'eau et d'acaricide dans le tuyau d'arrosage. Sans jamais arrêter son mouvement, Naiyielenya tend son bras droit, agrandi

[11] Le «Nemacur 10», organo-phosphoré de la firme Bayer, utilisé au traitement des tomates, en fut la cause. Mais, dans l'insolente certitude de n'être pas contredits, les marchands et leurs commis ont réussi à dissimuler leur prosaïque responsabilité sous le nom plus général de «syndrome de l'huile toxique».

par la tige en métal qui le prolonge, vers les flancs et les mamelles de ses animaux à cornes, qu'il asperge de produit en prenant soin de ne pas s'attarder trop longtemps au même endroit. Il répète l'opération, en plaçant cette fois le pommeau vaporisateur derrière les oreilles de la vache. Ces dernières sont découpées, selon un dessin géométrique propre au clan auquel elle appartient. Chez les Maasaï, c'est le clan qui possède, symboliquement du moins, les troupeaux individuels de ses membres. Noonaishi est au centre de l'enclos, à mi-distance de chaque extrémité du troupeau, pour ne pas être contrainte de déplacer le tonnelet et la pompe jusqu'aux bêtes qui seraient hors d'atteinte du tuyau. Après avoir slalomé parmi les animaux situés à sa gauche, mon frère lève le bras très haut pour passer le cordon au-dessus de la tête de sa belle-sœur sans qu'elle ait à se baisser, et poursuit la vaporisation de la seconde portion de son cheptel. De mon poste d'observation, je ne manque aucun détail, même si, adossé au tronc vigoureux de l'acacia, je me surprends de temps à autre à sombrer dans un doux sommeil. La scène est à mes yeux des plus importantes. Elle concrétise paradoxalement, selon moi, la formidable résistance d'un peuple, qui veut encore croire aux valeurs, au mode de vie et aux savoir-faire traditionnels. Depuis un demi-siècle, à tous ceux qui ont tenté d'imposer et de généraliser l'usage fixe et régulier de baignoires désinfectantes plus connues sous le terme anglais de «*cattle-dips*», l'immense majorité des pasteurs, demeurés attachés à la culture de leurs parents, n'ont eu de cesse de leur répondre en utilisant le vaporisateur mobile, par définition plus ponctuel et moins contraignant. Là, ce sont bien deux conceptions de l'élevage et de la vie qui s'opposent. Dans le premier cas, on cherche à faire de la viande sur pied dans des ranchs commerciaux, et le «*catt-*

le-dip » est l'incontournable instrument de prévention des maladies transmises par les tiques sur des espèces bovines importées à haut rendement. N'ayant jamais été exposées aux tiques du fait d'un contrôle intensif, elles n'ont pu développer naturellement leur propre système immunitaire. Dans le second, au lieu d'épouser les objectifs du marché, on adapte au mieux les soins sur le bétail aux contraintes issues de l'environnement non seulement physique et économique mais aussi social et culturel. Certains Maasaï continuent d'exposer leurs veaux dans les zones les plus infestées de tiques afin de procurer aux survivants une résistance de type immunitaire. Ils n'ont pas tout perdu de leurs réflexes vitaux, même s'ils utilisent comme ici un produit chimique, car la quantité requise n'a rien à voir avec les doses massives liées aux « *cattle-dips* ». Leurs zébus étant naturellement pourvus d'immunité face aux tiques, c'est le plus sûr moyen d'empêcher un contrôle massif et régulier des tiques, tout en étant capable d'éliminer en cas de nécessité une quantité d'acariens supérieure au seuil de tolérance, et une aspersion locale suffit aussi à venir à bout des mastites qui diminuent leur productivité. Il n'empêche, depuis le début des années quatre-vingt, la theilériose sud-africaine, qu'ils appellent eux sans détour *oltikana*, tue de plus en plus. Et pour ne rien arranger, pouvoirs publics et experts se relaient pour dénoncer l'archaïsme du pastoralisme maasaï comme le principal responsable de la propagation de ce fléau. La vertigineuse contraction de leurs pâturages s'est associée à une réduction tout aussi brutale des intervalles entre périodes de sécheresse, entraînant un surpâturage endémique. Telle est la première cause de malnutrition du bétail qui finit par perdre son système immunitaire et s'expose au verdict macabre des tiques.

Une image forte me revient. C'était lors de mes deux premières années vécues ici. Tout au long de mes marches interminables, j'avais découvert avec stupeur une pléthore d'ouvrages en béton livrés aux caprices sinon à la revanche de la nature contre le développement meurtrier. Il y en avait partout et la présence incongrue de ces « *cattle-dips* » à l'abandon sur ces terres paisibles avait agressé mon bon sens en même temps qu'elle m'avait conforté dans l'idée qu'une fois pris dans la logique souvent illogique du progrès, l'homme, au service du système occidental ou occidentalisé, est capable des pires absurdités. Je dors profondément, lorsque *mamaï* vient me secouer pour rentrer à la maison. Les yeux brillants, elle me tend mes short, tee-shirt et chaussettes impeccables et secs, que j'enfile, à demi inconscient, en marmonnant qu'ils ne resteront pas blancs bien longtemps. Qu'importe ! Le soleil décline et j'en conclus que ma sieste s'est prolongée plus que je ne l'aurais imaginé. Chargés comme des baudets, nous accomplissons le parcours inverse en silence. *Mamaï* a la tête recourbée vers le sol sous le poids du fût alourdi de son eau, sanglé derrière elle. Quant à moi, j'ai les hanches meurtries par les bords contondants de la bassine, submergée d'étoffes luisantes d'avoir été lavées avec obstination. A *Entepesi*, Noonaishi m'invite à me restaurer dans sa maison. Son regard baigne non plus dans une fontaine de malheur, comme j'ai encore l'image de la semaine précédente bien gravée en tête, mais dans le clair de lune qui l'éclabousse de ses rayons. Irréelle, la clarté lunaire ruisselle sur les maisons qui semblent exprimer leur satisfaction, par voix joyeuses interposées, d'avoir atteint cette fin d'après-midi, synonyme de repos mérité. Les vaches rentrent de la rivière. L'air apaisé se charge du chant des cloches accrochées au cou des bœufs leaders, et des meuglements stridents des mères appelant leur veau à la mamelle. *Papaï*, emmitouflé dans sa couverture neuve, contemple ses rescapées en connaisseur. La traite n'est pas loin... «*Wou amu chaï* », à l'instar des rares gouttes de pluie échappées d'un ciel trop scintillant d'étoiles, le son étouffé de la voix de *mamaï* m'invitant à venir boire le thé matinal est à peine perceptible, comme si, me débattant dans les entrailles de la terre, quelqu'un eût tenté de me faire parvenir un message de réconfort. Ma première nuit passée dans mon *enkaji oolashumpaï* n'a pas été concluante. Les secondes, les minutes et les heures m'ont paru interminables. Sans autre protection que la fine couche de duvets de mon sac de couchage, je n'ai eu de cesse de me contorsionner sur un sol aux petites incrustations de pierre assassines sans jamais trouver la position idéale. Je me sens vissé, cloué à cette terre bien trop dure pour mon dos délicat, au point que lorsque je tente de répondre à *mamaï*, aucun mot ne sort de ma bouche pâteuse. Et, alors que je prends appui sur les mains pour me lever, une violente douleur retentit sur les nerfs et les muscles de mon cou. « J'ai contracté un torticolis ! » soupiré-je. Sainko aura la délicatesse de résoudre le problème aujourd'hui en me confectionnant un matelas de fortune constitué de hautes herbes, coupées par ses soins et placées sous le tapis de sol. L'ouïe fine, *papaï* a intégré dans son sommeil le bruissement provoqué par une modeste précipitation nocturne car il s'est levé dès l'aurore pour organiser lui-même un *perper* dans les pâturages attenants au village. Ce type de pacage très matinal, d'une durée inférieure à deux heures, est habituellement pratiqué à la saison des pluies pour permettre aux animaux de « calmer leur estomac et d'étancher leur soif ». Mon père aura sans doute convenu qu'*a fortiori* en période de sécheresse, l'adage doit s'appliquer chaque fois que l'atmosphère se départit de son avarice sous forme de rosée ou de gouttes de pluie aussi infimes soient-elles. Je me rends au village de Naiyielenya. Le rituel de purification de sa famille est prévu pour aujourd'hui, à moins que Nashipai ne soit encore rentrée du village de son père. La fraîcheur de l'air est délicieuse et la nature s'éveille avec clarté. Des bouffées de vie m'envahissent, et, à l'occasion d'un détour que je n'ai pas prémédité, j'escalade l'*osoït* dont l'imposant amas me provoque avec une magnifique évidence. A l'est, les herbes blondes d'*Entepesi* ondulent avec nonchalance, défiant le soleil incandescent qui, dans une irrésistible montée en puissance, émerge à peine de la masse encore sombre de la Montagne aux lions. En contrebas, et au-delà de la rive occidentale d'*Olkerie*, la sphère jaune passé de la lune, dans un mouvement inverse d'évanescence, se repose pour une demi-minute d'éternité sur la crête bleutée des collines de *Meto*. En arrière-plan, la Montagne blanche donne l'illusion d'avoir perdu la tête, son sommet « enneigé » flottant sans support au-dessus des nuages. En première ligne de cette scène naturelle aux limites abolies, trois adolescents, que je n'ai pas entendu arriver, exécutent à un mètre de moi et à un pas du vide la danse du saut des jeunes initiés. Ils n'ont pas treize ans et étrennent avec application leur première tenue ocre rouge d'apprentis-*murran*. On les circoncit de plus en plus jeunes de sorte qu'ils soient moins tentés d'éviter, voire de quitter l'école pour adopter la vie en *manyata*. Arrivé une heure plus tard au village de mon frère, je regrette d'avoir quitté si vite mon poste d'observation favori. Au lieu d'une effervescence espérée, je ne suis accueilli que par le silence d'une place désertée. Hormis le crépitement émanant de son foyer, la première maison ne donne aucun signe de vie. Déçu, je traîne les pieds pour me rendre de l'autre côté et scruter la seconde habitation qui, comme la première, me donne l'impression d'être aussi vide de ses occupants. En écho à ma quête, j'entends, incrédule, la voix hésitante de Nashipai m'invitant à franchir le seuil de sa demeure. C'est peut-être le signe que le rasage rituel se tiendra aujourd'hui, comme il l'était prévu avant-hier après son report d'une journée. Même si ici, le temps n'a pas la dimension linéaire et cumulative que nous lui attribuons. Combien de fois avais-je dû ranger mon impatience au plus profond de moi-même, dans l'attente souvent vaine de cérémonies sans cesse décalées ? Combien de fois aussi avais-je eu à me satisfaire d'une absence apparente d'explication rationnelle à ces cascades de déplacements dans le temps ? Les Maasaï respectent le temps comme ils respectent *Enkaï*, ils se gardent bien de l'effrayer en le bousculant. Les dents blanches de Nashipai illuminent son visage malgré sa lassitude. Elle me sourit tout en se saisissant d'un bidon d'eau dont elle verse une partie dans le récipient posé sur la grille du foyer. Puis, comme à regret, elle empoigne une gourde à lait, laissant échapper dans la marmite les précieuses gouttes qui lui restent. Elle réajuste ensuite la bûche principale, de telle sorte que le moignon rougeoyant d'une extrémité du morceau de bois s'enflamme avec précision en dessous du fait-tout. A l'autre bout, l'épaisse branche de commiphora serpente, tel un boa, jusqu'au corridor de l'entrée. Elle paraît gigantesque mais à peine lui faudra-t-il deux jours pour se consumer entièrement. « *Olashumpaï* ! pardonne-moi. Je m'étais assoupie. J'arrive à l'instant du village de mon père. » Sa voix est encore hésitante. Des mots exprimés à la hâte qui révèlent son désir de se donner du temps pour recouvrer ses esprits tout à fait. Sa coupe lui donne, comme on dit, un « look branché ». Ses cheveux sont taillés très haut à la façon de ces athlètes afro-américains qui, en présence des grands médias, mettent un point d'honneur à rivaliser d'originalité. Il ne s'agit pas d'une fantaisie qui lui serait propre, mais le reflet d'un code social. C'est traditionnellement à cette coiffure rituelle que la maternité se reconnaît. Je remarque aussi que ses yeux et son front sont cerclés de trois traits tracés à l'aide d'un suc végétal qui brûle les tissus pour une année ou deux. Qu'elle se soit adressée à moi en utilisant ce terme impersonnel d'*olashumpaï* ne me choque pas. Elle me connaît à peine, et encore par ouï-dire. Une pause, puis elle reprend: « En chemin, j'ai rencontré Naserian qui coupait du bois. Elle m'a dit que nous serions rasés aujourd'hui, en fin d'après-midi. Je l'ai trouvée soucieuse, alors je l'ai questionnée. C'est au sujet de Naiyielenya. Elle m'a avoué qu'à peine rentré de la rivière hier soir, il a quitté le village et rejoint l'*Olamal* en un lieu tenu secret.

— Mais le rasage peut-il avoir lieu en l'absence du chef de famille ? lui demandé-je.

— Naserian dit qu'il lui a donné l'autorisation de faire procéder au rituel, même s'il n'est pas en mesure de revenir à temps pour y assister en personne. Il dit vouloir profiter de la pleine lune pour régler les derniers détails et organiser après-demain la cérémonie de passage des quarante-neuf vaches. » La langueur de l'endroit n'est perturbée que par la plainte aiguë de son fils qui, pelotonné sur son ventre et enfoui dans un dédale de drapés, avait échappé à ma vue. D'un geste naturel, elle dirige la bouche vorace du nourrisson vers l'un de ses seins. Ses pleurs se calment aussitôt, remplacés par des bruits de succion avidement répétés. Je le regarde, attiré par cet intemporel et émouvant spectacle. Je somnole comme le nouveau-né, étreint par la berceuse que Nashipai murmure à son fils. Moment paisible, mais mon envie de savoir au plus vite ce qui se trame derrière la retraite inopinée de Naiyielenya me pousse à rompre avec la douce torpeur à laquelle mon corps et mes idées se sont empressés de souscrire. J'ignore le lieu où la délégation s'est réunie et quand bien même le connaîtrais-je, je ne serais pas autorisé à y siéger. Mais ma curiosité est la plus forte. Je connais à *Kiloo*, à une heure au nord-ouest d'ici, un village où l'on pourra peut-être me renseigner sur la teneur des discussions à l'ordre du jour. Je prends congé de ma nouvelle « belle-sœur », que je n'avais encore jamais rencontrée et qui vient de m'accueillir avec une chaleur non dissimulée comme un membre de la famille. Décidé à tenter ma chance dans mon balbutiement d'enquête, j'ai juste le temps avant le début éventuel de la cérémonie. Nul besoin de boussole pour me conforter dans l'itinéraire à prendre. Je n'ai qu'à lever la tête et me repérer à *Oldoïnyo e Kiloo*, au même galbe rond que la Montagne aux lions que je laisse derrière moi. Trois immenses villages, pareils à des scarifications sculptées sur une peau bistrée, habillent la base de ce deuxième mamelon symétriquement positionné face au premier sur un corps couleur de blé. Dix ans en arrière, au même endroit, j'avais dû me cacher pour échapper à la vindicte des femmes. Je m'étais retrouvé sans le savoir au point de ralliement d'un *olkishuroto*, opération punitive contre des fautifs et contrevenants à un interdit sexuel qui habitaient l'un de ces villages. Il en venait de partout, des jeunes, des vieilles. Les premières arrivées avaient même passé la nuit dehors à attendre les autres. Ignorant tout de leur motivation, j'avais pensé qu'elles voulaient en finir avec les hommes et reprendre leur autonomie des temps mythiques. Je ne sortirai de ma cachette que bien plus tard, lorsque les hommes, par petits groupes, timorés et silencieux, convergeront à leur tour vers le village pris d'assaut par les femmes en colère et oseront en franchir les barrières familiales. Si le mariage est arrangé par le père ou l'oncle maternel, les femmes maasaï ont un ou plusieurs amants et ce jusqu'à un âge très avancé. Leurs maris feignent de l'ignorer. Cette liberté sexuelle se restreint toutefois à leur groupe, les empêchant d'avoir des relations avec des hommes d'une classe d'âge inférieure. Cet interdit attise le désir des moranes qui mettent en œuvre tout leur art de la séduction pour le satisfaire sans que personne n'en sache jamais rien. Mais il arrive que le secret bien gardé soit découvert. En l'occurrence, dans ce cas précis, il s'était agi d'une femme enceinte dont l'enfant était mort-né avant terme. Elle avait donc avoué avoir eu une relation avec un morane. Les témoins de l'accouchement avaient affirmé que le bébé était de couleur blanche en raison du sperme recouvrant le corps. Les Maasaï interdisent toute relation sexuelle à une femme enceinte, même avec son mari, car ils croient que le sperme étouffera l'enfant en recouvrant son corps. J'avais pu assister, l'espace d'une journée de rites d'inversion, à l'extraordinaire entreprise de remise en ordre de la société par les femmes. Elles avaient pénétré dans la maison de la fautive avec une rare violence, détruisant avec rage l'entrée et sa chambre, puis l'avaient rouée de coups de bâton et lui avaient prélevé un morceau de peau entre les sourcils, marque de son déshonneur. Je me rappelle surtout l'inhabituelle passivité des hommes, silencieux et nuques basses, qui donnait l'impression qu'ils se sentaient coupables de ce désordre, peut-être aussi parce que le morane coupable avait réussi à s'échapper. Je les revois en train d'abattre un bœuf bien gras et, après en avoir rôti les meilleurs morceaux, apporter cérémonieusement la viande aux centaines de justicières installées comme des reines au centre de l'enclos principal. Le rituel vexatoire qui s'était ensuivi m'avait impressionné. Les femmes vindicatives avaient attaché dans le dos de l'infortunée la queue ainsi que l'intestin du bœuf sacrifié et, en une interminable procession, l'avaient poursuivie pour crever le viscère afin que le liquide se répandît sur son corps en mouvement. Puis, le calme était retombé d'un seul coup. Après une ultime bénédiction, les femmes s'en étaient allées en silence. La vie avait repris son cours normal.

Je localise un chemin dans lequel je m'engouffre pour me retrouver au creux des deux protubérances à l'allure protectrice. Comme à *Entepesi*, les pâturages y sont censés dispenser leur générosité toute l'année, même si à l'image d'aujourd'hui elle est de moins en moins visible à mesure que la sécheresse progresse. Le paysage demeure des plus doux et découvre loin. *Kiloo* dérive du mot *kelua* qui signifie « étendue ». Cette douceur est accentuée par la présence rassurante d'un nombre considérable de vaches encore vaillantes, paissant çà et là des herbes courtes restées comme par miracle nutritives. Me penchant pour examiner un échantillon du couvert végétal, je suis stupéfait d'en identifier plusieurs espèces rescapées, et pas des moindres, des plantes herbacées vivaces telles que l'*erikaru* et l'*enaïmurwaï*, qui comptent parmi les plus comestibles à la saison sèche et donc les plus recherchées. Je longe l'aire pelée de l'*oltinka*, puits foré, en bon état de marche. Une file interminable de zébus, aux abords de l'abreuvoir en ciment, l'atteste. Je quitte le chemin et descends à ma droite vers l'abreuvoir où un jeune aîné veille à ce qu'aucune de ses bêtes ne soit lésée et qu'elles repartent toutes désaltérées. Pour une fois, je suis fier d'être le premier à reconnaître l'autre et, en plus, d'avoir son nom à l'esprit, du moins son patronyme : ole Simintei ! Il est de ma classe d'âge et fait partie de ceux dont je cherche le concours pour me dire où est mon frère, et ce qu'il tente de résoudre. Je m'étais rendu plusieurs fois dans son village. Son père, qui s'était endormi trois ans auparavant, avait cinq épouses et lui-même en avait déjà deux... «*Olmerishoï* ! » finit-il par exprimer non sans surprise. Après les paroles d'usage et l'échange des nouvelles, je lui pose la question qui me brûle les lèvres: «*aewuo pee adol olaïguenani. Koree olaïguenani pee adol ninye* ? («Je suis venu pour voir le porte-parole de notre classe d'âge. Sais-tu où il se trouve ?»)

— J'ai entendu dire qu'il avait rejoint l'*olamal* la nuit dernière à *Elangata Nanyokie*, au village de Komilo. Mais, tu ne peux pas le voir.

— Oui, je sais. C'est aujourd'hui que l'on rase ses enfants et ses deux épouses à *Entepesi*. Et la cérémonie du départ des vaches est prévue pour après-demain. Les tergiversations de ces derniers jours et le départ précipité de Naiyielenya sont pour moi la preuve qu'une grave crise est en train de secouer la classe d'âge. Peux-tu me dire ce qu'il se passe ?

— *Esiasa ake* («Ce n'est que de la politique !»). Les politiciens tentent depuis un an de récupérer les futurs votes des nouveaux circoncis» se contente-t-il de répondre, d'un air contrit.

— Naiyielenya et la classe d'âge sont-ils impliqués au point d'être incapables de réunir les quarante-neuf animaux pour acquitter leur dette au prophète ?

— Tout a commencé voici un an. Comme la tradition l'exige, ils ont brisé la patte d'un passereau mort pour signaler à la classe d'âge précédente qu'à leur tour les jeunes aînés qu'ils étaient devenus se sentaient prêts à parrainer une nouvelle classe d'âge. Certains membres de la classe d'âge de Naiyielenya, corrompus par des politiciens, commencèrent la campagne de circoncision de leurs fils, allant jusqu'à attribuer un premier nom à leur embryon de groupe d'âge, les *Ilmajeshi*, alors qu'*enkipaata*[12] n'avait pas eu lieu. Mais les aînés de la génération d'avant, au lieu de faire cesser sur le champ les cérémonies de circoncision de leurs protégés, ont continué d'initier de nouvelles recrues. La politique n'a fait qu'attiser le feu de la discorde. Le plus grave était encore à venir. Plus tard, cette année, ils ont lancé les préparatifs de l'*eunoto* de leurs fils moranes qui s'appellent les *Ilkipooni*. Sous la pression des politiciens, ils ont prétendu que l'ensemble des garçons circoncis jusqu'alors seraient bénis en cette grande occasion en tant qu'*Ilkipooni* et non pas en tant qu'*Ilmajeshi*, même si une patte d'oiseau avait été brisée dans les règles. Les anciens se sont réunis des journées entières afin de concilier les points de vue contradictoires. En vain. Alors, ton frère a sélectionné un *olamal* parmi les jeunes circoncis qu'il considérait être ses fils spirituels, avec pour objectif d'identifier ceux qui avaient été circoncis après que la patte de l'oiseau fut publiquement cassée en deux. Après ce repérage, il a décidé que le seul moyen de rétablir la vérité était d'utiliser la contrainte, en jetant un sort à tous ceux dont les pères refusaient l'appartenance à son groupe de parrainage. » Je suis concentré, conscient de ma chance d'avoir trouvé cet informateur peu

---

12 Les circoncisions, organisées sur la base de cérémonies individuelles, sont précédées par un grand rituel collectif au sein de chaque section. Appelé *enkipaata*, il est le point de départ officiel d'une nouvelle classe d'âge. Après trois années de conflits engendrés par la politique, la cérémonie dite de la danse se tiendra finalement, chez les *Ilkaputiei*, en décembre et janvier 1997.

avare. Il parle en intervenant sans cesse pour replacer ses zébus impatients dans le bon ordre. Je l'encourage : « pourquoi notre classe d'âge attend-elle pour célébrer l'*enkipaata* de nos fils spirituels ? Et pourquoi met-elle autant de temps à payer la dette à Solonga ? Y-a-t-il un lien entre ce retard et le conflit non résolu ?
— L'incompréhension entre les deux classes d'âge n'a rien à voir avec la tradition. Elle est politique. Depuis le début, chaque groupe d'âge est incité par son leader moderne à aller dans le sens de ses intérêts particuliers. Ils croient qu'en recrutant un nombre plus important de circoncis, ils assoieront davantage leur base politique en prévision des prochaines élections. On en corrompt certains pour que l'*enkipaata* soit lui-même retardé. Sans la cérémonie préalable du don des vaches, pas d'*enkipaata* possible. Et sans *enkipaata*, pas de création reconnue de nouvelle classe d'âge et donc pas d'autre circoncision officiellement acceptable.» Muet, je le laisse batailler avec une jeune taureau virevoltant. Lorsqu'il en a fini, il m'invite à venir à son village. Je refuse poliment.
Un autre événement, lié au récit réaliste dont mes oreilles bourdonnent encore, est peut-être sur le point de s'accomplir sans moi. La lumière est blanche. Je n'aime pas l'éclairage de la mi-journée, il écrase les formes autant que toute aptitude à élever son âme et à s'extraire du quotidien. Destructeur, il me semble l'allié le plus fidèle des cyniques stratégies que nous venons de mettre à nu. Je suis las... Je suis essoufflé en réintégrant le village de Naiyielenya. J'ai marché à une cadence soutenue, hanté par la sensation fantasmatique d'être poursuivi. L'effet du soleil sans doute. En tout cas, cet état fébrile a bien failli me coûter la vie, mon pied, par inadvertance, ayant de fort peu manqué une vipère gris métallisé de belle taille. Elle s'est départie à

temps de sa léthargie, fuyant, avant qu'il ne l'atteignît, dans un concert fugace d'herbes sèches. A la vue de Nooltimari et de Koitalel, mon angoisse se dissipe. Le frère et la sœur se ressemblent à s'y méprendre, non pas tant dans les traits physiques que dans leur tenue et leurs attitudes. L'un et l'autre portent des tissus écrus enduits de suie, et leur tête, banalisée par un halo de jeunes pousses, est comprimée par un même bandeau de cuir incrusté de cauris. En me rapprochant d'eux, je note deux éléments qui les différencient. Koitalel porte ostensiblement un long *engudi*, bâton en bois blanc de berger, symbole par excellence des tâches dévolues à l'homme. Et les lobes de Nooltimari sont distendus par deux «bouchons à oreilles» en bois qui, après la cérémonie, seront remplacés par deux longues boucles d'oreilles polychromes sous la forme aplatie d'une double bande de cuir incrustée de perles en pâte de verre. La partie supérieure de ses oreilles est également percée d'un orifice, mais bien plus petit celui-là. Koitalel, lui aussi, a eu les siennes ainsi trouées à l'âge de six ans. Il arbore d'ailleurs un bâtonnet pointé vers le haut dans chacune des deux minuscules ouvertures. Mais ses lobes, contrairement à ceux de sa sœur, sont restés intacts. Cela est courant aujourd'hui pour les jeunes gens de sa génération, surtout à cause de la pression de l'école qui en interdit la pratique. Et même lorsque, comme Koitalel, ils n'y vont pas, les anciens sont convaincus, du moins dans les sections où les *imanyat*, villages de moranes, se font plus rares, que dans la société moderne avec laquelle ils devront composer, les futurs adultes seront mieux respectés avec des lobes d'oreille non distendus. L'étirement des lobes d'oreille marque pourtant, selon la tradition, la volonté d'un jeune homme d'être celui « qui écoute », et ainsi de parvenir un jour à une pleine maturité sociale. Les deux adolescents m'on vu et rient à pleines dents. J'aime cette aptitude à rire, un peu parce qu'elle rend esthétique l'absence de deux incisives inférieures qui est la marque commune à tout Maasaï. Pour eux aussi, c'est un signe de beauté, même si leur extraction, après la poussée de la seconde rangée de dents de l'enfant, demeure motivée par un facteur de survie. On pense encore aujourd'hui qu'on pourra le nourrir à travers l'ouverture, ainsi ménagée, s'il lui advient d'être malade du tétanos et d'être dans l'incapacité d'ouvrir la bouche. Hormis Koitalel et moi, l'enceinte du village ne compte que des femmes. J'y retrouve la mère de Naserian, trop occupée à chatouiller son petit-fils Koimeren pour faire cas de ma présence. Je ne discerne du nouveau-né, bercé sur le ventre de sa mère, qu'une bosse animée sous un enchevêtrement de drapés rouge uni et rouge à carreaux, recouverts d'un tissu imprimé jaune vif. Le spectacle se joue à l'identique au pied de la deuxième maison, située à l'autre extrémité de l'enclos d'habitation et dont l'entrée donne sur la façade arrière de celle-ci. Nashipai est elle aussi tout entière dédiée à des gestes tendres à l'égard de son nourrisson, disparaissant comme Koimeren sous trois épaisseurs d'*ilkarash* à carreaux rouges sur fond rose, à larges bandes verticales indigo sur fond rouge, et ocre. Je suppose que la belle femme entre deux âges, à l'air grave mais sans l'attitude affectée d'une personne hautaine, et penchée vers son petit-fils pour le caresser, est sa mère. Je salue une à une toutes ces femmes joyeuses d'être réunies. Naserian est nerveuse. Ce doit être l'absence de son mari. Ma mère fait son entrée. A l'instar de sa belle-fille, je ne lui reconnais pas sa volubilité. Elle se dirige vers la maison de Nashipai, sa seconde belle-fille, comme si elle s'attachait à montrer qu'elle rendait la première, responsable de l'éloignement intempestif de son fils. Naiyielenya tarde à arriver. Et au bout d'une heure d'attente — je rectifie en disant que cette attente m'est propre, nous est propre : c'est l'Occident qui endure le temps, tel un supplice qu'il faut accélérer, pas eux ! Cette sensation leur est étrangère; ce qui m'a paru interminable ne fut pour elles qu'un moment de détente propice au babillage dont elles sont si friandes — le silence a remplacé la mélodie contagieuse des voix haut perchées et des rires. Les femmes se sont levées en même temps et s'affairent à l'intérieur des maisons. Elles en ressortent au bout de cinq minutes, les unes avec des peaux de bœuf qu'elles déroulent le plus près possible des façades extérieures principales de telle sorte que les participants puissent s'y adosser confortablement, les autres avec un tabouret dont une mare blanchâtre d'eau et de lait remplit le fond du siège. Après le récit de tout à l'heure, je ne suis pas surpris de ne voir d'assistance que les participants eux-mêmes. Je n'en suis pas moins triste. Triste aussi que le père ne soit pas là en ce jour de purification familiale; triste enfin à l'idée que son aîné ait été prématurément circoncis à des fins politiques. La tradition ainsi dénaturée peut-elle survivre ? Les deux familles de Naiyielenya se retrouvent devant leurs maisons respectives. La partie avant de la demeure de sa première épouse est plongée dans la pénombre, accentuant la gravité des visages soudain figés des trois personnes —sans compter le jeune Koimeren que je devine seulement— qui s'y trouvent assises à droite de l'entrée, Naserian, Koitalel et Nooltimari. Une situation qui contraste avec celle qui prévaut de l'autre côté. *Mamaï*, à nouveau animée par sa joie de vivre, et Nashipai, sont assises de concert. Leurs traits et les couleurs de leurs parures brillent avec éclat, le soleil du soir ayant décidé de les illuminer en exclusivité comme le cercle lumineux du projecteur sur un duo de comédiens en représentation. Je fais d'incessantes incursions sur la scène simultanée de ces deux théâtres de vie. Je commence par prendre quelques clichés du seul endroit à être idéalement éclairé, sachant qu'une telle lumière — qui donne à un photographe d'occasion la sensation d'être un photographe d'exception, un artiste de la pellicule — ne dure que l'espace d'un trop bref instant. Autant que mon journal de bord, le support photographique m'est indispensable, par souci du beau mais aussi pour la mine de détails que, distrait par la passion de l'événement en cours, je n'aurai pas su détecter à l'œil nu. La tête de Nashipai ploie sous la formidable pression de la main droite de sa mère, qui s'en sert pour diriger à sa guise son crâne vite dénudé. Dangereusement penchée au-dessus de sa fille, l'officiante a le buste perpendiculaire à ses membres inférieurs, quant à eux raides comme des piquets. Dans une position également à angle droit, mais cette fois par rapport au buste, deux longs bijoux polychromes attachés à la partie supérieure de ses oreilles se balancent, jusqu'à l'effleurer, au sommet de la tête de sa fille. De l'autre main, elle manie avec dextérité une vieille lame, n'interrompant son geste que pour déposer en petits tas, sur le pourtour à sec du siège du tabouret, les boucles coupées dont la brillance du noir tranche avec le blanc du liquide tout proche. Elle y trempe cette même main avec le souci d'humidifier le cuir de moins en moins chevelu de Nashipai. La douce beauté de ce visage éclairé, qui ne fait plus qu'un avec le crâne que sa mère achève de rendre lisse de toute pilosité, est soulignée lorsque les gouttes de lait y ruissellent comme de la rosée. Le rasage de sa fille à peine achevé, la mère prend une position assise sur le cuir patiné à la place de Sainko, qui s'est décalée au point extrême de la largeur de la peau pour être de face et jouir pleinement de la phase ultérieure du processus purificatoire. Il s'agit pour elle de raser à présent son petit-fils, âgé de quelques jours. L'entreprise ne peut donc être que symbolique. Je scrute son minuscule crâne qui émerge des drapés de sa mère, et, lorsque sa grand-mère s'en empare pour y ajuster quelques brefs coups de lame, il ne bronche même pas, comme s'il s'était psychologiquement préparé à l'apprentissage initiatique de la douleur. Je ne m'attarde pas, me précipite de l'autre côté pour voir où en est la tonte des cheveux de Naserian et de ses trois enfants. Pourquoi d'ailleurs ne raser que trois d'entre eux ? De retour des pâturages, Sulel m'y fait penser, en franchissant la barrière familiale avec le troupeau de son père. *Ng'oto* Koitalel n'a-t-elle pas, en plus de ces quatre-là, un jeune garçon et une fillette de cinq et trois ans ? Elle les aura probablement confiés à des amis ou à de la famille, car je ne les ai guère vus de la journée. Je suppose que le rasage purificateur concerne en priorité les mères, les nouveau-nés et les adolescents qui achèvent la première phase de leur initiation. La mère de Naserian en a fini avec elle ainsi qu'avec Koimeren, dont les yeux noisette, rivés aux miens, m'apparaissent agrandis. Comme beaucoup de bébés maasaï, il porte à son cou une amulette de cuir destinée à écarter le malheur et à le prémunir contre d'éventuels sortilèges. Ma belle-sœur conserve son air impénétrable, tout en berçant son fils avec amour. C'est le moment que je choisis pour lui faire part de mon désir de les voir tous se déplacer devant la façade arrière de sa maison. Comme à travers un filtre de couleur, celle-ci n'est plus qu'une immense flamme orange, et j'ai l'envie obsessionnelle de photographier le rasage des deux initiés dans ce décor rendu étrange par les derniers rayons incandescents. Je lui explique que la photographie suppose une luminosité en quantité suffisante et que s'il en manque à l'endroit où ils sont assis, elle est idéale de l'autre côté. Et, au comble de mon exaspération injustifiée, je m'entends ajouter en la regardant fébrilement « il faut faire vite ! » Elle refuse, et, pis encore, devant mon insistance aveugle, part en maugréant se réfugier chez elle. Je me rends compte trop tard de mon erreur ou plutôt de ma bêtise. Les tons chauds de cette fin d'après-midi se dissiperont très vite sans que je sois en mesure de déclencher une seule fois mon appareil, et mon énervement coupable a contrarié mes hôtes. Je croise le regard mi-amusé, mi-désolé de Nooltimari et Koitalel qui exprime à peu près ceci: « Xabio, nous regrettons, mais nous n'y pouvons rien !... » Ils sont méconnaissables. Plongé dans ma culpabilité, je n'ai rien vu de la mise à nu de leurs superbes visages, opérée par la suppression de l'étroite couche capillaire et du bandeau de cauris qui la soulignait. Je tergiverse sur ma conduite à tenir, mais *mamaï* me prend par le bras et me pousse vers la sortie du village. Je suis furieux après moi de m'être ainsi ridiculisé. Plus pourtant que ce sentiment rageur de m'être comporté de la sorte, j'ai le goût amer d'avoir assisté à un rituel incomplet, voire à une parodie de ce qu'il aurait dû être. J'ai la désagréable impression qu'il a été accompli puisqu'il devait l'être pour permettre le passage des quarante-neuf vaches. Mais, l'initiation de Koitalel étant entachée d'irrégularité, les aînés s'étaient sûrement abstenus de venir comme il eût été nécessaire pour avaliser de leur bénédiction le rasage purificateur de la famille du porte-parole. De peur sans doute de contrevenir eux-mêmes à la tradition. Le soleil touche presque l'horizon des collines de *Maparasha*, et ses rayons rasent la surface des pâturages. Je le regarde sombrer, obscurcissant sans transition l'immensité de l'espace comme une scène

de théâtre où l'on vient de baisser soudainement les lumières. « Je suis coupable d'avoir froissé Naserian, mais n'est-elle pas jalouse du fait que j'aie d'abord concentré mon attention sur la coépouse ? fais-je remarquer à ma mère, pour briser le silence que je me suis créé.
— *She* ! Tiens donc, tu n'as rien compris. Ce n'est pas qu'ils ne voulaient pas se déplacer derrière la maison. C'est juste qu'ils ne le pouvaient pas. As-tu oublié que nul ne peut être rasé s'il ne fait pas face à l'enclos à bétail ? » J'ai eu beau m'être ridiculisé, je reçois cette explication comme une délivrance. Le soir, je dîne, sitôt rentré, d'une platée d'*enkurma* et d'une tasse de lait frais. Je m'endors vers huit heures, au son effrayant des cris stridents et des ricanements de surprise des hyènes tachetées, qui me font basculer comme une masse dans un monde redoutable de créatures grotesques aux mâchoires surpuissantes et à la démarche chaloupée.

4

Les quarante-neuf vaches franchissent l'obstacle politique

« Miaru inkishu ilking'arana »
« Ceux qui ne font pas la paix
n'ont pas de vaches ! »

J'attends depuis une bonne heure, assis sur un gros galet pastel d'où je scrute, engourdi de sommeil, une portion de route d'une centaine de mètres en amont du pont métallique qui me surplombe. Pourquoi avoir accepté ? A la demande d'un ami, j'avais rencontré son frère, un mois avant mon départ. Il projetait de « faire un safari au Kénya ». Je le vois encore me recevant chez lui avec la fièvre de celui qui espère revivre les pages esthétisantes de la *Ferme africaine* de Karen Blixen ou du *Lion* de Kessel. Le tapis de son salon était jonché de cartes, dont certaines, fort détaillées. Il avait repéré *Entepesi* sur l'une d'elles en se pâmant comme s'il eût découvert un trésor. A compter de cet instant, il ne devait plus avoir qu'une seule idée en tête : vivre une aventure chez les « fiers guerriers maasaï » ! Il avait insisté avec une telle vigueur juvénile que j'avais consenti à ce qu'il m'y rendît visite à condition que ce ne fût que pour quelques heures. Je lui ai indiqué l'itinéraire à prendre jusqu'au point de ralliement où je me trouve être. Il m'a parlé de louer pour lui-même, son épouse et son fils de dix ans, un 4x4 avec un chauffeur-guide. Je m'ébroue, tandis que le vrombissement d'un moteur rivalise soudain avec un rassemblement bruyant mais joyeux de tisserins gendarmes. Je me précipite sur la piste à la hauteur du tablier du pont, juste à temps avant qu'un minibus ne s'y engage. Je le reconnais dès le premier coup d'œil jeté en direction du véhicule qui fonce vers moi. Il me fait de grands signes désespérés comme si j'étais son sauveur, et je lui réponds par une série de sourires complices destinés à le rassurer. Le van ne s'est pas immobilisé sur le bas-côté que mon hôte s'en extirpe pour fondre sur moi et m'étreindre, comme on sert dans ses bras un être cher retrouvé après des années de séparation. Tout à sa précipitation, ses premiers mots ne forment qu'un intraduisible gargouillis. Avec son chapeau de toile beige à larges bords, il me fait penser à « l'Aventurier de l'Arche perdue ». Avec son épouse, tirée à quatre épingles dans la tenue sport d'un grand couturier parisien, et son fils, habillé d'un bermuda et d'un polo Lacoste bleu marine, ils sont pareils à des acteurs qui se seraient trompés de tournage, voire à des touristes qui, en route vers leur prochain lodge de luxe, se seraient retrouvés plongés « au cœur des ténèbres africaines » le temps d'un changement de roue. Peut-on parler de quête lorsqu'il s'agit, comme eux, de consommer dans le même intervalle qu'une séance de cinéma ce qu'ils croient être les charmes exquis d'un monde sauvage ? Tels des explorateurs du dix-neuvième siècle bravant les délirantes recommandations de sir Henry Morton Stanley, reporter au *New York Herald*, lors de son discours en 1878 à la «*Royal Geographical Society*» : « s'il en est parmi vous ce soir qui ambitionnent de devenir des martyres, en se rendant en pays maasaï, ils le seront plus vite que partout ailleurs dans ma longue liste de voyages», j'imagine que le but inconscient de leur étape est de rapporter la preuve qu'ils s'y sont physiquement rendus. Signe des temps, notre homme ne tient-il pas dans sa main droite une caméra portative prête à se braquer sur le premier descendant venu de ce peuple mythique ? « Le chauffeur peut nous accompagner, le van ne craint rien ici. Vous pouvez même laisser les portes ouvertes», dis-je à la cantonade. Le pauvre guide s'est agrippé à son volant, littéralement pris de panique. « J'attendrai dans la voiture... » sont les seuls mots que je parviens à saisir. Sa voix est assourdie car, sans demander son reste, il s'est calfeutré dans l'habitacle sécurisant de la voiture. Je m'approche de son côté en lui faisant signe d'abaisser la vitre. Je dois insister. Il obtempère et, se dandinant sur son siège comme si le danger eût pu surgir à tout moment de n'importe où, il parle en déversant sa peur dans un torrent de lieux communs : « c'est la première fois que je prends ce chemin pour descendre vers la Tanzanie ; d'ailleurs, on nous interdit de l'emprunter. On ne doit jamais sortir de la A.104. Par ici, les Maasaï vivent encore à l'état sauvage et il paraît qu'ils ont déjà bu le sang de touristes qui s'étaient égarés. » Je suis interloqué au point que j'hésite à lui répliquer quoi que ce soit. Mais, il n'a pas attendu qu'à mon tour je m'exprime, pour remonter sa glace si protectrice de mythes. J'y renonce donc. En route, nous croisons une succession de groupes de femmes. Elles se dirigent à angle droit vers l'ouest, sur des chemins perpendiculaires au nôtre. L'intensité de leur apparition, colorant de rouges et de bleus notre champ de vision habité jusque-là par le vert tendre et le jaune safran, n'a d'égale que les sons chauds qui la précèdent. Une lancinante musique, échappée du mouvement très rythmé de leurs bijoux entre choqués, qui s'amplifie à mesure que nous nous approchons d'elles. En convergeant dans cette direction, j'avais la confirmation que le village de Panai, parti de longs mois en ex-Yougoslavie, célébrait en ce jour son retour. Elles ont revêtu leurs superbes parures de fête. Leur cou enduit d'ocre rouge est cerclé de lourds colliers plats masquant leurs épaules. Elles marchent hiératiquement, la cape au vent. Outre cet *olkarasha leoriong*, longue pièce de tissu imprimé sur fond rouge qu'elles nouent à la poitrine, leur tenue se compose de quatre autres étoffes savamment disposées. Une première, *olkarasha olokesena*, qui, serrée à

la taille et rabattue sur une large ceinture de cuir, est cachée par les trois suivantes qui la recouvrent presque entièrement; une seconde, *olkarasha leatua*, rouge carmin, nouée à l'épaule et cousue sur les côtés, descend, telle une robe longue, jusqu'aux chevilles; une troisième, *enkarasha naïbor*, d'un beau blanc, s'intercale au milieu entre la précédente et la quatrième, et se porte jusqu'en dessous des genoux; enfin, la dernière, *enanka*, qui est de la couleur du ciel d'aujourd'hui, c'est-à-dire d'un bleu profond, est portée plus court afin de faire ressortir les autres couleurs. Une singulière nouveauté par rapport à ce dispositif classique ne laisse pas de me surprendre. La plupart d'entre elles ont leurs jambes habillées de chaussettes d'un blanc éclatant, et leurs pieds sont chaussés de *sandac*, mocassin en plastique aux couleurs vives. Au comble de l'excitation, l'« Aventurier », qui chemine à mes côtés, place, à chacune de ses « fabuleuses » rencontres, son caméscope à l'épaule, et le braque fiévreusement sur elles. Mais à peine a-t-il le temps d'appuyer sur le bouton d'enregistrement qu'elles s'enfuient dans un concert de protestations, lesquelles, je le sais, s'apparentent davantage à un jeu qu'à une attitude outragée. Pas du tout découragé, il les poursuit, ce qui ajoute bien sûr à la confusion. Alors qu'elles ont disparu, le moteur de sa caméra tourne encore. « Est-ce en ton honneur qu'elles se sont drapées aux couleurs de la France, s'enquit-il hors d'haleine, dès que je suis à nouveau à sa hauteur ?
— Pas vraiment, c'est l'agencement de couleurs à la mode dans cette section. Mais, rien à voir avec moi, à mon grand regret ! » C'est alors que j'entrevois furtivement sur ma droite, mais assez loin, trop sans doute pour distinguer avec précision à travers branches ce dont il s'agit, comme un long voile rouge ou un feu follet, disparaissant aussi

spontanément qu'il m'est apparu. J'ai le pressentiment qu'il s'agit de l'*olamal*, mais en même temps, je ne sais dire pourquoi, cette idée me met mal à l'aise à l'image de cette forme aperçue, plus proche du monde des fantômes que de celui des humains. Au village, je retrouve Leken. Inquiet pour ses vaches frappées par l'*oltikana*, il était rentré chez lui à *Emugur*, peu après notre arrivée à *Entepesi*. « C'est mon père ! Il avait encore acheté des « *highbreeds* » le mois dernier: un taureau Boran et six bœufs Sahiwal. Le taureau vient de mourir, ainsi que deux de ces bœufs, des animaux qui coûtent quatre à cinq fois plus d'argent que nos vaches maasaï » me dit-il d'un air dépité. Je n'ai pas le temps de parler que *mamaï*, survoltée à la vue de nos hôtes, nous pousse en gestes et en paroles vers le corridor de sa maison. Sa voix rocailleuse nous invite à boire le thé. L'émotion a pétrifié mes amis. Savourant le liquide chaud avec cérémonie, assis les jambes et le dos tendus comme des i, ils contemplent au ralenti les choses pour le moins inhabituelles qui les entourent, avec l'ébahissement de jeunes enfants découvrant leurs cadeaux de Noël au pied d'un arbre illuminé. *Mamaï* stérilise une calebasse à l'aide de braises d'olivier sauvage qu'elle vient d'extraire du feu. Puis, elle y plonge deux longs bâtons afin de les ôter, l'un servant à nettoyer les côtés, l'autre, muni d'une brosse faite avec une queue de vache, pour enlever le reliquat de charbon de bois. Je ne tiens pas en place, me tortillant sur une boîte en fer Kimbo toute cabossée, impatient de questionner Leken sur d'éventuelles informations qu'il aurait glanées durant son séjour chez lui, ou en chemin, à propos de la très hypothétique tenue demain du rituel de passage des quarante-neuf vaches. Je brûle surtout de lui demander si, à défaut de l'avoir vu comme j'ai moi-même cru l'apercevoir tout à l'heure, il est au courant de la présence de l'*olamal* dans la région. C'est *mamaï* qui me pose une question. M'ayant empoigné par le bras, je suis déséquilibré au point de tomber entre ses pieds et les flammes menaçantes de l'âtre. « Shee, Xabio ! Tu as bu ?...» me lance-t-elle, incrédule mais avec un timbre tellement enjoué qu'elle ne peut s'exprimer d'une seule traite. Je me relève un peu honteux et me rassieds sur le «Kimbo» que j'ai replacé le plus près possible de Sainko. Toujours d'humeur badine, elle me chuchote qu'elle a très mal aux yeux. En traduction simultanée, je sous-entends qu'elle me réclame les gouttes-miracle que je garde en réserve dans ma trousse d'urgence. Je m'empresse de rejoindre ma tente pour tenter de les dénicher dans le fouillis de mon sac à dos. Pendant ce temps, *mamaï* s'est assise dehors sur une peau. Elle peine à garder les yeux ouverts. Ils sont humides et rouges. Je lui interdis d'y porter ses mains, mais elle ne m'écoute pas, préférant se soulager dans l'instant d'un mouvement de paume exécuté avec frénésie. Au moment de me pencher vers sa tête qu'elle a rejetée en arrière, je sens dans mon dos le souffle court d'Indiana Jones. Caméra au poing, il zoome sur les yeux dans lesquels je m'apprête à verser une dose de produit ophthalmique. Une séquence qui apportera l'indispensable petite touche humaine, pour ne pas dire «humanitaire», à son film vidéo. Après cette halte et le thé de bienvenue, je propose à mes hôtes de nous rendre à l'*osoït*. A l'adresse de notre cinéaste amateur, je pointe du doigt le village fêtant le retour d'un des siens. Vu la distance qui nous en sépare, je me demande ce qu'il peut bien filmer. Il me rappelle ceux qui rêvent toujours de se trouver là avec leur caméscope au moment où un drame se produira. Je suppose que, comme moi, il découvre dans son objectif des maisons et des silhouettes miniaturisées. Et ce n'est même pas sûr car elles émergent à peine de nappes éparses de fumée provenant de plusieurs sites de rotissage de la viande, et finissant par se souder en un mur cotonneux blanchâtre. En revanche, si j'en juge par le brouhaha dont l'écho s'élève jusqu'ici et nous emplit les oreilles, une prise de son plutôt que l'image eût mieux traduit l'effervescence en train de s'emparer du village et de ses invités. Prenant Leken en aparté sur une corniche où l'on tient difficilement à deux au risque d'être précipités dans le vide, je lui demande ce qu'il a fait de son troupeau décimé par l'*oltikana*. « J'ai emmené mes vaches rescapées chez un cousin à *Arroï*, où les tiques pèsent moins sur leur survie. Les "*highbreeds*" ne sont plus les seuls à succomber à cette maladie. Depuis qu'on les croise avec nos zébus pour accroître leur productivité en lait et en viande, ceux-ci aussi se sont fragilisés. Pour bien faire, il faudrait revenir à notre savoir-faire ancestral en matière d'élevage, à des choses qu'on connaît et maîtrise... » m'explique-t-il avec un mélange de contrariété et d'humour. « Puisque vous connaissez les méfaits occasionnés par ces espèces que les experts appellent *exotiques*, pourquoi vous obstinez-vous à en acheter toujours plus ? lui objecté-je.

— Tu sais bien que c'est ce qu'ils nomment « développement ». On finit par se convaincre d'accepter les nouveautés. Les officiels et les banques sont les plus habiles. Ils ne t'accordent de prêt que si tu t'engages à acheter ces bêtes-là, pas les nôtres ni d'autres races peut-être moins productives mais plus résistantes », me rétorque-t-il avec une pointe d'ironie. Une pause et il poursuit : « c'est pour cette raison que les Maasaï sont dans une impasse. Avec les "*highbreeds*", on doit s'équiper de "*cattle-dips*". Comme ils coûtent cher, il faut avoir beaucoup d'animaux. Seuls les riches peuvent s'en sortir dans un tel système »,

me lâche-t-il sans équivoque. J'avais souvent ce type de conversation avec lui, et on en arrivait toujours à cette conclusion pour le moins pessimiste. Mais mon esprit était ailleurs. Le voile rouge entrevu parmi les arbres me hantait depuis tout à l'heure. « Leken ! Ce matin en remontant du pont métallique, j'ai cru discerner l'éclat du rouge cérémoniel de l'*olamal*. Mais, la seconde d'après, j'eus beau inspecter dans la direction présumée, il n'y avait plus rien. Les aurais-tu rencontrés ?
— Non, mais tes dires confirment les informations que j'ai recueillies çà et là. Un *olamal* ne se déplace jamais à couvert. Au contraire, ils veulent qu'on les remarque, et pour cela ils marchent à la file, en procession, et ils chantent. Le rouge éclatant qui les recouvre jusqu'au sommet du crâne est une marque distinctive destinée à avertir les villages de leur présence. Même s'ils exécutent une fonction rituelle et sacrée qui est crainte et respectée de tous, ils ne sont pas des hommes-médecine. Leurs délibérations doivent être connues de l'ensemble de la classe d'âge aussitôt que possible. Mais, c'est loin d'être le cas aujourd'hui. » Il s'interrompt pour observer la maman et son fils, posant à présent devant l'objectif. Le chef opérateur tente de se faire comprendre par grands gestes tout en continuant de filmer la scène. Les deux acteurs alternent, tour à tour se positionnant face à la caméra, puis lui tournant le dos afin de fixer l'horizon, ou se mettant de trois quarts en pointant l'index vers le village enfumé. Leken reprend le fil de notre conversation par une affirmation énoncée comme une sentence: « je sais que le rituel du passage des vaches n'aura pas lieu avant longtemps. » Exaspéré de tourner autour de la vérité, je m'empresse de l'interroger sur ce nouveau report. « Que sais-tu exactement ?

— Mon cousin d'*Arroï* m'a appris que l'*olamal* n'était pas parvenu à réunir le nombre requis de vaches.
— Il en manque combien ?
— *K'aja* ? combien ? me fait-il en frottant d'un coup sec son index droit sur le pouce de cette même main avant de le pointer droit devant.
— Dix ! » Les Maasaï préfèrent mimer les chiffres plutôt que de les énoncer de manière abrupte. Ils ont cette façon élégante de vous mettre dans la confidence tout en vous amenant à croire que vous connaissez la réponse dans la mesure où, suite à la question posée simultanément au geste, vous êtes celui ou celle qui la formulez. La caméra est dirigée vers nous. Son porteur a eu la bonne inspiration de prendre cette scène sur le vif. Nous passons l'heure suivante à leur expliquer comment telle figure correspond à tel chiffre. Je nous compare à des écoliers qui s'entraîneraient à composer avec leurs mains des personnages et des animaux pour un théâtre d'ombres. Leken, patient mais surtout heureux d'être dans la peau du professeur, n'arrêtera pas ses travaux pratiques, je le sais, avant d'être sûr d'avoir été compris. Ils sont médusés par la dextérité avec laquelle il dispose ses doigts pour compter de un à dix. Une fois qu'il a conquis son public, il recommence à compter, mais avec un souci plus pédagogique: un, il lève l'index en le recourbant légèrement, tandis qu'il replie sur la paume tous les autres doigts; deux, il dresse l'index et le majeur en les frottant l'un sur l'autre à plusieurs reprises ; trois, il place le majeur sur l'index et le pouce sous celui-ci; quatre, il croise le majeur et l'index; cinq, il relève la paume, plie l'ensemble des doigts pour former un poing et fait pénétrer le pouce entre l'index et le majeur; six, il maintient la main renversée et effleure plusieurs fois le pouce avec l'extrémité de l'index; sept, il frotte l'intérieur

du pouce avec le majeur; huit, il déplie tous les doigts et, les maintenant collés les uns aux autres, agite la main à la manière d'une remontrance; neuf, il forme un rond avec l'index et le pouce, tel un plongeur pour signifier que tout est en ordre; dix, il pointe l'index loin devant, après l'avoir frotté au pouce d'un coup bref. Il réitère l'exercice jusqu'à ce que chacun l'ait assimilé. Et finalement, jusqu'à ce qu'il soit l'heure de les raccompagner à la voiture. Le supplice de leur guide va cesser. Je l'imagine mortifié, tremblant de peur à l'approche de bêtes à cornes assoiffées, la route des puits prenant à droite de la courbe où est garé le véhicule. Peut-être l'aura-t-il déplacé, à moins qu'il n'ait décidé de rebrousser chemin. J'informe Leken que je le rejoindrai au village de Panai, le temps de descendre au pont et de remonter. Nous retrouvons le chauffeur dans l'exacte posture qu'il avait lorsque nous le quittâmes trois heures plus tôt. Tenaillé par l'angoisse, le visage inexpressif, il parvient à peine à rouvrir les portières. Son instinct de survie ne lui a pas fait perdre le sens des priorités, ayant eu comme premier réflexe, en nous voyant, de tourner sa clé de contact et de faire ronronner le moteur. L'heure d'après, je pénètre à l'aveuglette dans l'enceinte du village que recouvre un nuage de plus en plus épais. Le fumet qui s'exhale des viandes grillant à ses quatre coins me met en appétit après mes allées et venues matinales. Je tente de repérer Leken parmi la foule de convives en plein tumulte. Les uns, assis en cercle à proximité des maisons, se restaurent de viande et de riz, les autres se déplacent sans cesse entre les groupes, apportant de nouvelles victuailles ou transportant une caisse de Tusker, célèbre marque de bière manufacturée au Kénya. D'autres encore rejoignent, au cœur de l'*emboo*, une assemblée compacte et hétéroclite de danseurs des deux sexes, aspirés dans une ronde ondoyante que ponctue en rythme un même son grave émis de la gorge par des centaines de voix. Un nombre conséquent d'hommes portent tee-shirt et pantalon, parfois même un costume trois pièces et une cravate. Contrairement aux femmes, les hommes n'hésitent plus à s'habiller à l'européenne, du moins en certaines occasions. Leur identité maasaï n'en demeure pas moins reconnaissable, ne serait-ce que parce qu'ils ne se séparent jamais d'un bâton ou d'un *olkuma*, casse-tête. Autrefois, ils eussent été surnommés non sans ironie d'*iloridaa enjekat*: « ceux qui confinent leurs pets ! », ce type de vêtement, par opposition à la toge maasaï, ne permettant pas au vent d'emporter au loin les odeurs suspectes. Beaucoup, parmi ces hommes, sont des politiciens. Je ne les distingue pas seulement à leur allure hautaine ou à leur regard fuyant et teinté de suspicion. Ils plastronnent en tenant ostensiblement dans leur main droite un *olkuma orok*, canne courte et noire à pommeau; un club pourtant réservé aux porte-parole des classes d'âge. Ils se le sont approprié pour assurer en apparence la continuité de la tradition et légitimer leur action qui consiste à intégrer leur propre société dans l'« Etat en marche ».

Pivotant sur moi-même, j'entrevois Panai ole Kisirontei, avant qu'il ne s'engouffre dans une maison de bouse. Il porte un tee-shirt bleu clair avec dans le dos cette inscription pour laquelle sa famille et ses amis l'honorent aujourd'hui : « Un Soldier Yougoslavia ». La réputation du « guerrier maasaï » — selon laquelle il n'est effrayé par rien ni personne et ne craint donc pas l'étranger ! — n'était plus à faire.

Les Anglais ne s'y étaient pas trompés, notamment en le recrutant dans l'armée de Sa Très Gracieuse Majesté à l'époque de la guerre de Birmanie. Je me souviens aussi des propos écrits à la fin du dix-neuvième siècle par un homme connu pour avoir traversé le pays maasaï à l'aide de ses armes à feu, l'aventurier Karl Peters — un Allemand à l'origine de la création de la colonie du Tanganyika — : « Je les compare aux Huns d'Attila... La seule chose qui puisse impressionner ces enfants sauvages de la steppe, c'est une balle, et encore quand elle pénètre leur corps. » Des voix stridentes mettent fin à mes méditations. Elles m'enjoignent de me fondre parmi la formidable troupe de danseurs. Je m'exécute sans hâte, pour cause de ridicule. Autant un Maasaï timide peut passer inaperçu, autant, me concernant, je sais que tous les regards des gens présents se braqueront aussitôt sur moi. Je ne me suis pas trompé. C'est bientôt l'hilarité générale. A la place des mouvements cadencés et gracieux de mes voisins, pourtant serrés en lignes et en files compactes, je n'ai à offrir en spectacle que des figures mécaniquement mimées. Comme eux, j'essaie d'avancer tout en pliant les genoux et en maintenant le buste droit, sans oublier de balancer ma lourde tête d'avant en arrière et d'émettre un vague son heureusement couvert par les puissantes basses de l'assistance. Je souffre de n'être pas en rythme. Provoquant un remue-ménage, des femmes s'arrêtent de danser pour mieux observer une navrante chorégraphie qu'elles ne sont pas prêtes d'oublier. D'autres ont toutes les peines du monde à s'extirper du flot humain, tant elles s'esclaffent. J'en profite pour m'éclipser. Une jeune femme, qui se tient en retrait près de la barrière d'épineux, me dévisage. C'est Nooltimari. Le contraste est saisissant par rapport à son apparence de ces derniers jours. En une journée, elle est passée du noir d'une *esipolioi*, initiée, à la couleur éclatante d'une *esiankiki*, jeune femme. Outre les drapés bleu, blanc et rouge semblables à ceux des autres femmes, elle est revêtue d'un pagne rouge vif imprimé d'étoiles jaunes, tandis que ses frêles épaules disparaissent sous une accumulation de colliers plats unis ou polychromes. Son crâne lisse est surmonté d'une pyramide de bijoux en perles multicolores. En fait, il s'agit de longues boucles d'oreilles remontées sur le sommet de sa tête qu'elle a enserrée d'une autre paire de boucles, mais cette fois à rabats de cuir. Nooltimari est empruntée dans sa nouvelle tenue. Elle sourit lorsque je lui dis qu'elle est une jeune femme resplendissante, prête à partir avec un mari. Elle me taquine en continuant de sourire sans daigner me répondre, lorsque, pour faire bonne figure, je lui demande si par hasard elle n'aurait pas vu Leken. Ce n'est encore qu'une petite fille, la même que quatre années en arrière, et je la sens de nouveau disposée à me faire courir en tous sens pour la rattraper. Mais je suis trop pressé de parler à Leken, au cas où il aurait récolté du nouveau sur la mystérieuse affaire de l'*olamal*. Après avoir accompli un tour complet de reconnaissance et étudié le village dans ses moindres recoins, je le découvre à l'arrière de la maison dans laquelle Panai pénétrait tout à l'heure. Assis en tailleur avec cinq de nos compagnons d'âge, de taciturne lorsqu'il est absorbé dans le récit de l'un d'eux, son visage s'éclaire d'un enjouement enfantin à l'écoute de la conclusion de l'histoire. C'est à peine s'il me voit m'asseoir à ses côtés, tant il est captivé par les paroles du conteur lui faisant face. Tels des gosses, ils s'adonnent au jeu *eloiyetia*, très prisé des enfants, qui consiste à inventer des charades. Leken est sommé de citer cinq grandes merveilles. Silence, il se concentre, puis... « une calebasse, puisqu'elle ne boit pas le lait qu'elle contient ; un serpent, qui se déplace sans recourir à des jambes ; un tabouret, qui a des pieds et cependant ne marche pas ; l'eau, qui bien

que n'ayant pas de jambes, voyage quand même... » La liste s'interrompt là, il n'en manque plus qu'une mais elle ne vient pas. Leken se met à exprimer un petit rire nerveux, et les autres le font enrager. Au bout d'un insoutenable suspense, l'inventeur de la devinette lui livre la solution avec l'affectation d'un acteur qui, à grand peine, se retient de pouffer : « Leken, qui a beaucoup étudié et cependant continue d'être un gardien de vaches. » Des hommes qui se sont levés titubent à force de rire, et Leken, pas du tout décontenancé, évoque alors, en croisant mon regard, des histoires de jeunesse du temps où, avec le narrateur, ils fréquentaient l'école de Mashuuru. L'air malicieux, riant encore de sa trouvaille, le faiseur d'énigmes se penche vers moi et me parle de l'élève Leken avec componction: « tu sais, Leken était toujours le premier de sa classe. Il s'intéressait à toutes les matières et ne donnait que des bonnes réponses... Vraiment intelligent, Leken... mais où cela l'a-t-il mené ? A l'endroit où je suis, moi qui ne m'intéressais pas à l'école et étais invariablement dernier. L'école n'a pas empêché ses vaches, comme les miennes, de mourir d'*oltikana* ! »
Panai, qui ressort de sa maison, s'empresse de me saluer. Il a troqué son tee-shirt de l'armée pour sa tenue traditionnelle de morane adulte, un *karasha leatua*, noué à chaque épaule, ainsi qu'un *olkarasha leoriong* plus ample pour recouvrir le tout. Je l'interroge sur son engagement en Yougoslavie, et aussi sur le fait de savoir s'il ne regrette pas la période de sa vie où il était, avec Kerashon, un morane. Sa réponse se fait pragmatique: « être soldat UN m'a permis d'acheter trente vaches et une centaine de moutons ». Je lui fais remarquer que le grand rassemblement d'aujourd'hui est également à mettre à l'actif de sa mission à l'Etranger. « J'ai abattu trois bœufs, deux

chèvres et trois moutons pour que la famille, le voisinage et mes amis fêtent dans la joie mon retour ici », est-il trop heureux d'ajouter. Un de mes voisins me tend une côtelette de mouton grillée à point, dont un léger chuintement m'informe qu'on vient tout juste de l'extraire de l'aire du feu. Ma faim me la ferait dévorer en une seule bouchée, mais je ne veux pas passer pour un glouton. Si je voulais boire du lait pour faire passer le tout, je ne pourrais l'obtenir qu'au prix d'une grande moquerie car, ici, un tel mélange est considéré comme impropre, pour ne pas dire plus. « Consomme en même temps du lait et de la viande, et tu auras le ver solitaire ! » m'avait-on expliqué. Plus sûrement, je savais que pour les Maasaï, se nourrir d'un animal vivant, en buvant son lait, et se nourrir simultanément d'un animal mort, en mangeant sa viande, était une insupportable marque d'irrespect envers la vache qui leur donnait tant. Leken s'est lancé dans une discussion animée et beaucoup plus sérieuse avec son ancien camarade de classe, qui ne se départit pas pour autant de son sens de l'humour. Je n'en retiens que des bribes. « C'est à cause de la privatisation ! » Il a l'air ravi de son explication. La nuit dernière, un jeune aîné a laissé échapper l'ensemble de son troupeau. Il venait juste de quitter son village, qu'il partageait avec deux autres familles, pour s'installer seul, avec son unique épouse et ses jeunes enfants, non loin d'ici. Leken renchérit : « lorsqu'on vit seul, on est plus négligent et la moindre négligence, qui serait tout de suite repérée et réparée dans un village communautaire, a des conséquences dramatiques. Son erreur est d'avoir confectionné une clôture d'épineux trop étroite et sans une hauteur suffisante. Ses vaches n'ont eu aucune difficulté à s'en extraire. On n'a encore jamais vu nos vaches égarées la nuit de cette manière. Le malheureux n'a pas fini d'être la

risée du coin. » J'enchaîne par la question de l'*olamal* : « as-tu du nouveau à ce sujet ?
— Rien. Personne n'a repéré la délégation de Naiyielenya dans les environs. C'est très étrange. Nous n'avons plus qu'une chose à faire, nous rendre à l'aube chez le prophète. » J'acquiesce en hochant la tête. Le chemin pour s'y rendre peut être long, je me réjouis à l'avance de revoir Solonga. Taraudé par une association d'idées, je songe à une nouvelle explication : « victime de la privatisation ou pas, ne serait-ce pas l'*olamal* qui aurait tout simplement récupéré ses vaches égarées ? lui suggéré-je.
— Non, ce n'est pas possible !
— Ecoute Leken, ils auront voulu punir un récalcitrant en lui jetant un sort, de telle sorte aussi à récupérer les neuf têtes qui leur manquaient.
— Le problème, c'est qu'il a été l'un des premiers à contribuer en offrant une génisse », conclut-il, triomphant. Je m'étais laissé emporter par l'excitation qu'il pût y avoir une corrélation entre l'apparition ce matin de l'*olamal* et la nouvelle de la disparition du troupeau. C'était après tout une séduisante hypothèse, trop peut-être. Malgré la tentation que mes recherches s'en approchassent, je devais me convaincre que je n'étais pas au cœur d'une enquête policière. Cinq côtelettes et trois Tusker plus tard, nous remontons au village, où je n'accepte de *mamaï* qu'une tasse de thé. Coup de théâtre, tandis qu'au lever du jour nous nous apprêtons à partir pour *Naïbor Ilariak*, le jeune Sulel vient nous prévenir que son père est rentré. Nous sommes invités chez lui à manger un mouton en l'honneur du rasage rituel de son fils Koitalel. Mon pouls s'accélère. Leken, qui mâche son *enkike*, devine l'état dans lequel une telle nouvelle peut me plonger. Le mouton a été abattu à

l'ombre de grands arbres, deux cents mètres à l'extérieur du village. La robe d'un blanc étincelant, il repose sur un tapis de feuilles émeraude. Naiyielenya, le crâne et la nuque enduits d'ocre moulu mélangé à de la graisse et de l'eau, s'affaire à la confection du feu. Nous l'aidons à rassembler le bois. D'humeur égale, il me qualifie de compagnon d'âge idéal, ce que je prends bien sûr pour un compliment. Rien sur les traits de son visage n'indique la moindre inquiétude. Reposé et souriant, il n'est occupé qu'à se divertir. Entre Leken et lui, c'est à celui qui se jouera le plus de l'autre. De nos interrogations sur les événements en cours, rien ne transparaît. D'ailleurs, il me semblerait fort déplacé de le questionner à ce sujet, tant l'ambiance est à la fête. Je me mets à en rire, et enfin à rire vraiment. A l'aide d'un couteau à lame courte, il décolle la peau de l'animal centimètre par centimètre avec une élégante minutie. Chaque morceau est ainsi découpé avec une même précision. Bien que ce travail soit à première vue d'une facilité déconcertante, lorsqu'à sa demande je m'y essaie, je mets la viande en charpie. Entre l'incarnat de sa tête, l'écarlate de ses toges et la couleur pourpre de ses lèvres, trace esthétique bien involontaire due au sang de la bête dont il a partagé une coupe, Naiyielenya a composé une symphonie de rouges digne d'un Maasaï qui se respecte. Tout comme son fils Koitalel, aujourd'hui la copie conforme de son père. Il nous salue timidement, à l'instar hier de sa sœur Nooltimari. Lui aussi a échangé ses tuniques sombres contre deux toges d'un rouge vif, et son crâne est teint en ocre. D'habitude si volubile, il se balance d'une jambe à l'autre. Leken le taquine en l'interpellant «*olmurran* » pour la première fois. Est-il mal à l'aise parce qu'il a entendu dire que la procédure habituelle pour être morane n'a pas été respectée ? Ou l'est-il parce que la confiance en soi ne se décrète pas mais ne s'acquiert qu'au prix de plusieurs années de vie commune au sein d'une *manyata* ? Un peu des deux sans doute. Les facultés olfactives fonctionnent à leur maximum, si j'en juge par l'activité déployée pour que les morceaux choisis du mouton rôtissent plus vite. A la faveur d'une risée, de délicieux effluves de gigot m'avertissent que j'ai faim. Koitalel délaisse sa mine contrite à mesure que d'autres jeunes circoncis et récemment rasés comme lui investissent les lieux. Avec Naiyielenya, placé entre Leken et moi, nous nous asseyons sur une grosse branche morte de la même couleur paille que les pâturages des alentours. Je me délecte malgré la fermeté de la viande, due à sa fraîcheur, qui m'oblige à la mastiquer longtemps. A une distance respectable, un chien efflanqué se lèche les babines en guettant un signe de notre part. Je me tiens moi-même à l'affût pour un tout autre motif. J'attends que mon frère nous livre son secret. Mais au lieu d'une réponse, nous devons nous contenter d'une question, qui a au moins le mérite de résoudre une partie de nos interrogations: « Qu'allez-vous faire à *Naïbor Ilariak* ? Pourquoi n'attendez-vous pas après-demain ? Vous m'y accompagnerez avec l'*olamal* et les quarante-neuf vaches.

— La date de la cérémonie est fixée ? demandé-je, incrédule.

— Elle l'a toujours été, à un ou deux jours près en fonction de la pleine lune. Pour le jour exact, on s'en remet au prophète. Il vient de me faire savoir que la journée d'après-demain serait favorable.

— Mais j'avais cru comprendre que le chiffre quarante-neuf était loin d'être atteint.

— Tout est à présent réglé », fait-il d'un ton neutre. Je ne suis qu'à demi satisfait. Leken semble penser la même chose mais se garde d'intervenir. Et alors que je me dispose à évoquer avec Naiyielenya l'étrange comportement, ces derniers jours, de l'*olamal*, il rassemble les restes du repas et les rapporte chez lui. Je convaincs Leken de ne pas annuler notre visite à Solonga. En partant maintenant, nous avons une chance d'arriver avant la nuit. Nous dormirions chez lui et serions de retour demain dans le courant de la journée. Si le rituel du passage se déroule après-demain, nous ne manquerions rien... Leken avance à longues enjambées puissantes. Son allure soutenue le contraint de temps à autre à m'attendre. Le chemin étroit grimpe en tournant une succession de collines, pour changer de direction et redescendre vers la gauche à la hauteur d'*Oldoïnyo le Kerasha*, demi-sphère protectrice dominant à l'est un *embolioï*, que les fonctionnaires du district appellent «*salt lick*». Il s'agit d'une vaste plaine dont la forte teneur en sel renforce la robustesse des animaux domestiques. Aujourd'hui désertée, les vaches s'y presseront de nouveau par milliers à la saison des pluies. Mon attention se fixe sur l'écho feutré manifesté par une faune en abondance. Nous zigzaguons entre des halliers, des hautes herbes et des amas de rochers. Les arbres se font bientôt moins rares et plus imposants. Sur ma droite, mon regard croise une gazelle girafe, dressée sur ses pattes postérieures pour atteindre les extrémités des branches d'un acacia où les feuilles sont les plus tendres. Débouchant sur un plateau herbeux une centaine de mètres plus loin, le sentier nous met face à face avec une harde d'impalas au pelage acajou clair et fauve. Paralysés à notre vue, leurs oreilles dressées comme des antennes paraboliques, ils sont à ce point figés que j'ai le sentiment d'être rentré dans le monde magique d'une carte postale. L'arrêt sur l'image ne dure que quelques secondes. Comme s'ils eussent obéi à l'ordre d'un metteur en scène imaginaire, de domptés ils redeviennent sauvages, jaillissant à trois mètres au-dessus de nos têtes en une succession de sauts d'une longueur impressionnante. Virevoltant, leur ballet est pour les yeux un enchantement à vous couper le souffle. De même qu'une concentration de girafes et de girafons qui se dispersent à notre approche en provoquant le craquement sec des branches et feuillages du lieu ombragé où ils se nourrissaient. Entre leur démarche chaloupée et la danse des antilopes, l'élégance du tableau atteint un sommet. Leken hoche la tête lorsqu'en repérant une carcasse, précisément de girafe, je lui propose une halte. Je sors une gourde, et alors que je vais pour m'asseoir sur le crâne de l'infortunée, il se détend et me plaque au sol sans ménagement. En le voyant sectionner un scorpion blanc de belle taille, je recouvre vite mes esprits pour comprendre qu'il m'a sauvé la vie. Sa vigilance, due à une intime connaissance et à l'écoute de la nature, ne se relâche jamais. Cette magistrale intervention en est la meilleure preuve. Il me tape dans le dos en me prévenant d'avoir l'œil et d'être aux aguets. Encore sous le choc, je m'abreuve d'une eau qui, même tiède, me revigore, avant que je ne me remette sur mes pieds. Nous repartons. Plus j'avance, plus le chemin restant à parcourir me semble long. Après une lente descente en pente douce qui nous fait franchir la ligne d'arbres, nous progressons longtemps sur un terrain plat à découvert. La végétation est moins dense, les herbages sont courts et clairsemés. Nos pas provoquent à répétition l'envol précipité de francolins, deux fois gros comme des perdrix, nous étourdissant à chaque départ de brèves et puissantes explosions. Le sol ondule de ses plis, qui ressemblent à des vagues amples et régulières. La marche n'en devient que plus exténuante, surtout lorsqu'au creux de l'une d'elles je n'ai plus en point de mire le village de Solonga ou plutôt la colline au flanc de laquelle il est supposé se situer. Ce qui fait qu'au sortir de cette alternance de creux et de bosses, je crois à un mirage en entrevoyant les maisons malgré l'infranchissable ceinture d'épineux qui les encercle et les protège. Un ancien du village, ainsi qu'un morane et un jeune berger nous saluent de loin. Tandis qu'ils surveillent leurs troupeaux respectifs, une voix criarde nous informe que le prophète est présent. Ne pas avoir souffert pour rien! Solonga ole Seyianduki, descendant direct du célèbre Mbatiany[14], expert rituel de «très grande renommée» de la dernière époque d'avant les Blancs, est assis en tailleur sur une peau claire à l'arrière d'une case rectangulaire, sa maison des opérations de prédiction. Au lieu d'une grande cape bleue de la couleur d'*enkaï*, ciel/Dieu, qu'il porte en tant que spécialiste des rituels, une couverture de laine à carreaux rouges et jaunes enveloppe l'aîné le plus respecté. Son crâne est surmonté d'une toque de fourrure noir jais dont les reflets me donnent à penser qu'elle lui est propice à la réception et l'interprétation des messages divins. Intermédiaire entre Dieu et les hommes, il est aussi devin et guérisseur. C'est à ce titre qu'il officie en ce moment même devant un patient de notre âge venu lui exposer un problème. De quel problème s'agit-il ? Mais surtout je ne m'explique pas la raison d'une heure aussi tardive. Une telle consultation se fait généralement tôt le matin. Solonga est concentré. Il remplit sa calebasse de petits galets de rivière polis en murmurant des incanta-

---

[14] Ses oracles lui avaient fait prédire l'arrivée des Blancs et la confiscation des hautes terres maasaï. Les Européens étaient représentés sous la forme de nuées d'oiseaux blancs accompagnés d'un gigantesque serpent, le futur chemin de fer, allant de la mer jusqu'au Lac Victoria. Peu avant sa mort survenue en 1890, il conseilla aux siens de s'allier avec eux, prédisant dans le cas contraire leur anéantissement.

tions. Puis, suppliant ses grands ancêtres de venir à son aide, il crache dans la gourde et y souffle la question posée avant de renverser dans sa main les pierres rondes et lisses, qu'il compte et répartit en tas sur une pièce d'étoffe consacrée. Il répète cette opération un certain nombre de fois. La technique de divination sur laquelle je tourne mon regard depuis quelques minutes repose sur une manipulation mathématique dont il est le seul à connaître la clé. Je l'observe qui comptabilise chaque tas, analyse les chiffres et leur relation les uns par rapport aux autres avec une grande rigueur. La précision entourant chaque étape de la consultation me renvoie à mes balbutiements d'exploration du pays maasaï. Je venais à peine d'arriver au village de *papaï* et *mamaï* que j'étais parti consulter un très vieux prophète, non loin d'ici au cœur des plaines d'*Arroï*. Je m'y étais rendu avec cette impatience mêlée de crainte que l'on éprouve peut-être en allant chez une voyante. Sauf que le parcours emprunté n'avait rien à voir avec l'itinéraire balisé d'une métropole. La faune en abondance et les grands espaces avaient fait vibrer en moi pour la première fois un vrai et pur sentiment de liberté. L'objet de ma visite était de m'aider à couper les barreaux derrière lesquels un chagrin d'amour me maintenait prisonnier. On m'avait recommandé ce vieil homme comme le grand guérisseur des peines de cœur. C'est dire si j'étais prêt à escalader des montagnes voire à affronter le lion pour le rencontrer. Je visualise ses traits et son corps, sec et tordu comme une branche de commiphora. En arrivant à son village, que j'avais eu toutes les peines du monde à découvrir tant il se fondait dans un univers de broussailles et d'herbes desséchées, je n'avais pas su le repérer lui non plus alors qu'il était étendu sur une couverture de cette même couleur cendre qui dominait partout. Il m'avait fait penser à un phasme, cet insecte dont le corps allongé ressemble à s'y méprendre aux brindilles ou aux branches sur lesquelles il vit. Il parlait peu et ses yeux vifs étaient restés rivés à ses petits tas de pierres qu'il manipulait sans jamais perdre patience. Ce qui n'était pas mon cas. Je n'attendais que le verdict qui finalement tomba comme un couperet sous la forme de deux petits mots: « *ilomon aare* ! ... » Mais ces mots allaient être magiques pour moi: « deux nouvelles ! » Il me prédisait qu'à la lune suivante, je recevrais, le même jour, deux nouvelles qui seraient l'annonce d'une réconciliation. A la condition que je suivisse ses instructions. Durant tout ce mois, j'allais ainsi attendre chaque nuit que mon village se fût endormi avant de sortir de la maison de *mamaï* pour aller me placer au centre de l'*emboo*, parmi les vaches, et procéder au rituel qu'il m'avait prescrit. Je devais souffler aux quatre points cardinaux la poudre, mélange d'écorces concassées, qu'il m'avait confiée au creux d'un bout de cellophane. Et il me fallait le faire avec la plus grande discrétion pour ne pas être surpris dans une attitude qui n'eût pas manqué d'être prise pour de la sorcellerie. Une telle prédiction valait bien ce petit sacrifice et, les trois semaines suivantes, pas une nuit n'échappa à ce dispositif. Le plus extraordinaire fut qu'à la conclusion de ces nuits agitées, Esther Nkoloi me fit prévenir que deux lettres m'attendaient. C'était ma tendre amie qui désirait se faire pardonner et se réconcilier avec moi !

Leken m'entraîne de l'autre côté, plus à l'intérieur du village, m'empêchant à dessein d'assister de façon trop indiscrète à la conclusion visionnaire de notre hôte, sous forme de prophétie ou de réponse à une question spécifique. Quoique farouches, des enfants de tous âges accourent de partout pour nous saluer et satisfaire leur curiosité. Le crâne rasé et portant une tunique jaune safran ou rouge nouée à l'épaule, ils se précipitent à tour de rôle sur moi pour me toucher et caresser les poils de mes bras en feignant le dégoût. Ils sont d'une exceptionnelle beauté. Impassible, un jeune garçon de deux ans s'est arrêté à un mètre pour m'observer. Il est nu comme un ver mais c'est moi qu'il déshabille de ses grands yeux en amandes rivés aux miens. Son flegme, impressionnant pour son âge, m'intimide. Assise à l'encoignure droite de la façade extérieure de la seconde maison, la grand-mère centenaire du chef spirituel me contemple, immobile. C'est si réconfortant de la retrouver parmi les siens. De belles et douces rides façonnent son visage patiné et son corps frêle, comme les signes précieux d'un vieux parchemin qui n'exposent que mieux les secrets d'une sagesse acquise au fil d'une vie bien remplie. Il émane de sa peau et des parures, tunique et colliers, qui la recouvrent partiellement, un même ton cuivre et ocre. En m'approchant d'elle, j'ai l'étrange sensation de rendre hommage à une momie égyptienne. Je n'en suis que plus stupéfait lorsque, m'adressant à elle avec déférence, elle se lève avec souplesse et, s'étant exprimée par un sourire radieux, me tapote tendrement les hanches de ses mains noueuses. Son geste de reconnaissance déborde d'affection et de bonté. Son corps est demeuré svelte et vigoureux, et son esprit est encore des plus alertes. Le contraste avec la maladie, la tristesse et l'ennui collant à la peau de nos anciens dans nos pays dits civilisés et modernes, est édifiant ! Je m'imprègne des divers éléments qui m'environnent. Le village, posé de guingois à flanc de colline, est de facture classique. Cinq vastes maisons occupent à intervalles réguliers le pourtour de l'enclos central, lui-même subdivisé en parcs plus petits à l'usage spécifique des moutons ou encore des veaux non sevrés, des veaux juste sevrés, etc. Solonga, le port altier aussitôt réprimé par de la nonchalance, nous a rejoint. L'accueil, comme à son habitude, est un mélange de joie sonore et de douceur rentrée, d'humour et de pondération. Je ne l'ai pas revu depuis le mois d'octobre 1989, date à laquelle il officia dans le village des tabourets. Deux de ses tout jeunes fils déposent à nos pieds un *olorika* à siège ample. Un thé succulent ne tarde pas à suivre, ce qui m'importe égoïstement le plus, compte tenu de l'état de ma déshydratation. « *Koree emblanketi*, *koree ouiski* ? » (« M'as-tu apporté une couverture et de l'alcool ? ») s'empresse-t-il de me demander avec une pointe d'amusement dans la voix. Ce mode direct pourrait choquer un hôte non averti, mais il correspond à son caractère facétieux et aux usages liés à sa fonction. Il a l'habitude de recevoir des dons en nature de la part de ses consultants. Même si je n'en suis pas un, il s'attend à ce que je lui pose des questions précises. Tout rentre dans l'ordre lorsque je lui rétorque avec humour: « Je ne possède pas encore un âne pour transporter les couvertures ou l'alcool et aller de village en village les distribuer à tous mes amis, mais je compte sur vous pour me le procurer. Vous m'aiderez ainsi à devenir généreux envers tous les Maasaï sans exception ! » Un morane, drapé dans deux tuniques rouges, l'une serrée à la taille et l'autre nouée à l'épaule, se penche vers moi. Je ne l'ai pas vu arriver, tant son approche fut discrète. Solonga est fier de me présenter son fils aîné qui, d'une voix à peine audible, me salue. Je lui rends bien sûr la politesse, mais il insiste en me murmurant une chose incompréhensible. Le faisant répéter à trois reprises, je finis par saisir le sens de sa phrase. Il me demande de la nivaquine. Nul besoin de discourir sur son état de santé. Son visage creusé et ses mains moites attestent qu'il est vraiment mal en point. De là à en déduire une crise de paludisme ! Ils pensent que ce médicament d'*olashumpaï* est efficace pour toute fièvre. A son sourire, je le sens presque guéri en s'emparant du placebo que je lui tends. Je sors une liasse de tirages-papier en couleur que j'offre à son père. C'est une sélection des photos que j'ai prises à l'occasion de l'*olngesher* de ma classe d'âge qu'il dirigea. Il les détaille une à une durant de longues minutes d'extase silencieuse, parfois interrompues par des rires étouffés trahissant une surprise ou une émotion. Ses quatre épouses nous ont rejoints pour les regarder en se désopilant. « *Ashe naleng, naleng...* Merci beaucoup!» s'écrie-t-il en me secouant la main droite, ravi de conserver la trace visible d'un tel événement qui a clos, quatre années auparavant, le cycle cérémoniel de ma classe d'âge. Je brûle de lui poser ma question, mais l'agitation qui nous entoure n'est pas encore retombée. Et puis en l'exprimant tout à l'heure, elle n'en sera que plus pertinente en observant le ciel et les astres à la nuit tombée. Je décide donc de prendre de la hauteur jusqu'au sommet de la colline, pour y goûter le coucher de soleil. La pente est raide, je m'essouffle autant à cause de l'effort que de la peur de tomber nez à nez avec un prédateur. Une famille de phacochères au pelage terne déboule dix mètres au-dessus de ma tête et, tandis qu'après avoir escaladé l'ultime portion de roche basaltique, je débouche en haut dans une galerie d'arbres enchevêtrés aux baies jaunes, des impalas qui s'en délectaient, s'éclipsent en trottinant. Je domine des plaines roussâtres s'étirant, telles des vagues tranquilles, entre le rempart empourpré de *Maparasha* à l'ouest et la masse sombre des collines de Kima et de Sultan-Hamud à l'est. Au milieu, les dômes pelés d'*Olenogasaloï* et de *Kerasha* scintillent comme deux gros paquebots dans le soleil couchant. Des villages minuscules ont essaimé. On dirait des cercles dessinés à la craie noire. Là où je discernais il n'y a pas si longtemps l'emplacement d'un village, j'en vois dix aujourd'hui. Mon poste d'observation s'est transformé en véritable observatoire de la privatisation en marche. Privatisation, le mot prête à sourire, tant le lieu rappelle les origines de l'homme et non pas un ranch à l'américaine. A travers une végétation buissonnante, je distingue le village de Solonga. Ce sont les ranchs collectifs d'Arroi et de Nkama qui, en prévision de la subdivision foncière individuelle, lui ont «donné» cette terre pour services rituels rendus aux *Kaputiei*. Le ciel flamboie, il est temps de redescendre pour me mettre à l'abri derrière la barrière d'épineux. Je reviens en même temps que les troupeaux. Le prophète est posté à l'entrée principale. Il veille à ce que tous ses animaux soient rentrés et en bonne santé. Ses vaches peinent à tenir dans le parc principal, tant elles sont nombreuses et relativement grasses malgré *olameyu,* la sécheresse. Le village est en mouvement accéléré pour une poignée de minutes. Les enfants s'activent en sachant ce qu'ils doivent accomplir. J'entends le bruissement des branchages qu'ils traînent par terre pour ouvrir ou au contraire refermer les enclos. Les cloches tintent, les veaux beuglent en continu après leurs mères, ou du moins après les deux mamelles qu'elles leur réservent matin et soir. Les deux autres étant pour la femme. Simultanément en effet, les quatre épouses du prophète assurent la traite du soir. Malgré l'excitation et le brouhaha ambiants, elles arrivent à calmer et à immobiliser la vache convoitée en se penchant à quatre-vingt-dix degrés, la tête bien calée sur la partie supérieure du jarret de l'animal. Les bouts du pis vont et viennent dans l'étroite ouverture de la calebasse oblongue. L'une lève le récipient de lait et en éparpille des gouttes dans trois directions, le nord, le sud et l'est. L'ouest où le soleil se couche est je le sais réservé aux malédictions. Je l'imagine fredonnant une douce mélopée à *enkaï*, Dieu. Leken est assis au même endroit. Une lampe-torche dans sa main gauche, il noircit de l'autre les pages blanches de son cahier Kasuku : « je résume ce que nous savons et formule les questions que nous poserons à Solonga », me dit-il avec la voix monocorde d'un enquêteur. Fidèle à lui-même. Je me rassieds à côté de lui. Solonga se joint à nous après cet intermède. Des enfants ont inventé un nouveau jeu. Ils essaient d'attraper une chauve-souris, sautant en l'air jusqu'à ce que les rires leur fassent perdre l'équilibre. Une fille de cinq ans s'extasie dans sa tentative de me recoiffer ou plutôt de me décoiffer. L'encre du ciel est piquetée d'une infinité d'étoiles très brillantes. La lune est pourtant levée, grosse sphère blanche posée sur l'horizon. La forme, la couleur et la position de l'astre lunaire déterminent le moment exact de certaines activités décisives en pays maasaï, ainsi que me le confirme notre hôte: « la lune est claire, j'ai fait passer le message qu'après-demain, moment que j'aurais fixé pour n'importe quelle autre cérémonie importante, les quarante-neuf vaches pourront se mettre en route vers mon village. Pleine, elle sera ce jour-là plus blanche encore.

— La politique n'est-elle pas plus forte que la lune ? Ne peut-elle pas empêcher la cérémonie d'avoir lieu après-demain ?

— La tradition ne peut pas être vaincue par la politique. Celle-ci ne fera jamais obstacle au bon déroulement d'un rituel traditionnel. Je suis là pour y veiller.

— Le problème, c'est que jusqu'ici les politiciens ont plutôt bien réussi dans leur capacité à diviser les gens pour accroître le nombre de leurs fils. En en corrompant certains, n'ont-ils pas entravé la collecte des quarante-neuf vaches ? Et ce chiffre est-il atteint aujourd'hui, alors même qu'avant-hier c'était encore loin d'être le cas ? » lui répliqué-je, pour couper court avec la langue de bois de mon hôte, demeuré tout sourire.

« La politique, ça sert à obtenir des votes. Moi, mon but, c'est que la tradition ait toujours sa place dans le monde moderne. Les quarante-neuf vaches franchiront le seuil de ce village après-demain, et l'*enkipaata*, cérémonie de la Danse, se tiendra dans un proche avenir », m'assène-t-il de façon tranchante comme le plat de sa main droite tournoyant à hauteur de mes yeux. Il ne s'est départi ni de son calme, ni de son franc sourire. A part la date confirmée, je n'en saurai guère plus. Il a changé de sujet. Son attitude aussi puisqu'il me pose une question sur le ton de la confidence: « Nosaen ne t'a-t-elle rien confié pour moi ? » Les autres fois il est vrai, j'étais chargé de lui remettre un présent, des photos, ou, à défaut, de lui livrer un message, de la part de mon amie ethnologue Marie-Louise, que les Maasaï avaient ainsi surnommée en raison des grandes quantités de perles dont à chaque retour parmi eux elle ne manquait jamais de faire don. C'était un grand honneur que d'être reconnue comme le point cardinal de la vie, l'est, souvent appelé *oloosaen*, « celui des perles », parce que c'est de cette direction qu'elles leur parvenaient autrefois. A ma réponse négative, il ne bronche pas. Sa déception n'en est que plus éloquente.

Il fait plus frais. Nous rentrons dans l'une des maisons, celle de sa seconde épouse qui nous offre le thé, de l'hydromel prélevé d'un *olmosori* plein du liquide en fermentation (en prévision de la fête ?), et enfin deux grandes tasses remplies du lait encore chaud de la traite du soir.

Cette aisance contraste avec les autres villages où le manque actuel de ressources en lait imprime une touche supplémentaire au pathétique de la solitude. Les maisons sont aussi plus spacieuses et mieux construites, jusque dans le moindre détail. Les parois délimitant les divers espaces, tels que la chambre à coucher de la femme, sont finement tressées de longues tiges entrelacées de lanières de cuir. Les réserves de petit bois sont plus fournies et mieux disposées. Après une heure passée en notre compagnie, Solonga prend congé et nous laisse, Leken et moi, dans cette demeure où nous passons la nuit. Malgré le confort de l'*eruat kitok,* lui aussi bien plus large, mon sommeil est agité, perturbé par mille pensées parasites et les aboiements hargneux d'un chien insomniaque. C'est toutefois avec le même bien-être que je suis attentif aux staccatos nocturnes de la faune. Des hyènes tentent de violer notre enceinte, et j'entends les cris étouffés d'autruches proches au point de les croire en train de picorer à même le toit de l'habitation. Au petit matin, notre ami est trop occupé avec ses animaux, mais ne serons-nous pas de retour dès demain en fin d'après-midi ? J'accours lui serrer la main dans l'enclos principal. Le ciel est bas. Les collines sont immergées dans les nuages, et la sensation d'humidité donne à la végétation une nouvelle respiration. Des gouttes de pluie s'échappent même, comme pour y faire croire davantage. Mais je ne suis pas dupe, les vraies pluies se feront encore attendre. J'oblique à droite pour me mettre à couvert derrière un buisson, les deux grandes tasses de lait frais et le demi-litre de thé de mon petit-déjeuner m'avertissant que j'ai le besoin impérieux d'être seul. C'est toujours un plaisir immense que de me soulager au cœur d'une nature aussi exaltante, avec cette herbe qui exhale une odeur poivrée. J'ai le sentiment que mes selles ne sont plus associées à ce déchet sale que dans nos sociétés nous nous empressons d'évacuer. Au contraire, cela devient pour moi un moment intense, d'autant qu'à en juger par l'absence d'odeur nauséabonde, je me sens désintoxiqué de notre alimentation que l'on dit civilisée. Je me suis toujours étonné de cette mode qui consiste chez nous à dénigrer la consommation du lait de vache, car, à chaque fois que je viens ici m'en nourrir, je me sens vigoureux comme jamais. Notre lait pasteurisé et freulaté n'a il est vrai plus grand-chose de naturellement bon à offrir. Quel dommage !

Nous faisons un retour sans entrave à *Entepesi*. Après trois heures d'une marche tranquille, et malgré un parcours plus en ligne droite ainsi qu'un thé pris à mi-distance dans un autre village, mon épuisement est total. Je passe de longues minutes à extraire des tiques accrochées à mes mollets sanguinolents qui, battus par les hautes herbes, eussent dû être protégés par la toile rêche de mon jeans. Mais, comme à chaque fois que je marche longtemps, je sais que « le travail de terrain », comme disent les anthropologues plus habitués à des hauteurs d'abstraction et de spéculation théorique, ce sont aussi ces désagréments qu'on finit par oublier à force de vivre avec. Je délace mes chaussures et j'ôte mes chaussettes trempées de sueur avec la même fébrilité que si mes pieds étaient en feu. Puis, je m'y prends à deux mains pour gratter mes vives démangeaisons avec la hargne d'un chien rongé par des piqûres de puce. Les points rouges sont partout et je sais qu'en proportion de mes coups d'ongle portés dessus sans compter — dans ces cas-là, on ne compte pas ! — ils auront tôt fait de se muer en poches blanches et purulentes.

Ils proviennent de l'aoûtat, un acarien certes moins redoutable mais dont la gêne provoquée est proche de l'insoutenable. Naiyielenya choisit ce moment de jouissance malsaine pour nous rendre visite. Il me demande de le prendre en photo derrière deux de ses bœufs qu'il a attelés pour traîner de gros branchages et renforcer la clôture de *papaï*. Je m'exécute. Rien dans le village n'indique l'imminence d'une quelconque fête. Avec les perles que je lui ai rapportées de Nairobi, *mamaï* est assise avec ses hôtes à me confectionner des bijoux : un *olkataar* pour le cou et un *engudi olosaen*. Je fais bien pression sur mon frère pour l'amener à me parler de la journée de demain, mais il s'esquive et n'émet au mieux que des « oui » brefs et sans appel. Mieux, il nous demande à tous les deux de venir à la rivière afin de l'aider à creuser un nouveau puits. Je m'enferme dans un mutisme que je m'explique par un mélange d'intense fatigue et d'incompréhension montée d'un cran. Je fais tout mécaniquement. Le soir, nous trouvons à notre retour cinq aînés en grande conversation avec *papaï*. La confusion est à son comble lorsqu'ils nous affirment, avec de la conviction dans la voix, que la date de la cérémonie sera repoussée d'une semaine à cause de vaches manquant encore à l'appel. Fatigué, je m'en remets à Leken. Sûr de lui, il décide d'en profiter pour faire à nouveau un saut jusque chez lui, histoire de se rassurer sur la survie de sa famille demeurée avec seulement quelques bêtes. Nous nous posterons dès cinq heures du matin à la jonction *Ngatu*-Kajiado. C'est le jour de Saitoti. *Mamaï* nous accompagne à l'heure dite, car elle souhaite se rendre dans le chef-lieu du district pour y faire de menus achats. Sa présence nous conforte dans notre choix. Et pourtant, c'est à peine si l'on remarque un jeune homme filant devant nous à toute allure. Juché sur sa haute bicyclette noire, il est trop attentif à négocier la descente criblée de nids de poule pour nous deviner dans la pénombre. Je crois même avoir entrevu de l'ocre sur sa tête, ainsi qu'un containeur en plastique posé sur le porte-bagages de son deux-roues, qui pourrait fort bien renfermer l'hydromel de l'événement censément ajourné. Le véhicule n'arrivant pas, *mamaï* nous quitte. Elle s'en va faire ses courses dans les deux échoppes de *Ngatu*. Elle est remplacée par Kerashon, qui débouche d'une sente soustraite à notre vue par les arbustes longeant la piste. C'est Naiyielenya qui l'envoie afin de nous retenir. Mais il a beau nous répéter que le passage des vaches se produira aujourd'hui, nous persistons dans notre entêtement à nous rendre à *Emugur*. Un dernier indice eût dû nous affranchir de notre si persistante erreur: le constat que trois heures plus tard, la Jeep de Saitoti n'était toujours pas en vue. Plutôt que de nous ranger à l'évidence d'un tel faisceau d'indices, nous gravissons à pied les collines de *Kiloo*... Lorsque nous rentrons après deux jours d'absence, je suis mortifié par un épais silence. Le monde chavire, on nous salue à peine. Hagarde, *mamaï* ne parle que pour m'invectiver à sa façon: *«eïshunye sikukuu... Koree Xabio* ? » (« la fête a eu lieu... Nous t'avons cherché partout ! »). J'aurai tout le temps d'être déçu mais pour l'heure, une sourde angoisse m'oppresse sans que je sois à même d'en analyser la cause. Celle-ci ne peut pas être le simple fait d'avoir manqué la célébration. Après tout, n'ai-je pas déjà assisté à ce type de cérémonie, et, ne dois-je pas me réjouir que les quarante-neuf vaches aient enfin franchi l'obstacle dressé par les calculs politiques ? Si, bien sûr, mais la violence de l'accueil m'est insupportable. Sans doute est-elle à la mesure de leur chagrin à l'idée de ma propre frustration. *Papaï*, qui a bu beaucoup trop d'hydromel, me repousse d'un geste brusque qui ne lui ressemble pas. L'atmosphère est pesante d'incompréhensions. Je me replie sous ma tente. Leken a disparu. La nuit sera longue. J'entends *papaï* psalmodier un chant triste. Un cauchemar s'empare de mon sommeil: des politiciens me jettent un sort !

5

L'ambiguïté politicienne de la solidarité

« Meetae naimutie kiret »

« Une aide n'arrive jamais trop tard ! »

Des pupitres d'écoliers courent le long des façades tristes de l'école primaire de *Ngatu*. Le soleil de la mi-journée se réfléchit sur les barreaux de métal de ses rares ouvertures. Face à la nombreuse assistance comprimée sur les bancs longeant en vis-à-vis les deux bâtiments, nous sommes assis parmi les politiciens locaux, à gauche d'une tribune de fortune faite de quatre rondins de bois surmontés d'une bâche bleu pétrole en plastique. Un bourdonnement sourd s'est substitué aux clameurs de contentement jaillissant de partout lorsque, les trois heures précédentes, les invités s'étaient regroupés par sexe ou par classe d'âge pour manger à volonté du riz blanc et de la chèvre rôtie. Peu d'hommes sont revêtus de drapés. Les plus coquets étrennent un costume à la mode, d'autres arborent une chemise légère de style colonial à manches courtes, rabattue sur un pantalon assorti. Mais la plupart ont des complets élimés, épuisés à force d'avoir été portés dans un environnement hostile à cette tenue de ville. Des rots sonores fusent. Les tables sont couvertes de bouteilles en verre Coca-Cola. A peine sont-elles vidées que des jeunes gens en perpétuel mouvement les échangent contre des pleines. Parlant un peu l'anglais, mon voisin de droite se croit obligé de me tenir des propos lénifiants sur les bienfaits du progrès en pays maasaï. Je me penche vers Leken afin qu'il poursuive son commentaire de tout à l'heure: « c'est à ma connaissance l'une des premières fois que l'on recourt à une levée de fonds officielle pour réunir une somme d'argent nécessaire à la survie sociale des fils d'un défunt. Jusqu'ici, un *harambee* servait à la construction d'une école ou d'un puits. Aujourd'hui, tout ce monde est là pour contribuer aux études du fils cadet de Lesalon et à la dot de son fils aîné. En utilisant le mode traditionnel, la famille de Lesalon se serait contentée de réunir les membres de son clan qui l'auraient aidée par des dons en animaux. Ce meeting a une tout autre portée. La famille invite le voisinage, mais aussi ceux qu'on appelle des «*guests*», dans la plupart des cas des politiciens. La contribution se fait en argent, et ces «*guests*» en profitent pour parler de leurs projets et se faire les avocats du gouvernement. Ils en font un meeting politique. Dans le cadre traditionnel, on assiste à des discussions entre aînés, suivies d'un repas sans divertissement ni spectacle. Là au contraire, plusieurs groupes de femmes sont invités à rivaliser par leurs parures et par leurs chants dont les politiciens sauront apprécier l'aptitude à louer les leaders.» Il a la parole coupée net, l'assemblée se lève, et nous avec, pour honorer la venue d'un premier groupe de femmes chantant en faisant miroiter en rythme leurs bleu, blanc, rouge et ocre. C'est celui d'*Entepesi*. Au son criard de leurs voix aiguës, nous répondons par les claquements secs de nos mains frappées en cadence à la façon KANU[15], comme nous le ferions lors d'un rappel à la fin d'un concert. Ayant franchi le seuil de cette cour improvisée par le seul côté ne comportant ni table ni chaise, elles avancent avec une lenteur affectée et solennelle. Parvenues à notre hauteur, elles s'en éloignent aussitôt pour faire un tour complet. De dos, je constate qu'elles portent toutes un *olkerasha leoriong* imprimant sur fond rouge le totem et la devise en swahili de l'ex-parti unique: un coq conquérant entouré de trois métaphores de propagande, «*KANU ni Umoja*» («La KANU, c'est l'Unité»); «*Ujenga Nchi*» («Construis la Nation !»);

[15] *Kenya African National Union :* ex. parti unique encore au pouvoir.

«*Kwa* Uthabiti *na Maendeleo*» («Avec Stabilité et Développement»). Elles terminent leur entrée en scène en se positionnant au centre sur deux rangées, face à la tribune officielle. Là, elles entament un nouveau chant: « nous sommes heureuses d'être venues pour honorer *menye* Santito (le père de Santito qui est le parrain du groupe). Nous sommes heureuses de porter des *sandac* pour honorer les aînés et les leaders du Kénya. » A tour de rôle, l'une d'elles se détache d'une rangée pour entonner un couplet: « je salue ole Moi (le président du Kénya). Son *olkuma* blanc l'aide à diriger mon pays, le Kénya, pour rattraper et dépasser les autres nations. Je salue aussi Saitoti (le vice-président), numéro deux du Kénya, pour son soutien à mon pays de sorte que je ne revienne jamais en arrière. Il mérite d'infinies louanges car c'est par lui que notre division (Mashuuru) reçoit enfin la bonne eau d'*oldoïnyo oïbor*, le Kilimandjaro. » Le chœur s'époumone avec le refrain: « nous sommes heureuses...» Une nouvelle soliste se détache pour déclamer une seconde tirade de propagande: « les femmes du groupe de *ngoto* Santito (femme du père de Santito) sont puissantes comme Nalootuesha qui danse en première ligne avec ses plus beaux *imankeek*. Je tiens à honorer le jeune homme revenu de Yougoslavie. Il a accru ses biens. Il a porté l'*enkima e serikali* (le feu du gouvernement, c'est-à-dire le fusil) et défendu Moi. »
Refrain : « ...Nous sommes heureuses d'être venues honorer *menye* Santito. Nous sommes heureuses de porter des *sandac* pour honorer les aînés et les leaders du Kénya... »
Un dernier couplet est clamé par une femme seule qui s'égosille: « je suis heureuse d'être en tête et je salue d'abord notre étoile à tous, ole Moi qui réside à Kabarak. Avec l'*olkuma* blanc dont il ne se sépare jamais, son leadership ne peut être contesté par les Kikuyu. Je loue aussi Saitoti,

le numéro deux du Kénya, qui vient souvent nous rendre visite, escorté en toute sécurité par ses Peugeot. Il nous apporte toujours l'assistance dont nous avons besoin. » Les applaudissements remplacent les voix féminines qui se sont tues. Un ancien, ayant rejoint la tribune officielle, enchaîne par la bénédiction traditionnelle du meeting moderne. L'un des organisateurs se précipite sur lui en l'enjoignant de se rapprocher d'un micro fixé trop haut sur un trépied. Il recommence donc, mal à l'aise devant cette chose dont il ne comprend guère l'usage:

« que cette réunion en soit vraiment une !

Qu'elle soit fructueuse ! Qu'*enkaï* (Dieu) nous aide à la réaliser ! Faibles ou forts, vivons-la ainsi que toutes celles à venir !

Que toutes les générations se rencontrent !

Puisse *enkaï* nous aider à conserver notre unité !

Que notre *olkirimat* (Le défunt Lesalon) repose en paix et que vivent ses enfants comme la montagne vit !

Dans l'attente d'objectifs dignes d'être attendus, *enkaï*, nous t'implorons. Emplis-nous de plaisir et de joie ! Puisses-tu nourrir plus de Maasaï, davantage encore que cette assemblée !

Vous, mes enfants, respectez vos pères, et que la réussite accompagne vos vies ! Que les anciennes générations attendent les plus jeunes ! Qu'il en soit ainsi avec grand plaisir ! Qu'*enkaï* nous aide à accomplir ceci et tout le reste ! Que tout soit facile ! Qu'*enkaï* scelle l'amitié entre tous les Maasaï ! Qu'il nous laisse son plaisir et qu'il reparte où le plaisir est ! Qu'il soit le berger de chacun de nous ! Qu'il guérisse les malades à l'hôpital, et tous ceux qui se soignent dans leurs villages ! Que ces paroles vous bénissent ! »

Il s'éclipse latéralement avec discrétion. Un jeune homme

prend sa place. Il est habillé d'un costume sombre et porte des lunettes sans monture. Plus qu'un prêcheur protestant, il me fait penser à un présentateur de télévision. « C'est un Maasaï luthérien », me glisse Leken. Nos chuchotements nous valent d'être repris à l'ordre, car notre prédicateur a débuté la lecture d'un psaume : « Je bénirai le Seigneur en tout temps, sa louange sans cesse à mes lèvres. Je me glorifierai dans le Seigneur: que les pauvres m'entendent et soient en fête ! Magnifiez avec moi le Seigneur, exaltons tous ensemble son nom. Je cherche le Seigneur, il me répond: de toutes mes frayeurs, il me délivre. Qui regarde vers lui resplendira sans ombre ni trouble au visage. Un pauvre crie; le Seigneur entend: il le sauve de toutes ses angoisses. L'ange du Seigneur campe à l'entour pour libérer ceux qui le craignent. Goûtez et voyez: le Seigneur est bon ! Heureux qui trouve en lui son refuge. » L'intérêt ressenti à l'écoute de cette double bénédiction est qu'elle vient de mettre à nu la différence de fond entre les deux religions. Si *enkaï* est un Etre suprême, il n'a rien d'un Père céleste placé au-dessus des hommes. Il n'est pas un Dieu anthropomorphique, un Dieu qui ressemble à l'homme, mais un esprit unificateur, une réalité quotidienne, proche des gens et donnant la vie à tout ce qui est. Contrairement à la représentation du Dieu abrahamique qui repose sur une relation verticale et privilégiée entre l'homme et Dieu, la religion maasaï met en avant l'interdépendance entre l'homme et le reste de la création. Leur croyance en un Dieu unique, qui est à la fois sur terre et au ciel, est le reflet de l'intimité des rapports liant les hommes à leur environnement et à la nature en général. Il est multiple dans ses manifestations. Les nuages et la pluie, par exemple, qui sont synonymes d'humidité et de fertilité, symbolisent un Dieu bienveillant. On l'appelle alors *enkaï narok*, «le dieu noir». Il devient *enkaï nanyokie*, «le dieu rouge», maléfique, sous l'aspect de sécheresses ou d'épidémies qui expriment la colère et la vengeance divines. Même si c'est « Dieu qui a le dernier mot », un autre dicton ne souligne-t-il pas que « les Maasaï et Dieu sont égaux » ? C'est en effet aux aînés que revient la tâche de « rechercher et découvrir le bon ordre ». Toutes les réunions, quelles qu'elles soient, sont placées sous le signe de cette quête. D'où la première bénédiction prononcée par un ancien, voici cinq minutes. Nous sommes bien aux antipodes de la religion-opium du peuple. Dom Helder Camara, «l'évêque des pauvres» déclarait un jour: « Dieu a fait l'homme libre et cocréateur. Il ne peut se satisfaire d'un culte d'hommes esclaves, couchés dans la résignation. » Ce pourrait être la définition de la religion maasaï. Je suis si accaparé par mes réflexions que je n'ai pas prêté attention aux injonctions d'un premier intervenant à goûter aux délices du dieu-développement. Un second «*guest*» prend sa place à la tribune, vantant lui aussi les mérites du développement, de la KANU et de ses leaders. Cinq politiciens se succèdent au micro de la propagande et de la mythologie du progrès. Leur argumentation n'est à chaque fois que décompte de réalisations matérielles: routes, écoles, «*boreholes*» (puits forés), «*cattle-dips*» (pédiluves pour bétail), sans critique ni remise en question. Ce qui me frappe le plus, c'est l'autoritarisme moralisateur qu'ils affichent. A les entendre vociférer, tout ce qui est maasaï «traditionnel» est arriéré, et tout ce qui est paré du label «moderne» est gage de réussite et de bonheur. Le dernier «*guest*» se fait attendre. En reconnaissant Parsaoti ole Nkoi, je souris à l'idée qu'il n'a pas perdu la main malgré sa défaite aux dernières élections. Il sait toujours ménager ses effets, alternant morgue et condescendance sur un mode caricatural qui lui sied à ravir. Son complet-veston anthracite met en valeur une cravate aux couleurs du drapeau national. Il commence par s'adresser aux femmes: « c'est vous qui stimulez le mieux le développement rural car vous partagez les idées soutenant les projets du gouvernement. Cultivez des jardins potagers pour accéder à une nourriture équilibrée, et emmenez vos enfants à l'hôpital pour des examens de routine... » Reprenant la définition de la «personne *Nyayo*[16] idéale», donnée par le Président Moi, il poursuit sur un ton autoritaire et enjôleur : «aimez votre prochain, soyez soucieux du bien-être d'autrui, ne soyez pas jaloux, soyez travailleur, craignez Dieu et obéissez à la loi.» Il termine son discours par une série de recommandations: « durant des décennies, nous avons été derrière les autres districts à cause de ces ranchs collectifs qui occupaient d'immenses portions de terres. Maintenant que nous allons tous devenir propriétaires de notre parcelle, vous allez pouvoir placer votre argent à la banque. Achetez des «*grade cattle*»; utilisez des «*cattle-dips*» afin que nous éradiquions une fois pour toutes les maladies transmises par les tiques. Le temps d'accumuler un large troupeau traditionnel est révolu, car il n'améliore pas votre niveau de vie... Enrôlez-vous dans la KANU. Les vrais «*Nyayo* leaders» n'encouragent pas le tribalisme et le crime, ils sont honnêtes et «*development conscious*». Suite à ces auditions en chaîne, je me mets à imaginer que l'assemblée constitue un jury s'apprêtant à décerner une note aux divers intervenants, la meilleure allant au politicien le plus apte à agrémenter son discours de termes anglais et swahili. Ne sont-ils pas à eux seuls des gages de

---

[16] Terme swahili: littéralement, « dans les traces de ses pas ». C'est la formule symbolique d'adhésion au régime du président Moi et à sa philosophie du développement.

modernité ? A ce jeu, Parsaoti est sans conteste le premier de la classe, sa verve de tribun manipulateur est demeurée intacte. Une femme de chaque groupe lui remet en cadeau un «*stick*» en métal recouvert de perles de couleur. Cette canne polychrome fait paraît-il fureur aux quatre coins du pays maasaï. Avec le thé au camphre, c'est la deuxième nouveauté marquante que je découvre depuis nos retrouvailles. D'ailleurs, *mamaï* ne s'est-elle pas empressée de m'en confectionner une ? Leken me fait remarquer: « tu as vu le nombre de perles qu'il faut pour recouvrir ce bout de ferraille. C'est beaucoup d'argent. » Je secoue la tête en signe d'impuissance.
« Combien ?
— Je ne sais pas, mais je vais te raconter une histoire. Dans cinq semaines aura lieu un *harambee* géant à Kampi ya Mawe, chez les *Loodokilani*. Une dizaine de groupes de femmes préparent cet événement depuis un mois. J'ai une cousine qui y participe. Elle m'a donné les détails de l'affaire. C'est censé être une collecte pour les femmes, mais comme le «*guest*» est le MP (député) Sankori, l'homme qui a subtilisé le siège détenu jusque-là par Parsaoti, ce sera avant tout un gigantesque meeting politique en son honneur. Là où ça devient intéressant, c'est que non seulement les femmes ne gagneront pas d'argent, mais elles en perdront... »
Un chant bitonal d'une soliste s'amplifie et me fait tourner la tête dans sa direction. « Pourquoi ? fis-je. — Chaque groupe doit contribuer à hauteur de 40 000 shillings, en nature sous la forme de quatre *ingusidin losaen*, quatre *imporro*, parures de perles synonymes de bravoure, six moutons, qui sont les cadeaux destinés aux «*guests*», et d'un bœuf, de vingt kilos de riz, de deux caisses de sodas, du thé, du sucre, etc., pour les festivités. Tu multiplies par

dix, on en arrive à 400 000. Or, l'*harambee* ne rapportera pas plus de 300 000 K. shillings. Conclusion : à qui profite ce type d'événement qui nécessite de la part des femmes pas moins de deux mois de travail ? »
Yiaro me fixe de son air narquois. « Question à 100 000 shillings ! » lui lancé-je avec un humour de circonstance. Le maître de cérémonie hurle dans le micro, achevant notre instructif aparté. Il annonce à l'assistance, comme on intime un ordre, que l'heure est venue d'apporter son obole aux femmes afin qu'elles puissent continuer de faire du développement. Une longue queue se presse déjà aux abords de la tribune officielle. Un à un, chaque participant remet un billet de banque à l'homme au micro qui éructe, avec une même propension outrancière dans le geste, le nombre de shillings et le nom du généreux donateur. Moi-même, je n'y coupe pas. Je me sens aspiré vers l'estrade, à moins que ce ne soit mon «Moi» (le portrait du président est sur tout type de monnaie) grand format. Par habitude d'une telle grand-messe, j'ai prévu une grosse coupure; c'est donc sans une angoisse excessive que j'avance avec les autres, même si je redoute la faconde un peu lourde de l'officiant. « *Olashumpaï* vient de donner cinq cents shillings, on applaudit très fort ! » Plaisanteries et demande de discours viennent de m'être épargnées, je respire tout en regagnant ma place. L'animateur proclame l'arrivée d'une dernière formation de chanteuses, l'« *Iretet women's group* » (le « groupe des ficus », l'un des arbres sacrés dans la culture maasaï) : « nous sommes venues ici dans la joie. Nous avons payé notre voyage au Paradis, dans l'espoir de rencontrer Jésus notre Sauveur !... Simintei (il était soldat en Namibie dans un contingent des Nations-Unies), notre héros que nous avons soutenu pour rentrer au *Council* (*County council*), a été escorté par Jésus lorsqu'il est

revenu de l'Etranger avec un avion... Un autre avion nous a amené ole Moi sans descendre parmi nous (en fait, il s'agit d'un hélicoptère qui survole plusieurs fois l'assistance avant de se poser ailleurs), tandis que Saitoti, le numéro deux du Kénya, est arrivé avec ses Peugeot... Je ne veux pas revêtir les drapés en plastique (sous-entendu des autres partis). Je ne porterai jamais que ceux proclamant les principes *Nyayo* favorables à Moi. Saluez notre étoile, ole Moi, qui réside à Kabarak. Il ne veut jamais qu'on s'oppose à lui. Dites-lui de venir ouvertement car les Kikuyu craignent son pouvoir... » L'*harambee* proprement dit va pouvoir commencer. Par vagues, les participants se regroupent par clan ou par classe d'âge. Ils font monter les enchères, tandis que l'animateur harangue la foule et crie, à chaque don remis entre ses mains, le montant en même temps que le nom de l'individu et son groupe d'appartenance. Comme une communion à la fin d'une messe, le cortège en file indienne des « fidèles » vers l'autel « du développement » ne durera que quelques minutes, tandis que les discours et les chants politiques qui le précédèrent avaient étalé leurs paroles de propagande sur plus de deux heures.

6

Mile 46 et Cie

« Enkong'u naipang'a eng'en »
« Seul l'œil qui a voyagé est intelligent ! »

Un million d'années de transport de viande sur pied ont patiné la surface rainurée, lisse et graisseuse, profondément incrustée de crasse et d'anéantissement. Je fais des pieds et des mains pour me cramponner, les muscles tendus au maximum, à une ridelle de la benne du «*pick-up-truck*». Les amortisseurs de l'engin sont morts, et mon corps est agité de petites secousses rapides. Leken s'est adossé au hayon du caisson cannelé dans lequel nous avons grimpé sans même réfléchir une demi-heure auparavant, de sorte qu'il capte d'une main ferme le loquet inférieur menaçant de céder à chaque trépidation tout en s'agrippant de l'autre à une corde pour la tendre du mieux qu'il peut. Nous marchions depuis le milieu de la nuit lorsqu'à la hauteur de *Maroro*, ce convoyeur d'animaux s'est arrêté pour nous prendre. Le message que mon ami John Loosumpan nous a fait transmettre la veille au soir, par l'entremise de Saitoti, était sans appel : « Soyez à Kajia-do, demain. Dimanche, cela fera huit jours que la nouv-elle lune aura apparu. » Ce qui signifiait en clair que le spectaculaire dénouement de l'*eunoto* des moranes *loodo-kilani* débuterait après-demain, nulle étape cruciale d'une telle cérémonie ne pouvant avoir lieu un jour impair. Nous avons sauté à l'arrière du véhicule, avec la légèreté procurée par le soulagement de ne pas devoir marcher jusqu'à Kajiado. Mais, à présent que le spectacle d'une souffrance concentrée s'offre à nous, j'ai dans la gorge le goût âcre de la détresse et de la peur. A « fond de cale », les contorsions et convulsions sporadiques d'une vache emmaillotée de cordes, tel un cétacé pris au piège d'un filet, me donnent la nausée. Le désespoir de la bête est palpable à mesure que le plancher se remplit d'un effluent de fientes et d'urine. Contrairement à moi, les réflexes de Leken n'ont guère été émoussés par cette vision d'horreur. A peine a-t-il été dans la benne qu'il a agi pour empêcher la tête de la malheureuse bête à cornes d'entrechoquer le hayon. Il s'est précipité vers l'avant pour dénouer la corde trop lâche, optant pour la faire coulisser sur un barreau de métal de la galerie posée sur le toit de la cabine, puis en saisir l'autre bout avec poigne. Je songe à l'innommable traitement réservé à cet animal affolé, si éloigné de son plat pays d'origine. J'ai tout de suite remarqué qu'il s'agit d'une Frisonne à robe pie noir. Les experts l'ont introduite en pays maasaï pour accroître la productivité laitière du «bétail indigène», en la croisant avec lui.

C'était sans compter sur l'incapacité des « races purement exotiques » à supporter les extrêmes de chaleur et d'aridité. La sécheresse aura en tout cas tôt fait de la transformer en viande de boucherie, car je ne doute pas que notre chauffeur la dirige à Athi-River, vers l'abattoir géant de la KMC, « *Kenya Meat Commission* », pour y être abattue à la chaîne, puis congelée et exportée. Ma délivrance n'est pas un vain mot lorsqu'il nous relâche à l'intersection de la A 104. En tournant une dernière fois mes yeux alourdis de sommeil vers la « Hollandaise » captive, puis en prenant en sens inverse la direction de Kajiado, je suis conscient que je tourne une nouvelle fois le dos à cette part d'ombre de l'Occident moderne, que caractérise son modèle rationnel de compartimentage à froid, pour continuer d'explorer les fonds marins d'une véritable humanité. La fraîcheur du petit matin, qui tout à l'heure m'exposait de plein fouet aux assauts du vent engouffré dans la benne du *« pick-up »*, redevient supportable, d'autant que mes membres inférieurs ont retrouvé à s'exprimer normalement. Après avoir

foulé les deux mille mètres de ce qui reste de bitume sur la nationale, nous contournons le *no man's land* clôturé devant l'église, pour pénétrer à gauche de celle-ci, au hasard d'une trouée dans les barbelés, dans la cour de l'école primaire affiliée au diocèse de Ngong. Un «*thorn-tree*» desséché trône en son milieu, au cœur d'un parterre de poussière grise. De chaque côté, des classes en enfilade, montées sans imagination en parpaings tristes et fer-blanc, en sont imprégnées. Elles ne déparent pas dans ce paysage désolé, de leur style dénué de fraîcheur, d'éclat et de couleur. Le charme volontaire de «Mama» Suzanne, l'institutrice, ainsi que les piaffements et piaillements de sa bande d'écoliers ne sont pas là pour aider à compenser la dominante terne du lieu. Ce sont les grandes vacances scolaires du mois d'août. Le bureau de John est situé au bout de l'aile droite du bâtiment de plain-pied en U. La porte est entrouverte. Les épaules voûtées par la fatigue, je frappe en murmurant un «*hodi* !» de pure forme. La voix enjouée d'un jeune homme nous invite à franchir le seuil de l'office : « *Karibu...* » C'est Peter. Elève à l'école secondaire de Loitokitok, il consacre chaque année son mois de vacances à assister le «co-ordinator» du Programme Diocésain de Développement et d'Education. Je n'en reviens pas qu'il ait eu cette constance de travailler pour John depuis tout ce temps et aussi qu'il réponde présent, de si bonne heure.
Il est à peine sept heures. J'imagine que, comme il y a tout juste quatre ans, chaque matin et chaque soir, il continue de parcourir à pied plus de dix kilomètres pour quitter ou rejoindre, en territoire *dalalekutuk*, le village de ses parents. Mais je sais, à le voir, qu'il s'acquitte de cette tâche avec tout le sérieux que requiert sa situation. Sa famille, comme toutes celles qui n'ont d'autre choix que de recourir aux valeurs de la culture traditionnelle, est de

La grand-mère centenaire de l'homme-médecine Solonga

Je discute avec Solonga devant sa maison de prédiction

Avec une femme de la Forêt de l'Enfant Perdu

Daniel et Nangayai, à l'occasion de l'Eunoto

Stan, mon neveu, au cœur de la Forêt de l'Enfant Perdu

John me remet les insignes maasaï de l'aînesse à La Sorbonne, à l'occasion de la soutenance de ma thèse

Au Kosovo, je suis, dans une enclave serbe, au sein d'une famille rom, en 2001

mets la viande
charpie...

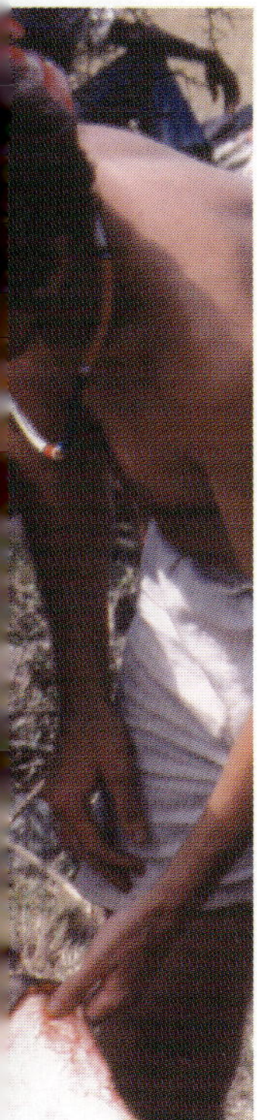

J'aide les Maasaï, à Genève, lors d'une session du Groupe de travail de l'ONU sur les peuples autochtones

Panaï, jeune morane (parti en ex-Yougoslavie) et mon frère Kerashon

Ma cousin Charlotte

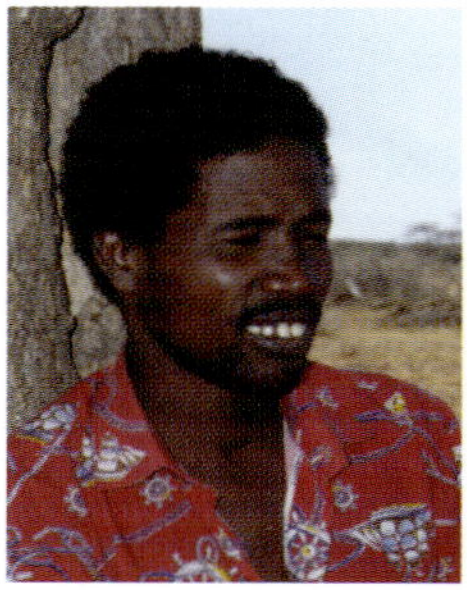

Leken,
l'éternel étudiant et
l'ami de toujours

En discussion, sous le soleil de midi, avec un parrain de la cérémonie *Olngesher*

Sur ma « Rossinante à moteur », dans les années 80

Je tente de déchiffrer une carte, au tout début de mon premier séjour de 28 mois

Ma mobylette se repose des pistes, chez Esther Nkoloï

Ma mère adoptive, avec ses petits-enfants

Kerashon, en passe de devenir un jeune aîné

Mon frère Naiyielenya, porte-parole de ma classe d'âge, héros de mon film *Maasaïtis*

Mon père, héros de *Maasaïtis*, le présent ouvrage

Lors du tournage de *Maasaïitis*, avec Cédric Klapisch à la caméra

John, lors de sa
venue à Landerneau
en 1993

Mon frère Naiyielenya avec les siens

plus en plus marginalisée par la privatisation des terres. Il lui faut donc contribuer lui-même au financement de ses études. Je sais aussi qu'il considère ce travail comme une opportunité désintéressée d'ajouter sa pierre à l'édifice de la résistance. On a du mal, Leken et moi, à tenir debout dans cette antichambre du bureau de John, tant elle est étroite. Ce vestibule, prévu pour un seul homme, me fait penser à une cellule de moine. Hormis une table, une chaise, et quelques aphorismes religieux punaisés au mur, la pièce est dépouillée. « John est en rendez-vous avec un responsable américain du CRS[17] pour discuter d'une aide d'urgence à apporter aux Maasaï », m'informe Peter, comme pour s'excuser de ne pas m'ouvrir la seconde porte de son minuscule sas. Je lui propose que nous allions dans l'intervalle célébrer nos retrouvailles au Sizzlers. La rue est déserte bien que les échoppes soient déjà ouvertes, et notre restaurant « à la mode » n'a pas encore rallié grand monde. J'en suis ravi car j'ai besoin de concentration pour formuler ma question destinée à convaincre Peter de me rédiger, avant que ne s'achève ce mois de congé, une sorte de journal intime de ses réflexions relatives à la destruction et au devenir de la culture maasaï. J'en avais l'idée depuis longtemps. Elle m'était chère. Que le cœur déchiré d'adolescents, partagés entre la culture transmise par leurs parents et celle inculquée à l'école, s'exprime sans entrave sur un tel sujet sensible, m'apparaissait comme une vitale évidence. Le dédoublement de personnalité provoqué chez de tels jeunes gens par l'adoption simultanée de deux comportements radicalement différents, le traditionnel et le moderne, était en effet pour moi porteur de sens pro-

---

[17] CRS : « *Catholic Relief Services* », est l'organisation humanitaire de la « *United States Catholic Conference* », spécialisée dans l'aide d'urgence, notamment sur le continent africain.

fond. Lui faisant part de ma requête, Peter me regarde sans rien dire. Ses épaules commencent à tressauter sous le coup d'une émotion contenue trop longtemps. Puis, il se cache les yeux derrière une main et me serre dans ses bras. Sa gratitude me montre l'ampleur de sa frustration d'avoir assisté impuissant et dans la soumission à la terrible injustice infligée aux siens dans l'indifférence générale. L'écriture de son journal lui permettra au moins de se respecter lui-même.

« Et Tom, l'as-tu vu ce mois-ci ? » Tom était un autre jeune homme auquel je pensais pour écrire un journal sur ce même thème. J'avais jadis remarqué son extraordinaire maturité à propos des enjeux et difficultés auxquels son peuple était confronté. Il appartient à la grande section des *Ilkisonko* et achève ses études secondaires dans le même établissement que celui de Peter. « Il assiste aussi John Loosumpan pendant les vacances. Mais, il a dû rentrer chez lui pour aider ses parents à cause de la sécheresse. Il m'a dit qu'il rentrerait à Kajiado après-demain.

— Pourras-tu lui proposer de réaliser lui aussi un journal sur ce qu'il croit être la situation actuelle et future des Maasaï ? »

Peter pleure de joie. Pour la première fois sans doute, on s'adressait à lui comme à une personne et à un être à part entière. On lui demandait de s'exprimer sur un sujet que d'ordinaire seuls les « experts » et autres personnes « autorisées » étaient habilités à traiter du haut de leur science ! De retour dans le bureau de John, l'Américain s'en est allé, mais je trouve mon ami en conversation animée avec deux autres hommes que je connais bien et qui m'inspirent le plus grand respect. J'embrasse la pièce d'un regard furtif et constate qu'elle n'a pas changé. Le mobilier est toujours aussi ascétique : une bibliothèque rudimentaire, un vieux bureau en bois et cinq chaises. Au mur, quelques citations découpées dans des journaux et magazines, sans nul doute écrites par des adeptes de la « théologie de la libération », si je me fie à leur cri de résistance appelant à la « conscientisation » des paysans spoliés. « *She*, *esupen* ! moi qui craignais que tu n'aies pas eu mon message à temps. Ils vont raser dimanche les porte-parole des *Ilmajeshi*[18] ainsi que quarante-neuf moranes », m'annonce-t-il en m'étreignant avec une attitude de jeu. A l'inverse, ses deux interlocuteurs manifestent leur joie avec circonspection. Patrick Olairumpe, surtout. Mais malgré sa discrétion, malgré son pantalon et sa chemise aux couleurs passées, c'est lui qui imprègne l'endroit de paix et de sérénité. Lorsque John s'était miraculeusement sorti d'un accident d'autocar dans lequel la quasi-totalité des passagers périrent carbonisés, il s'était proposé pour être son chauffeur. Depuis, il passait le plus clair de son temps au volant d'une *Land-Rover*, dont il devait par ailleurs veiller à ce qu'elle pût résister aux pires traitements.

Le lot quotidien était un minimum de cinquante kilomètres de pistes cahoteuses et de lits de rivières à franchir, pour relier le village de mon ami à son lieu de travail. De plus, les séminaires de « compréhension » des enjeux de la modernité que John Loosumpan organisait sans relâche auprès des familles pastorales les plus démunies l'amenait aussi à sillonner les autres régions du pays maasaï. Comme tant d'autres, issu d'une famille « traditionnelle »,

[18] « Les Militants ». A ne pas confondre avec les Ilmajeshi de la section des Ilkaputiei, qui ne sont alors qu'à la phase initiale (circoncision) de leur formation. Chaque section agit de façon autonome pour attribuer un nom à ses groupes d'âge. Une classe d'âge n'est unifiée avec une appellation commune à toutes les sections qu'à la fin de son cycle initiatique, lors de la cérémonie olngesher. Les Ilmajeshi *iloodokilani* sont le groupe d'âge de la main gauche par rapport aux *Ilmejooli*, le groupe de la main droite. Les deux s'uniront pendant l'*olngesher*.

et eu égard à la vocation exclusivement pastorale de ses activités, la pauvreté l'avait atteint depuis l'imposition massive, ces dernières années, des valeurs libérales d'une économie d'élevage fondée sur l'argent et la propriété privée. Son père, selon un même scénario, devenu hélas la règle pour l'ensemble de cette catégorie d'anciens pas du tout au fait des arcanes du droit moderne, s'était vu relégué, lui et sa famille, sur une terre pelée et improductive. Patrick s'activait donc à gagner un salaire. Ses yeux profonds sont comme les orbites en bronze d'un bonze tibétain. Pourtant, en les scrutant, je me sens à mon aise. C'est juste que j'ai l'impression d'être en face d'une intelligence aussi haute qu'impénétrable. A chaque fois que je le vois, je crains à tort de le distraire de ses réflexions que j'imagine reliées à d'inaccessibles hauteurs cosmiques. Sa prestance et sa façon de parler lui donnent l'air il est vrai d'appartenir à un autre monde, comme si, venu d'un lointain passé, il avait été catapulté dans le présent. En le regardant, je me sens acculé à réexaminer mon âme en accéléré, de peur que ma piètre connaissance de moi-même ne soit par trop visible. D'un autre côté, malgré la rareté des paroles échangées — « Péron ! Tu nous as manqué... » — il me met à l'aise, de son sourire pétri d'humanité et de sagesse ancestrale. Face à lui, Steven s'est replongé dans la lecture assidue du grand quotidien kényan *The Nation*. Dos à la fenêtre et à contre-jour, il a beau avoir son visage dans l'ombre, je devine ses yeux rieurs ne décollant pas du journal. Il me fait penser à un gamin joyeux apprenant à lire avec une touchante et maladroite obstination. De fait, c'est ainsi que, tout seul ou presque, il avait commencé à s'initier à l'alphabet. Je remarque que sa soif d'apprendre n'a pas faibli, au contraire. Enveloppé dans ses drapés de jeune aîné, il souligne sa lecture de son index droit, tandis que sa main gauche est demeurée refermée sur un *olkuma* et deux bâtons de berger. Il n'a pas le temps de s'en préoccuper, tant sa lecture l'absorbe. C'est une lecture parlée par saccades.

Je l'entends ânonner une phrase extraite d'un dessin humoristique que j'ai entrevu tout à l'heure en parcourant le journal au Sizzlers Point : « *Cabinet Minister William ole Ntimama yesterday declared the Vice-President Professor George Saitoti as the leader of the Maasai community...* » Le dessin satirique montrait le ministre maasaï Ntimama, habillé à l'occidentale, accrochant au cou de Saitoti, déguisé en caricature de morane, une pancarte sur laquelle son véritable patronyme kikuyu, Kinuthia, était ostensiblement barré et remplacé, en lettres majuscules, par le titre suprême d'appartenance à la culture maasaï : « Loibon Saitoti, Propète Saitoti ». Je me souviens aussi que l'humoriste faisait dire à Ntimama : « *Just keep on practising - Practice makes perfect !* », Saitoti, résigné, lui répliquant par de dérisoires « Ole ? Ole ! » Il était de notoriété publique que George Saitoti était originaire de l'ethnie kikuyu et qu'il ne parlait pas un traitre mot de la langue maa. Il s'était juste servi de son identité d'emprunt pour renforcer sa crédibilité politique nationale en devenant le député d'une circonscription maasaï, quand bien même parachuté sans vote par le pouvoir central. Steven, Osupat ole Npario de son vrai nom, soupire d'incrédulité, puis se met à rire comme pour chasser les démons de l'absurde en train de figer dans le bois du mensonge les âmes pures de ses proches. Il en est d'autant plus sensible qu'il appartient au clan des prophètes, ceux-là même qui passent leur vie à mettre en commun ce Souffle qui les habite. Fils de Npario Sayo ole Lenana, il est un descendant

direct du prophète Olonana que les Anglais avaient, au début du siècle, fallacieusement changé d'homme-médecine de «très grande renommée» en «Chef Suprême» («*Paramount Chief*») dans le but de tromper les Maasaï, les déposséder de leurs hautes terres fertiles et les placer dans une réserve. La ruse n'a cure des leçons amères de l'Histoire. Elle frappe encore aujourd'hui avec la même impudence le «pur» Steven, sur les terres cette fois d'un ranch collectif, Kilonito, dont il était il y a peu l'intègre leader. Les politiciens corrompus ne l'ont pas seulement poussé à la démission après s'être servi de lui, ils lui réservent, en cas de partition individuelle, un bout congru de terre aride. Je comprends sa soif d'apprendre à lire et à écrire pour déjouer la ruse avec laquelle le système moderne prospère en toute impunité sur le dos des «ignorants». Un «ignorant» que son peuple avait pourtant couronné dès sa naissance en lui attribuant un nom empreint des plus pures valeurs.
Osupat, c'est à la fois un être bon, bien portant et sociable.
«J'étais en train d'expliquer à Patrick et à Steven comment les riches et arrogants leaders du comité de direction d'Elangata Wuas, le «*Group-ranch*» dont je suis membre, ostracisent les «illettrés appauvris, me confie John sur le ton de la confidence. Ils sont soit politiciens soit reliés à un homme politique influent du district. La composition du comité n'a pas varié depuis près de dix ans de pouvoir absolu. Ils refusent d'inscrire au cadastre les jeunes gens parvenus à maturité et préparent en secret la subdivision des pâturages. Ayant acheté les fonctionnaires de l'adjudication, ils viennent d'indiquer aux assistants à moto du géomètre expert le bornage à effectuer... L'injustice est telle que j'ai du mal à en parler...» Impassible, les yeux fixés devant lui, pas un muscle ne tressaille pendant que je

l'interroge sur l'étendue de cette injustice. Sans une once de graisse superflue, le visage osseux et expressif, John ressemble à un Somali. Je me souviens d'un court passage de *La Ferme africaine* de Karen Blixen qui mettait en exergue les affinités électives des deux communautés, maasaï et somali : «...avant que les Somali eussent amené des femmes de leur pays, les femmes maasaï étaient les seules indigènes qu'un Somali pût épouser... L'explication en était fort simple : les Maasaï n'ont jamais été des esclaves et ne le seront jamais... » Il tourne sa tête vers moi et poursuit : les « illettrés sont les grands perdants face à ces délimitations de terrains imposées. On leur dit de signer sur le registre sans leur indiquer la superficie du lopin de terre qu'on leur attribue. Ce lopin est d'une taille jusqu'à dix fois plus modeste que celui octroyé aux leaders corrompus, et situé dans la zone la plus desséchée et stérile du ranch collectif. » Je me penche de côté vers Patrick, qui ne s'est à nul moment départi de son sourire aussi lumineux qu'énigmatique, point essentiel de sa vaste silhouette qui en dit long sur l'amplitude de sa sérénité. D'un mouvement majestueux, Osupat s'est drapé dans sa cape et, sans ajouter de commentaire, me sonde du regard. Il m'apparaît sage et triste comme un prophète de l'Ancien Testament. C'est bien le courage qui me regarde droit dans les yeux. Le brusque silence s'est chargé d'une indicible espérance, et je communie avec eux avec la certitude qu'aucun malheur ne dure toujours. Que les pasteurs traditionnels se fassent voler de la sorte ou qu'ils soient manipulés, comme c'est le cas depuis les années 70, par un système d'élevage qu'on leur impose et qui les dépasse, quelle différence y-t-il ? Aucune. Après tout, la Banque mondiale, dès 1968, en avait à sa façon imaginé le diabolique scénario. Il me revient par bribes : «... les populations traditionnelles et leur bétail sont non seulement interdépendants au plan écologique, ils constituent socialement un tout très homogène, si bien que toute tentative de modifier la taille et la structure de leurs troupeaux peut être interprétée comme une façon de porter atteinte à leur tissu communautaire de relations familiales... Le principe de base d'une économie pastorale traditionnelle se résume à un trop-plein d'animaux exploités et conservés par un maximum d'individus pour satisfaire leurs besoins de subsistance. Ce qui s'oppose radicalement à la situation type d'un ranch développé, où un important cheptel est exploité par un nombre restreint de personnes qualifiées, et où les surplus de bétail sont régulièrement écoulés sur le marché... L'obstacle majeur, pour transformer un pastoralisme de subsistance en un ranching commercial, ne réside pas tant dans l'aspect spécifiquement «bétail» de surplus d'animaux de mauvaise qualité, que dans la question plus spécifiquement humaine de surplus d'éleveurs sous-qualifiés, qu'il faudra de toute urgence éliminer. Il conviendra de leur trouver du travail et un lieu de résidence en dehors des «*Group-ranches*[19]» «Eleveurs sous-qualifiés» hier, «pauvres illettrés» aujourd'hui, les pasteurs, qui sont les seuls à perpétuer la culture maasaï, continuent donc d'être ceux à qui il manque un élément vital, et qui en conséquence doivent disparaître.

« Charlotte supporte-t-elle le mode de vie maasaï ? » fis-je finalement à l'adresse de John, perdu dans la lecture d'un document. Ma jeune cousine, étudiante en histoire et mue par l'ardent désir de découvrir de nouveaux horizons culturels, venait d'arriver au Kénya pour un séjour de deux

[19] Banque Mondiale, IBRD/IDA: «*First Livestock Development Project*», Appraisal Report, 1968, Credit 129 KE, p. 6.

semaines. Nous avions convenu qu'il l'accueillerait chez lui, dans l'attente de la phase la plus marquante de l'*eunoto*. J'avais décidé de faciliter la plongée, au cœur de cette culture, des jeunes gens de mon entourage les plus motivés par une telle exploration-introspection. « Mon fils Merero n'a que trois ans et demi, et il passe ses journées à lui apprendre le maa », me répond-il avec admiration. Et anticipant une seconde question que je m'apprête à lui poser, il me tend une lettre dont je reconnais l'écriture.

« Stan ne viendra pas nous revoir de si tôt, la forêt de « *l'Enfant perdu* » semble l'avoir adopté », ajoute-t-il. Stanislas[20] est un neveu, âgé de dix-huit ans, qui, à peine lui avais-je parlé de cette forêt et du combat des Maasaï *loïta* pour la conserver, rêva de s'y installer. Ce qu'il fit. Je m'empare de la lettre : « ...Je suis parti en pays maasaï pour me plonger au cœur de leur enseignement initiatique. Je cherchais ce qu'il y a de plus sacré, de plus mythique, de plus ancré dans leur savoir. Je voulais me fondre au sein du groupe, au sein de ma classe d'âge, pour apprendre à vivre selon d'autres lois, d'autres critères. J'ai trouvé cela et plus encore. J'ai appris l'essence même du partage, à me libérer du superflu pour passer à l'essentiel, dans une relation d'échange où l'on perd toute notion de propriété. L'humour et la joie de vivre des moranes sont les deux points majeurs, ce qui m'a fait comprendre que je n'avais rien à craindre, ce qui m'a permis d'entrevoir cette fierté, cette allure, cette noblesse, comme un élan du cœur avant tout. La spiritualité de ces jeunes "guerriers" et la droiture avec laquelle tous les gestes du quotidien sont accomplis,

---

[20] Stanislas de Ponsay vivra durant six mois avec les moranes *loïta* dans le périmètre sacré de la forêt primaire de *Naimina Enkiyio*. Le film « Les Maasaï ou le train de la modernité » qu'il réalisera durant ce séjour initiatique est un document bouleversant sur la résistance universelle pour la vérité et contre l'injustice.

sont dirigés vers *enkaï*, dieu de l'air et de la terre mille fois honoré durant ces longues journées d'*olpul* (camps de viande), où l'on chante, part à la cueillette de fruits médicinaux, se coiffe et se couvre de *sendou* (plante aromatique et parfum des moranes), prépare des soupes bienfaisantes, se nourrit des délices de la chèvre et du mouton, de sa graisse et de son sang. A l'aurore, ole Tuluni sort de notre refuge et brandit sa lance vers le ciel en déclamant un poème dont la résonance imprègne encore les montagnes... » C'est bien vrai, il s'est intégré en quelques jours, là où il eût fallu à d'autres des mois voire des années. Mais je sais que la raison n'a rien à y voir. Mon neveu, ayant comme moi rejeté l'inversion des valeurs désormais fondées sur la possession, n'a fait que rejoindre, dans une communauté d'âme, une civilisation encore centrée sur le don. La virginité de son expérience aimante a éveillé entre lui et ses compagnons moranes ce «cœur-en-joie» qui transforme une simple relation de connaissance intellectuelle en une approche intime de l'âme. « *Maapeti!...* » (« Allons-y! ») s'écrie John. La *jeep*, à l'origine de couleur crème, est repeinte en ocre par une épaisse couche de latérite. Patrick peine à actionner les essuie-glaces qui s'embourbent dans les grumeaux de terre, agglomérée sous l'effet du jaillissement sporadique d'un mince filet d'eau. Deux heures plus tard, alors que je m'étais assoupi à l'arrière du véhicule aux côtés d'Osupat et de Leken, je découvre avec stupéfaction que nous sommes toujours à Kajiado. Imperturbable, Patrick descend puis remonte l'unique grand-rue de la ville, agrémentant ses allées et venues d'arrêts aussi fréquents qu'incompréhensibles. Le lot habituel, pensé-je, avant de me rendormir. Je me réveille en sursaut, pendant que la voiture parachève la partie du voyage consistant en une vallée étroite et encaissée, au creux de laquelle la piste accidentée se fraye un passage parmi une longue chaîne de collines à la roche très grise. D'énormes camions nous croisent, nous recouvrant à chaque fois d'un nuage compact de poussière qui s'insinue partout à l'intérieur de l'habitacle dont les vitres sont pourtant remontées. Le sol est défoncé et le chemin escalade une succession de buttes, véritables montagnes russes où la terre se réduit en poudre et accroche çà et là comme par miracle quelques boutiques en tôles, à la fois perchées et enfouies dans l'atmosphère délétère d'un *no man's land* qui aspirerait à se « civiliser ». Ce bourg porte bien son nom : *Kampi ya Mawe*, en swahili « Carrière de Pierres », enlisant la sécheresse pour l'éternité. Ici, l'exubérance de couleur et de végétation a disparu au profit d'un désert grisâtre ponctué de rares buissons d'aubépines vieilles et rabougries. S'étageant en couches horizontales grimées par les sédiments en suspension, les branches épineuses de mimosas isolés, défeuillés, leur donnent la sihouette d'arbres de Noël dont la peinture blanche aurait perdu de son éclat après les fêtes. John se retourne vers moi pour me faire part avec fierté qu'il est désormais le « père » spirituel de la nouvelle classe d'âge en formation : « nous venons de briser le foret à feu et couper la patte d'un passereau mort pour arrêter les circoncisions de la génération précédente. Il a été décidé que l'*enkipaata* de ce nouveau groupe aurait lieu juste après l'*eunoto* des *Ilmajeshi*. J'en serai même le maître de cérémonie ! Mais nous ne commettrons pas le crime politique des *Ilkaputiei* qui n'ont pas attendu la cérémonie « de la Danse » pour circoncire leurs nouveaux adolescents ». Avec lenteur, nous entamons à travers des éboulis une descente raide de trois cents mètres de dénivellation. La piste accidentée n'est plus qu'un roc impraticable. Entre deux cahots, je tente de discerner sur

ma gauche le gris-marron et le noir et blanc des gigantesques oiseaux des savanes sèches que sont les autruches. Prenant exemple sur la lucrative entreprise sud-africaine, un Anglais avait décidé de rendre justice au plus grand de tous les oiseaux, jadis chassé et décimé pour sa viande, ses plumes et ses œufs... en rationalisant au sein d'un ranch, au même titre que les bovins locaux, la commercialisation de sa viande. Il avait poussé l'ironie jusqu'à imiter dans le périmètre de sa ferme l'habitat maasaï traditionnel, mais les maisons en forme de paniers renversés que je devine à travers la clôture sont recouvertes de ciment et non de bouse. Le paysage a la teinte sèche et brûlée de certaines poteries. L'environnement s'apparente en bordure à une cuirasse de latérite ferrugineuse, de la même couleur rouge et probablement de la même fertilité que la brique. Puis, au sortir de ce ravin encaissé bordé d'arbres épineux et bas, j'ai devant moi des kilomètres de terrain découvert, de désert beige ponctué d'acacias élancés comme de fiers navires aux voiles carguées. Je me laisse gagner par le calme de cette nature accentué par la sensation de glisse qui vient de se substituer aux vibrations et autres soubresauts. A la vue des chairs pourrissantes de deux vaches en décomposition avancée, étendues sur le bas-côté, les pattes en l'air, ma sensation de vie libre sur cette terre paisible se change en inquiétude. Les prédateurs sont-ils repus au point de négliger un telle offre ? Se peut-il que le sol soit à ce point jonché de ces cadavres en putréfaction ?
« Le "Maasailand est devenu la poubelle du Kénya", s'insurge John. A vrai dire, le lien entre ces deux carcasses putrides et cette sentence sans appel m'échappe. « A mon retour de Loitokitok, la semaine dernière, j'ai traversé Amboseli, et j'y ai vu plusieurs hippopotames morts ou sur le point de l'être. La sécheresse n'en était pas la cause

car la végétation autour des marais était encore bien verte. Les parcs sont le dernier réceptacle à ordures touristiques mais aussi industrielles et chimiques du pays, et par extension ce qu'il reste de nos terres commence à servir d'entrepôt aux déchets de toutes sortes de la société de consommation ! » Un lourd silence s'installe au moment où, apeuré par le « tac tac » de notre vaisseau, surgit un minuscule dik-dik de Kirk dont j'ai juste eu le temps d'apercevoir la robe gris pâle enveloppant un corps délicat à peine plus imposant qu'un lièvre. Nous arrivons à *Mile Forty-Six*, station ferroviaire du bout du monde où les convoyeurs de soude, dans leur lente remontée de l'« enfer » de Magadi, font une première halte. Je suis transporté dans le décor début de siècle d'une petite bourgade du Far West américain, proprement alignée le long du rail, même si les animaux placides qui y ruminent en regardant passer le train déparent en exhibant leur dos surmonté d'une grosse bosse graisseuse. En fait, bien au contraire, ceux qui ne sont autres que des dromadaires en accentuent l'irréalité. Les pasteurs de ce ranch collectif appelé Elangata Wuas, qui les ont introduits pour se doter d'une garantie plus efficace contre les sécheresses de moins en moins espacées, sont parmi les premiers Maasaï à avoir accepté de prendre en modèle les Samburu, leurs cousins septentrionaux. A cela près qu'à la différence de ces derniers, ils n'ont pas encore « culturellement » intégré ces grandes bêtes dédaigneuses. Je les observe, regroupées en un cheptel géré sans passion sous la neutralité bienveillante d'un gardien salarié. « Ma femme tient cette boutique », m'explique John avec un mélange de fierté et d'humour, en pointant son index en direction d'un cube de béton qui, exposé à tous les vents, semble avoir été posé au hasard sur un terrain dénudé, aride et poussiéreux. « Com-

ment trouve-t-elle le temps de s'occuper de son magasin ? commenté-je, perplexe.
— Elle ouvre le midi et après l'école. » Son épouse Patricia Nadupa est institutrice à l'école du village. Nous nous mettons à décharger plusieurs sacs de cinquante kilos, d'*ugali-enkurma*, de sucre, de lait... en poudre, mais aussi des cartons remplis de produits vétérinaires. La Science, progrès de l'homme ou cause de sa disparition ? Malgré son haut degré de conscience, je songe que John lui aussi a peut-être fini par se laisser prendre au piège de la techno-médecine et qu'inconsciemment il se leurre sur les vraies précarités qui en résulteront, avec en tête la perte du système immunitaire des zébus. Justifiant son choix parce qu'il n'en fait qu'un usage accessoire et sélectif, je me dis qu'il signe à sa façon un pacte avec les risques et la folie dévastatrice de l'aventure moderne qui se fonde sur le «progrès» scientifique pour assurer l'avenir en violant ce qui devrait rester le plus sacré de la création ?

L'heure d'après, nous en sommes à traverser pour une troisième fois la ligne beige du lit sinueux d'une rivière, cours d'eau à sec du nom celui-là de *Toroka*, lorsqu'il me fait part de son intention de rendre visite à Takula, son frère aîné, pour lui proposer notre aide.

Placé en équilibre instable parmi six autres hommes, arc-boutés dans le vide les uns au-dessus des autres, nous le trouvons au cœur ombragé de l'*olumbwani*, puits profond, qu'il a construit de ses mains, faisant la chaîne avec agilité pour remonter depuis la nappe un bidon miroitant. Par sa noirceur et vue d'ici, la nappe, que la lumière du jour n'atteint pas, confère au point d'eau la lugubre atmosphère d'un puits sans fond. Heureusement, ce « puits-qui-chante » dispose encore de neuf bons mètres d'épaisseur liquide. « Oui, mais dans six mois, si les pluies ne viennent

pas, il sera complètement tari », me précise John qui, ayant ôté l'épineux qui en barrait l'accès, descend à gauche un raidillon de terre argileuse colorée en jaune. La nature visqueuse et piétinée de la glaise m'informe que de nombreux animaux s'y sont pressés le matin même pour atteindre l'abreuvoir édifié tout en bas, au niveau du lit asséché. « C'est ici que Takula, Lenkaayie, Kitungat et moi-même, abreuvons nos vaches, moutons et chèvres, lorsque les autres points d'eau sont à sec » me confie-t-il en inspectant la qualité de l'ouvrage. « Lenkaayie et Kitungat, mes plus jeunes frères, se sont enrichis en devenant d'avisés « *livestock traders* », en approvisionnant en particulier le siège de l'armée kényane à Langata, près de Nairobi, poursuit-il, songeur. Ils se sont même procuré une camionnette frigorifique. Ils ont compris que c'était un moyen facile de se faire de l'argent rapidement, en achetant ici à bas prix les têtes de bétail et en les revendant, débitées, deux à trois fois plus cher. » J'imagine l'avenir tout tracé des futures générations de moranes au sortir de leur initiation écourtée pour cause de productivité, rangés sous la pression de l'Etat et du marché en trois grandes catégories : policiers, militaires et marchands de bestiaux !
« Que font-ils de leur argent ?
— Ils l'investissent en totalité dans leur cheptel. Ils ont chacun au moins deux cents vaches, sans compter les bénéfices reconvertis dans plusieurs centaines de moutons et chèvres. » Recourbé ou en extension, Takula, aîné confirmé, a l'allant, la grâce et la spontanéité de quelqu'un qui a franchi toutes les étapes initiatiques. Nous adressant en signe de reconnaissance un sourire radieux qui rehausse l'expressivité de ses yeux noirs, il décline notre offre de l'aider. J'éprouve un sentiment de tranquillité au moment où nous repartons. En nous éloignant du puits, la *jeep* se

lance dans une ronde sinueuse à travers une végétation clairsemée au pied des contreforts de collines désertiques. Le rouge, l'orange et le brun viennent compléter le jaune dominant, et notre itinéraire, cerné de barricades et de broussailles, est vite devenu tortueux. Les courbes que nous empruntons et les nombreux détours que nous effectuons épousent des obstacles de fortune faits de l'entassement de branchages d'épineux. « C'est la privatisation de nos terres qui est en marche » me dit John en marquant une pause. « Le problème, c'est que beaucoup de ceux qui ont ainsi délimité leur futur ranch, suite au premier bornage réalisé par les services officiels, se sont empressés de le faire parce qu'ils ont été avantagés. Ces barrières d'épineux que tu vois sont autant de sources, actuelles ou à retardement, de graves conflits interindividuels. Le piège tendu par l'individualisation se referme inexorablement. » L'incongruité de la situation ressort d'autant plus que la nature lui oppose un démenti formel, elle qui a un malin plaisir à prendre sa revanche en desséchant toujours plus ces terres depuis longtemps désertées par les ruminants. L'absurdité est à son comble. J'ai une agréable sensation du soleil sur mon dos, l'impression aussi que ma sueur et mes courbatures sont elles-mêmes bienfaisantes. Les couleurs fauves des paysages qui défilent aspirent mon imaginaire, alors que Patrick, au sortir d'un virage en épingle, active le crabot, déverrouillant ses roues motrices. Le vague chemin qu'il connaît par cœur vient de s'incliner vers la gauche, découvrant loin, par-delà des arbustes de petite taille, la beauté brute d'une région sèche. La lumière me fait cligner les paupières. L'éclat du soleil est aussi vif que s'il était au zénith et, ici plus qu'ailleurs, grille l'herbe là où elle a encore la chance d'émerger d'un sol crevassé. Le ciel est d'un bleu délavé, presque blanc. Mes songes sont interrompus lorsque la voiture s'engage à l'intérieur de limites concentriques plus hautes et s'immobilise devant un bouquet d'arbres chétifs et dénudés. Mes yeux accoutumés à ce dédale de clôtures végétales m'ont empêché de voir que la barrière d'épineux que nous venons de franchir encercle un village, celui de John. Comme l'habitat de toutes les personnes «éduquées» ou détenant une position de pouvoir, celui-ci ne fait pas exception quant à son architecture et à sa composition hybride. Je déplie mes jambes ankylosées et, le soleil dardant sur moi ses rayons brûlants, je parcours en deux enjambées la courte distance qui me sépare d'un gros acacia vermoulu. Dans la fraîcheur de son ombrage, je distingue, outre les cinq ou six habituelles coupoles de bouse réparties autour du traditionnel *emboo*, des éléments que ne renierait pas un rancher. Une aire dégagée tient lieu de cour avec deux appentis et un grand tas de bois sur lequel caquettent une dizaine de poules, indifférentes à la chaleur. A l'ombre d'un commiphora tout tordu, un premier enclos fait de poteaux et de planches abrite de nombreux moutons et chèvres, éreintés certes par la température caniculaire, mais apparemment ni affamés, ni assoiffés. J'y entrevois une mangeoire, un abreuvoir et un pain de sel. On est certes à des années lumière de ces parcs à bestiaux de ranchs d'élevage où les bêtes tournent en rond, tandis qu'on les engraisse avant de les envoyer à l'abattage. De même que j'ai beaucoup de mal à imaginer l'endroit investi par des *cow-boys* au visage carré, sanglés dans leur uniforme, bottes et jean, et coiffés d'un Stetson. Me retournant et posant mes yeux au centre de la cour, une bien belle vision balaye ma crainte. Une jeune femme élancée et élégante est occupée à soulager trois ânes de leur chargement d'eau. C'est Naiduya, la sœur de John. A la différence de la tenue vestimentaire et des cheveux dont elle est dépourvue, elle lui ressemble jusque dans le timbre chaud de sa voix. Les amples drapés, enserrés à la taille au moyen d'une large ceinture de cuir brut, soulignent ses hanches étroites et sa poitrine ronde. Sa peau couleur de chocolat au lait semble douce et pleine de vitalité. Malicieuse et enjouée comme son frère, elle affecte de m'ignorer, occupée à dénouer les sangles de ses animaux de bât tout en feignant de marmonner. Une fois que je fais l'effort de m'approcher d'elle pour la saluer, et par une sorte de règle tacite, ses rires complices reviennent. Naiduya a quatre filles et deux fils, dont les aînés sont à peine pubères. Elle appartenait jusqu'à l'an dernier à la section des *Dalalekutuk*, mais, à cause d'un mari abusif, les anciens de Sajiloni l'ont autorisée à le quitter en emmenant ses enfants et le troupeau familial dont ils hériteront. Depuis lors chez son frère, elle est devenue une *Loodokilani* à part entière. L'appartenance d'une personne à une section n'est pas subordonnée à ses origines mais à son lieu de vie : « à l'instant où tu vis, il n'existe qu'un lieu de résidence. »

La poussière s'est accumulée en bordure de l'habitation en dur, bâtie au cœur de la cour, que la patine du temps n'a guère épargnée de sa noirceur. Intrigué par une sorte d'amphore géante attenante à la maison, je franchis les quelques pas qui m'en séparent pour l'examiner, n'en ayant jamais vu auparavant. John m'y rejoint et m'en explique l'usage : « c'est le réceptacle de l'eau de ruissellement qui provient du toit de ma maison. Très pratique... lorsqu'il pleut ! Les villages où il existe une maison moderne en sont à peu près tous dotés dans la région. C'est la SIDA[21] qui les a conçus, mais c'est nous qui en avons procuré les matériaux nécessaires.» Le fier ouvrage

en ciment a beau se terminer par un robinet, un tisserin a beau jouer l'acrobate et, tête en bas, ouvrir son bec, probablement en souvenir, je ne vois pas la moindre goutte s'en échapper. Le contraire eût été de la magie. « Ce sont les gens de l'Agence suédoise qui l'ont construit ? lui demandé-je.
— Ce sont nous autres, Maasaï, qui les réalisons. Un jeu d'enfant. Il suffit pour cela de prendre un sac en jute de cent kilos et le tendre en le remplissant de bouse jusqu'à ras bord ; puis, on l'entoure d'un grillage que l'on recouvre de ciment. Une fois sec, il n'y a plus qu'à en extraire la fiente. » Simple en effet, mais d'une grande ingéniosité. A condition qu'il pleuve, or il n'y avait trace d'humidité nulle part. Partout, étendues brûlées et points d'eau taris se disputent la palme flétrie décernée par le « dieu rouge » ! Patricia Nadupa débouche de l'arrière de la maison. Sa voix douce et rieuse s'est jointe à son geste pour m'offrir un gros œuf d'autruche en guise de bienvenue. « Il ne provient pas de l'élevage d'Elangata Wuas », me prévient-elle. « Je l'ai trouvé hier après-midi en rentrant de ma boutique. » J'imagine, en raison de l'orifice visible au sommet de la coquille, une omelette géante qui composera peut-être le menu de ce soir. Avec la complicité de ma cousine, elle m'explique avoir confectionné un gâteau pour mon arrivée. « Charlotte fait la sieste ! » me dit-elle. Je l'imiterais bien mais je veux rester aux côtés de son mari, au cas où il aurait besoin de mon aide et surtout pour créer un climat propice à l'intimité d'une conversation. Patricia est peut être replète — j'associe souvent les rares femmes maasaï revêtues d'une tenue occidentale à leur embonpoint, en général si opposé à la plastique sans

---

[21] *« Swedish International Development Agency »*

corpulence des femmes drapées dans des *ilkarash* —, elle n'est pas grasse et ses formes la rendent belle et gracieuse; elle a l'attitude caressante des êtres qui, naturellement avenants et doués de générosité, n'attendent rien en retour. Patrick nous a quittés, je suppose pour se rendre dans sa famille, dont le village n'est pas très éloigné du nôtre. Il est malgré tout situé à cinq kilomètres d'ici, et ce sont cette fois ses jambes qui devront le porter à bon port car, même s'il ne conduit pas, son employeur et ami ne se sépare jamais du véhicule dont il est responsable vis-à-vis du Diocèse, et auquel surtout il attribue symboliquement sa liberté de mouvement. Demain matin, cette marche n'empêchera pas Patrick de répondre présent, et dans la bonne humeur, dès la première heure du jour pour nous conduire jusqu'au lieu cérémoniel. A l'entrée du parc à moutons, Leken parle à Osupat avec force gestes. J'imagine la teneur de leur discussion animée sur le sempiternel thème de l'absence de résistance des espèces à haut rendement. Mon hôte m'emmène à l'extérieur de la barrière d'épineux. « Ici, les précipitations sont très instables et de plus en plus imprévisibles. La pluviosité n'atteint plus son taux normal qu'une fois à peine tous les dix ans, tu imagines ! C'est sûrement dû au réchauffement de la planète, me dit-il. Quoi qu'il en soit, j'ai fait venir un Tanzanien de l'ethnie *mbulu* pour aménager au fond de ce pli argileux que tu vois là-bas un réservoir d'eau de pluie. Après une saison humide même médiocre, je pourrai espérer y abreuver mes bêtes pendant trois mois ou plus. » La terre est tellement sèche que si c'était moi qui devais la creuser, je serais sans doute contraint de l'arroser auparavant à pleine eau. La quadrature du cercle pour une excavation dont le but est de la réserver avec parcimonie. Le soleil brûle, et pourtant le petit homme de peine, aux muscles miniatures, manie sa pioche avec une stupéfiante agilité et des gestes efficaces sur une terre plus dure que la pierre. Il a formé une cavité en demi-cercle dont le diamètre a deux bons mètres de profondeur de sorte que, la déclivité naturelle aidant, les 180° de terrain ovoïde forment entonnoir avec la paroi improvisée. Ces travaux de terrassement effectués par un tiers me rappellent que les Maasaï n'ont pas cessé, malgré les nécessités actuelles qui les contraignent souvent au contraire comme Takula avec son «puits qui chante», de considérer l'acte de creuser comme la chose la plus impure qui soit. Autrefois, les agriculteurs le faisaient à leur place en échange de têtes de bétail.

Aujourd'hui, ils continuent de faire appel à eux à chaque fois que leur situation économique le permet. J'aperçois juste au-dessus de l'ouvrage un troupeau de moutons qui se détachent, étincelants de blanc, sur les gris sombres. Suivis de deux chiens jaunes, la langue pendante et haletants comme si leurs côtes sont prêtes à éclater, ils s'accommodent de leur présence avec résignation. Je les comprends. Ces représentants de la race canine ne vont-ils pas jusqu'à donner du fil à retordre aux léopards, redoutables prédateurs ? De retour à l'intérieur de la ligne d'épineux protecteurs, je passe les deux heures suivantes à assister John Loosumpan auprès de son cheptel à présent au grand complet. Du moins si je ne parle que de ses ovins et caprins, car ses vaches sont au moins aussi rares qu'eau et pâturages. Seules quelques têtes sont disséminées, perdues au centre d'un enclos capable d'en contenir quatre cents. « Mes vaches sont parties depuis des semaines du côté d'*Ololtoret* où il y a encore un peu d'herbages. C'est un jeune aîné qui s'en occupe» m'explique-t-il d'une voix égale. Une pratique couramment utilisée par tout éleveur privé de son autonomie alimentaire. Il joint ses animaux épargnés au troupeau d'un chef de famille plus chanceux dont il propose le gardiennage. La rémunération en têtes de bétail qu'il perçoit pour cette tâche lui fera peu à peu recouvrer son cheptel. A voir les étendues brûlées autour de moi, la sécheresse s'est encore accentuée, comme si une malédiction pesait sur cette terre devenue grise et poussiéreuse. Une action « humanitaire » les empêchera peut-être de revivre le « Désastre[22] » qui, voici un siècle, avait contraint les survivants à se nourrir des peaux de leurs vaches momifiées ! Quelle place restera-t-il bientôt au petit éleveur, lorsque la poussière volera en gros nuages sur les plaines d'herbes étiques que les « business-ranchers » auront daigné leur laisser au pied de leurs immenses domaines dûment clôturés ? Charlotte, suivie de Merero, nous a rejoints. Recrue de fatigue, son visage n'a pourtant pas les traits défigurés par l'insupportable tension et l'excitation de la capitale française d'où elle vient. Le temps d'ici qui s'étire, impassible, l'a comme moi d'ores et déjà transfigurée. J'explore la peau sous le poil rêche ou la toison soyeuse du petit bétail qui ne se laisse pas faire. Je tente de repérer d'éventuels furoncles, signes précurseurs du verdict macabre d'une implacable enzootie qui a pour nom l'anthrax. Si moutons et chèvres sont moins exposés que les grands ongulés aux maladies mortelles transmises par la tique et la tsé tsé, raison pour laquelle, ici, on leur fait jouer un rôle non négligeable dans le contrôle de ces parasites en les cantonnant à la périphérie des pâturages pour réguler l'empiétement des mauvaises herbes, ils sont par contre impuissants face au terrible

---

[22] Les Maasaï l'appellent « *enkidaaroto* ». Ce terme qualifie un seul désastre, celui des années 1890-2 durant lesquelles ils connurent tour à tour variole, peste bovine, sécheresse puis famine. Il signifie surtout qu'il s'agit là, selon eux, de l'épisode le plus grave de leur histoire, une période où ils échappèrent de peu à leur anéantissement.

«charbon». Et là, ils ne peuvent pas compter sur leurs amies les vaches pour leur rendre la pareille. Entre les dents à peine desserrées par la poigne de John qui, à califourchon, s'est emparé de l'un d'eux, je plonge avec dextérité une grosse seringue remplie d'un puissant vermifuge. Opération que je répète avec le plaisir simple de partager une activité conviviale avec un ami. J'en oublierais tout le reste, sauf peut-être une cacophonie ininterrompue de cris geignards à la vue trouble de mon long cylindre tourbillonnant au-dessus de leurs têtes apeurées. Quelques tintements de cloche, deux «*maasai Greys*[23]» se sont rapprochés. Je sens leur souffle. «Elles sont bien portantes » dis-je. Je suis intrigué de voir côte à côte les deux vaches traditionnellement les plus recherchées. Un hasard ? Leur couleur symbolise l'abondance. La robe de la première, appelée *sirua*, est d'un gris moucheté de poils noirs et blancs. On l'associe ici à du lait cendré, tel qu'il s'écoule des calebasses stérilisées avec la braise d'olivier sauvage. Un tel zébu est censé produire du lait en grande quantité, mais il est aussi le plus prisé pour son inextinguible capacité d'adaptation. L'autre génisse est une *wuas*. Elle a les flancs brun rouge, piquetés de taches blanches. Considérée comme la plus féconde de leurs vaches, elle est aussi celle qui, au moment du vêlage, résiste le mieux au « pouvoir maléfique de l'œil». «Crois-tu l'explication selon laquelle, en cas de veau mort-né, seuls les mots prononcés lors du vêlement peuvent l'avoir emporté ?» demandé-je à mon ami, occupé à extraire une tique gonflée comme une outre, de la robe de cette vache dont les reflets lui donnent l'illusion d'avoir été éclaboussée de lait. «Bien sûr !» se contente-t-il de répondre, comme pour

[23] Les scientifiques se servent de cette expression pour définir le zébu maasaï.

accentuer le ridicule de ma question. Un long silence, puis il m'explique : « Ces mots-là sont synonymes de malédiction et sont assimilés aux yeux de celui qui les a exprimés. On appelle ces mots «les yeux qui ont tué». John était peut-être un catholique convaincu, il demeurait par dessus tout profondément enraciné dans sa culture. J'étais convaincu que c'était cet enracinement qui lui apportait la confiance en soi, nécessaire pour s'engager ailleurs sans souffrir d'une quelconque destructuration. Il s'est penché vers moi et me parle sur le ton de la confidence. « Il faut que tu saches. Quelque chose de terrible s'est passé le mois dernier dans le village d'à côté, tu sais, celui qu'occupe ma mère et mes autres frères. Takula avait de graves difficultés avec son troupeau, très affaibli par la sécheresse, lui qui ne possède pas beaucoup de têtes de bétail car il ne fait pas le commerce de la viande. Il était justement allé se confier à Kitungat (le plus jeune mais aussi le plus riche d'entre eux) pour qu'il l'aidât en lui donnant deux génisses en échange d'un bœuf malade. Kitungat s'est saisi du bœuf, l'a vendu mais n'a pas remis à son aîné les deux vaches convenues. » Il s'arrête de parler pour immobiliser un mouton pris de panique. J'attends la suite, impatient et inquiet. Des éleveurs associés par une relation de parenté ou d'alliance ont ensemble une réciprocité de droits sur le bétail, et ce type de relation est ponctuée par l'échange de têtes de bétail puis réactivée au gré des besoins par des dons et des contre-dons d'animaux. Une règle sacro-sainte qu'il est rare de voir enfreinte. Toujours très en vigueur aujourd'hui. Une telle association s'appliquant par extension aux groupes de descendance tout entiers tels que les lignages et même les clans, j'imagine sans peine le scandale qu'une telle attitude a dû provoquer. D'autant que Takula, qui n'était pas tenu de le faire, a assorti l'échange d'une contrepartie immédiate. Très grave en effet. Seul l'échange de bétail apporte concrètement la preuve qu'un individu a la volonté et le désir de demeurer *osotwa* (« cordon ombilical »), c'est-à-dire apparenté, avec un autre membre de sa famille, qu'elle soit proche ou élargie. Dans le cas contraire, une personne refusant d'échanger est cataloguée « mauvaise » (*oltungani torrono*) et « égoïste » (*opiak*). Pour les Maasaï, de telles valeurs demeurent à l'évidence incontournables en raison, disent-ils, du cordon ombilical, «même lieu dont nous provenons tous et qui nous unit ». John poursuit : « les anciens se sont réunis pour tenter de les réconcilier. Ils ont mis en garde Kitungat qu'avec un tel comportement, à l'avenir, nul ne lui vienne en aide. Ils l'ont exprimé par le proverbe «on doit se satisfaire de sa vie sans prétendre que le succès soit toujours au rendez-vous !» sous-entendu que quiconque est dépendant des autres à un moment ou à un autre de son existence. Deux jours plus tard, son jeune fils, âgé de cinq ans, n'est jamais rentré d'une journée passée à garder ses moutons. Tous les hommes de la localité ont été mobilisés. On l'a cherché partout, en vain. En fin de compte, des moranes vinrent nous prévenir le surlendemain qu'il avait été retrouvé de l'autre côté de la frontière, en Tanzanie. Il s'était égaré.

— Comment a-t-il fait la nuit pour se défendre contre les prédateurs ? A-t-il été aidé par des villageois ?

— Non ! Et il n'a même pas pu faire de feu, il est trop petit. Il nous a simplement dit s'être endormi au pied d'un arbre.

— Les moutons ont-ils été retrouvés sains et saufs ?

— Sains et saufs. Kitungat a compris qu'il avait enfreint une loi de la tradition, et que l'égarement de son fils était un début de sanction divine, un signal. Il a sacrifié plusieurs bœufs, les anciens sont venus nombreux pour le bénir après qu'il eut accepté de régler ce qui avait été convenu avec Takula et de compenser son préjudice en y ajoutant la « vache du respect ». Le rituel n'était plus là pour entretenir un ordre mais pour apporter une réponse à l'inattendu et à l'aléatoire. On ne plaisantait pas avec un tel comportement individualiste, dont la contagion menaçait d'engendrer une désorganisation générale. J'avais moi-même observé que l'intrusion de la modernité sous toutes ses formes — par exemple, la privatisation foncière et la vente, forcée ou non, d'un lopin de terre — avait multiplié les cas d'infortune individuelle ou collective (clans, classes d'âge), les accompagnant de rituels, sacrifices de bétail, ou recourant à la divination et aux mancies des hommes-médecine. L'infortune, malgré ou plutôt à cause du monde moderne les encerclant, n'en continuait pas moins d'être rapportée à une transgression, un manque de conformité aux règles qui régissent l'ordre social traditionnel, et à une agression divine. S'il est vrai qu'avec le temps tout change, les débauches de couleurs que s'offre le soleil me font penser que la nuit est pour bientôt. A cette heure-ci, il a viré à l'orange doré, donnant au paysage un air surnaturel. La terre et les arbres sont nimbés d'une lumière de miel, et la végétation flamboie d'un jaune d'or. Tout baigne dans cette lueur d'ambre, calme, apaisante. De loin, on pourrait prendre les pâturages pour des champs de blés mûrs. J'entends des ululements mais aussi des appels désordonnés et des glapissements, en provenance de la maison « moderne ».

Je discerne à travers la voix grêle de Naiduya le mot « serpent » ! John part comme une flèche dans la direction indiquée par le tumulte et la confusion. Lui emboîtant le pas avec un temps de retard, je fige ma course au moment de franchir la barrière menant à l'aire sablonneuse qui borde la construction en dur. John exécute comme au ralenti une figure qui me rappelle le kung-fu ou une autre discipline proche des arts martiaux, mais entre lui et l'amphore géante se profile la forme mortellement menaçante d'une « couleuvre-chapeau », autrement dit d'un cobra. Le soleil couchant donne à son corps une coloration vermeille, exerçant sur moi une fascination qui me fait comprendre pourquoi en Inde le « naja » est une espèce sacrée qu'il ne faut pas tuer. Mais nous ne sommes pas en Inde, même si ici la sagesse qui entoure le rapport à la faune sauvage est proche de l'enseignement de Bouddha.

Je me souviens de la terreur qui s'était emparée de moi, lors de mon premier séjour chez eux. Horrifié du nombre de serpents que mes pas dérangeaient dans les herbages, lors de mes marches d'exploration ou de gardiennage, j'avais naïvement demandé à Naiyielenya : « leur morsure est-elle mortelle ? Y en a-t-il parmi vous qui en meurent ? » Sa réponse sur ce point précis avait fait bien plus que me rassurer ponctuellement, elle m'avait à l'époque apporté un précieux code d'accès à leur culture. « Si tu n'as rien à te reprocher, tu n'as pas à avoir peur car il ne t'arrivera rien et même en cas de morsure, la guérison sera rapide, rien de mauvais ne t'atteindra car ni *enkaï* ni personne ne t'aura jeté de sort ! » m'avait-il répondu. Cette explication m'avait aussi permis de diminuer mes angoisses nocturnes à l'idée qu'un cobra eût pu glisser son corps froid à l'intérieur de mon sac de couchage.

Le serpent très venimeux que j'observe de loin a redressé sa partie antérieure et déplié ses côtes cervicales. Sa tête, comme encapuchonnée par cette posture critique, m'hypnotise malgré la distance. John, qui n'en est pas à son coup d'essai, lui fait face avec une présence donnant à croire

que, malgré les apparences, c'est lui qui intimide. Il n'est rien d'autre qu'en accord avec lui-même. Il plie les jambes, puis se détend sur le côté et, parallèle au sol, déploie son *engudi* qui frappe l'animal en son centre. Avec une déconcertante aisance, ce geste l'a soulevé de terre comme un fétu de paille. Simultanément au serpent dont la précision du coup, plus que la violence, a brisé les vertèbres, le silence est retombé.
Me frayant un chemin parmi des enfants grisés par l'aventure, j'accours jusque-là, irrésistiblement aspiré par cette bête mythique dont l'intrusion vient de me faire connaître la plénitude d'un temps fort, non pas d'avoir assisté à une mise à mort mais au contraire de m'être senti vivre au cœur d'un monde animal certes terrifiant mais qui existe encore dans son indomptable liberté. Temps fort aussi que de capter sur le vif l'image d'un John Loosumpan qui, malgré les gages trompeurs de sa tenue de ville, n'a rien perdu de ses réflexes de survie. Car il s'est bien agi de survie. Même s'il ne lui viendrait jamais à l'esprit de le traquer chez lui pour le chasser et le tuer, l'homme d'ici ne tolère pas qu'une telle créature sorte de sa retraite et poursuive ses proies à l'intérieur d'une zone d'habitations. L'imminence du danger est alors supérieure à toute autre considération, l'expérience lui ayant appris que si la dose de venin injectée par un cobra peut atteindre les 300 mg, 30 mg suffisent pour tuer un homme en bonne santé. Seule la mort d'un de ses proches, survenue peu avant, eût pu l'empêcher d'agir de la sorte. Dans cette circonstance, John lui aurait donné du lait et attendu qu'il s'en aille de lui-même. Les Maasaï croient qu'après la mort les âmes de certains hommes réapparaissent sous forme de serpents. En me courbant vers ce corps de tous les fantasmes morbides, à présent inerte, je découvre, à sa coloration gris

jaune, qu'il s'agit d'un cobra dit égyptien, celui-là même qui, improprement appelé aspic, avait tué Cléopatre ! Il repose sur un monticule verdâtre de bouse fraîche. Seenoi, douze ans, la fille aînée de Naiduya, qui porte des boucles d'oreilles de pacotille, minaude en scrutant mon mélange de dégoût et de fascination. Le serpent, porté à bout de bras par John hors des limites de l'enclos, gigote de façon grotesque, tel un pantin désarticulé dont on aurait sectionné les membres. La nuit qui est tombée sans que je m'en rende compte, s'est chargée de purifier le silence. Un silence radieux. Une exaltation merveilleuse m'envahit, engourdi sous une couverture mais le visage étreint par des courants d'air chaud. Que peut-il donc arriver de triste ou de grave quand tout est ainsi donné ? Après avoir entassé le bois nécessaire au centre de la « cour », nous avions allumé un grand feu. Le brasier s'élève sous un ciel étoilé à l'extrême. Le bois a une odeur acide et pénétrante. Je mange avec délectation le contenu de l'œuf d'autruche que l'hôtesse du lieu a su transformer en un quatre-quarts mœlleux, succulent. En le trempant dans ma tasse de thé au lait, j'ai le sentiment de vivre un grand moment. Bonheur simple dont je m'enivre doucement. Mais un violent bourdonnement grésille à mes oreilles. C'est John qui a ouvert son poste. Il insiste pour me faire entendre une chaîne française. La recherche est chaotique. Obstiné, il finit par capter Radio France International. Gilbert Trigano occupe l'antenne. Il est surtout occupé, de sa voix très œcuménique, à justifier, avec la bonne volonté de l'idéologue, l'ouverture sur le continent africain de nouveaux « villages » chers à son mythique Club Méditerranée. Je ris pour dédramatiser et ne plus avoir à écouter ce discours aseptisé de l'un des serviteurs zélés les plus reconnus de la pensée unique, dût-elle se rapporter au monde faussement inoffensif des loisirs. Un monde qui, sous le couvert obscurantiste du «rêve» apporté aux salariés de notre hémisphère, produit un monde de dupes privé de la vraie rencontre avec l'Autre.

Ma nuit sera agitée.

7

La nostalgie des moranes *loodokilani*

« Osina likiya eniaado »

« Ce sont les difficultés qui nous font avancer ! »

Je me penche sur le cadran de ma montre. Il affiche huit heures. Nous sommes confinés à l'arrière de la *jeep*, et, bien que la chaleur soit encore supportable, je transpire à grosses gouttes. Prévoyant, Patrick n'a pas cru bon de couper le contact, et, son levier de vitesses positionné au point mort, il appuie sur l'accélérateur pour éviter une nouvelle panne. A l'aube, cause de notre retard, la voiture a refusé tout net de démarrer. Il nous a fallu rameuter tous les bras disponibles du village, en incluant les femmes, pour la pousser en zigzag entre les buissons et les arbres jusqu'au sommet d'une petite côte, afin de lui faire prendre de la vitesse. John s'est extirpé de l'habitacle pour aller aux nouvelles. L'immense village sur lequel je promène mon regard avec circonspection est bien celui de l'*eunoto*, mais je ne vois absolument personne. Pour le moins étrange, alors que nous sommes venus assister à la plus prestigieuse de toutes les cérémonies collectives qui doit rassembler plusieurs milliers de personnes. Je bous d'impatience. Ce ne sont certes pas les obsessions d'un collectionneur qui me taraudent le plus. J'ai vécu l'intimité de bon nombre de rituels mais celui-ci, dont j'ai mesuré la charge émotionnelle en visionnant des documentaires, prend un malin plaisir à retarder le rendez-vous que j'espère tant. Ma classe d'âge il est vrai avait déjà conclu le sien lorsque j'avais débarqué la première fois à *Entepesi*. Paradoxalement, j'ai toujours préféré vivre le quotidien et la spontanéité des relations qui s'y tissent, plutôt que les grands rassemblements dans lesquels j'ai l'impression d'être repoussé dans un rôle de spectateur, de voyeur ou, pire encore, de gêneur. Non, je pressens juste que tous ces jeunes gens, dépositaires d'une culture à la fois forte et menacée, profiteront de cette ultime célébration de leur liberté pour se lâcher et aller au bout d'eux mêmes à la façon de désespérés lors d'un baroud d'honneur. Je vois John qui revient en mimant le dépit. Le connaissant, je sais que c'est bon signe. « Le rasage n'est pas pour aujourd'hui. A la place, ils sont tous partis à l'*olkiteng lorbaa* de Nangayai Lolgoo, le porte-parole des militants. Il est le fils de la sœur de mon père, me précise-t-il avec une légitime fierté.

— Je pensais que cette cérémonie « du bœuf-des-blessures » était réservée à ceux qui parvenaient à l'aînesse, peu avant ou peu après l'*olngesher*, lui rétorqué-je.

— Tu as raison, à l'exception du porte-parole d'une classe d'âge qui, à compter du mois où l'*eunoto* est célébré, peut décider de faire, en avance sur ses compagnons, son sacrifice de propitiation. »

Je savais que ce rituel était dans tous les cas effectué avant qu'un aîné ne fût autorisé à faire circoncire le premier de ses fils, afin que sa «souillure» ne pût se transmettre aux futures générations. Les Maasaï estiment que durant son temps initiatique de morane, il a pu être amené à commettre des torts ou des blessures. Le sacrifice d'un bœuf se charge donc de les purifier, préalable nécessaire pour qu'il soit à son tour reconnu de tous comme le « propriétaire des rituels » de ses fils. Le terrain que nous contournons est composé de vastes étendues caillouteuses plutôt que d'herbages et nous cahotons au ralenti en direction d'une mini-forêt située en contrebas au creux d'une vallée très encaissée dont la tache verte tranche avec le brun du paysage. Mais en nous rapprochant de la ligne d'arbres, la couleur dominante a viré au rouge. Les moranes sont partout, affairés par petits groupes à rôtir ou à bouillir la viande du bœuf qui a probablement été abattu et découpé dès le petit jour. D'autres encore se décorent à l'argile ocre et recouvrent leurs jambes de cette teinture moulue avant d'y tracer, du bout des doigts, lignes, courbes, motifs et dessins géométriques complexes. J'en repère encore d'autres qui, assis deux par deux, s'aident à se recoiffer ou à se faire de nouvelles tresses car je vois les paumes de leurs mains s'activer par brefs mouvements de torsion sur chaque cheveu mêlé d'un fil de laine ou de coton destiné à l'allonger. J'ai toujours admiré chez eux cette vertu d'entraide, si puissante qu'un morane ne doit jamais se déplacer ni se nourrir seul, règle instaurée pour que chacun, aussi pauvre soit-il, ait toujours assez à manger. Patrick vient de garer la Land-Rover. Le son, débarrassé du bruit monotone de la mécanique poussive, s'accorde avec l'image. En descendant de voiture, une vibration ininterrompue de paroles chantées sur tous les tons et un déferlement de rires m'assaillent. Un tempo bien différent de l'ambiance de ces fêtes récurrentes de chez nous où l'on se croit obligé de rire pour faire comme les autres et où a disparu le sens sacré lié au degré de développement personnel des qualités humaines. Des bribes de prière psalmodiée me parviennent comme pour mieux m'inciter à respecter ce lieu malgré notre intrusion intempestive : «...donne-nous la prospérité par surprise. Garde-nous jusqu'aux rides du vieil âge. Au revoir, aube céleste, jusqu'à demain, lorsque nous nous rencontrerons à nouveau dans la paix et dans les rayons lumineux de la prospérité...»

En passant devant ces couples d'une arrogante beauté et qui nous ignorent superbement, il me vient en tête une légende que raconte Tepilit ole Saitoti dans son autobiographie : « un morane *Kisonko* de Tanzanie reposait sa tête sur un lion qu'il venait de tuer quand, hors du fourré, surgit soudain un contingent ennemi qui le vit ainsi étendu.

Complètement indifférent, le morane n'exprima pas la moindre peur. Plusieurs ennemis brandirent leur lance et chargèrent sur lui, ayant l'intention de le tuer, mais ils furent arrêtés par leur chef, émerveillé par l'audace fantastique de cet homme qui ne bougeait pas. Le morane se garda bien de remercier celui qui lui avait sauvé la vie. Au lieu de cela, il releva la tête et s'écria avec colère : “sois maudit, je ne t'ai demandé aucune faveur ! Pourquoi n'as-tu pas laissé tes guerriers terminer leur travail ? Ne recommence plus jamais, après tout, nous ne sommes pas de proches parents!” »
D'un signe de tête, John nous dit de le suivre. Il s'enfonce dans la forêt, par un étroit chemin qui descend en pente douce. La vue est dégagée, les arbres étant très espacés et de taille modeste. Nous rencontrons une multitude d'aînés qui, eux, font montre d'un bel enthousiasme en nous saluant à chaque fois avec force démonstration de marques de bienvenue. Puis, en remontant sur notre droite, nous débouchons en vue d'une zone beaucoup plus resserrée. L'aire est plus ou moins ovale. Elle ressemble à la nef d'une cathédrale dont les piliers et les murs d'enceinte auraient été remplacés par des troncs d'arbres plantés très près les uns des autres, et la voûte, par le foisonnement de leurs branches chargées de feuilles. Il fait sombre, et je dois écarquiller les yeux pour discerner ce qui s'y passe. Au centre, trône un olivier. Adossés au tronc et assis côte à côte, deux moranes demeurent impassibles, tandis que face à eux deux aînés, en position accroupie, — les officiants si j'en juge par le bleu très pur de leurs drapés ; le bleu et le noir étant les couleurs religieuses par excellence, associées au dieu bénéfique *enkaï narok* — sont occupés à découper un gros morceau de viande rôtie. Tout autour, un parterre de moranes assis assistent avec recueillement à la

scène. Je distingue mal leurs traits mais, serrés les uns contre les autres, je devine qu'ils sont nombreux. Je remarque davantage les aînés superviseurs qui, pressés debout à la périphérie, sont éclairés à la faveur d'une trouée dans la voûte de feuillage. Juste derrière les deux maîtres de cérémonie, un morane s'est empressé de laisser sa place à Charlotte qui le gratifie d'un sourire radieux. Il est suivi par d'autres qui se poussent comme ils peuvent pour nous permettre, Leken et moi, de nous asseoir à notre tour. Osupat, Patrick et John ont rejoint les aînés dans la travée du fond congestionnée. Les murmures s'estompent, et l'émotion est palpable à mesure que l'assistance retient son souffle dans l'attente que quelque chose se passe. Un épais tapis de feuilles d'olivier d'un vert tendre a été disposé entre les deux célébrants et les deux initiés, apportant une note de fraîcheur et d'apaisement. Une viande bien dorée y repose et je sais qu'elle provient de la poitrine du bœuf sain que Nangayai à donné en sacrifice, car on choisit toujours ce morceau à l'occasion d'une telle purification. Nangayai, ses longues jambes musclées à demi pliées, garde la tête droite et le menton levé. Son attitude est ni passive, ni insolente. Elle est l'expression d'une nature profonde, caractéristique des jeunes gens qui ont appris les enseignements de la vie dans une *emanyata*. Expression d'une manière d'être soi-même en dehors de tout modèle étranger et superficiel. Le pommeau de son *olkuma orok*, prisonnier de sa main droite, est là pour rappeler *de visu* que toutes ces qualités physiques et morales sont bien celles d'un porte-parole. Il symbolise son rôle qui, au contraire de commander et de donner des ordres, est de diriger son groupe d'âge en fonction de décisions prises collectivement. En le voyant ainsi sans un mouvement de lèvres, j'ose formuler le vœu que l'histoire lui permettra de devenir à un âge avancé, un *olaïguenani kitok*, ce porte-parole de très grande renommée dont la seule présence suffit, dit-on, à garantir une prise de décision sans jamais devoir recourir à sa prise de parole. Sa tête est ceinte, au milieu du front, d'un bandeau fait d'une rangée de petites perles rouges et d'une autre, de grosses perles alternativement noires et blanches. Ses longs cheveux tressés autour d'une cordelière sont réunis entre les omoplates avec une lanière de cuir. Tout à la fois féminin, avec la finesse de ses muscles, la douceur de ses traits et la nature soyeuse de son épiderme lisse, et viril, avec ses pommettes hautes et ses larges épaules, il semble avoir atteint un équilibre parfait. Il a, comme les trois autres participants au rituel, un drapé bleu, quoique plus sombre, noué au-dessus de l'épaule droite, à la différence que sa poitrine et son dos sont soulignés par deux rangées de perles blanches et noires portées jusqu'à la ceinture en bandoulières croisées, synonymes de grande bravoure, tandis qu'un tissu rouge à carreaux lui enserre la taille. Les bracelets et les ornements de perles qu'il porte à ses poignets et aux chevilles lui auront été confectionnés par ses compagnes ou par les jeunes filles et les femmes qu'il a courtisées. De même que les perles assemblées, blanches et rouges, qui encerclent ses lobes d'oreilles, ainsi que les deux colliers ras du cou enjolivés d'un disque blanc, bouton trouvé dans une mercerie et non plus comme autrefois découpé dans la coquille d'un œuf de crocodile. L'autre morane, revêtu d'un tissu écru teint en bleu et muni d'un long bâton de berger, semble ailleurs. Ce doit être l'émotion, car son rôle clé de témoin de la purification de Nangayai lui vaudra d'acquérir, jusqu'à la mort, la plus prisée de toutes les amitiés. Le fait d'avoir été choisi comme le partenaire privilégié parmi tous ses compagnons d'âge, en est en soi la meilleure preuve. Toute leur vie, les deux hommes s'adresseront mutuellement par l'expression *enkiyieu aï*, «mon morceau choisi !», en référence à la poitrine rôtie du «bœuf-des-blessures», et leurs descendants auront à cœur de la perpétuer entre eux. Les deux aînés se sont levés de concert et portent ensemble la longue pièce de viande promise au porte-parole des «militants». Postés devant moi, je dois me contorsionner pour espérer entrevoir la mise en scène de leur bénédiction. C'est comme s'ils se servaient de la viande pour essuyer le front de Nangayai. Je les vois l'appliquant au-dessus de son nez, puis la remontant doucement jusqu'au sommet du crâne. Cette opération est répétée à trois reprises avant qu'ils ne la lui offrent en partage. Je ne parviens pas à entendre avec assez de clarté leurs paroles incantatoires pour en saisir le sens. Hormis les *naaï*, *naaï*, *naaï* ! — oui, mon Dieu ! — qui les ponctuent, elles sont susurrées plutôt que déclamées. Nangayai s'y prend à deux fois pour mordre dedans à pleines dents sans user de ses mains, et arrête là son effort comme s'il avait subitement décidé de s'en désintéresser. Mais, lorsqu'on la lui présente de nouveau et que, sans coup férir, il en arrache un morceau, je réalise qu'en agissant en deux temps, il n'a fait que se conformer aux instructions d'un rituel qui impose au prétendant à la bénédiction de marquer une pause avant de consommer la viande consacrée. J'imagine qu'agir autrement eût été faire montre de gloutonnerie. Or, un rituel ne sert pas uniquement à purifier. Chaque détail compte, dans sa capacité à faire comprendre à l'impétrant ce que la société idéale attend de lui et de sa vie future. Les aînés se sont déplacés et offrent à présent la viande au témoin, mais leur position de face m'empêche de le voir. Je suppose que la procédure ne doit guère beaucoup varier. De façon pour le moins étrange, la concentration de l'auditoire n'a pas attendu la fin pour se disperser dans tous les sens du terme. Alors que je m'amuse du manège opéré par cinq ou six moranes autour de Charlotte, un aîné vient d'un bond me proposer de m'adjoindre à lui pour consommer la tranche de viande grillée qu'il tient au bout d'une pique en bois. Leken, par l'odeur de la viande alléché, s'était déjà éclipsé sans demander son reste. Manger m'excite moins que l'impatience de connaître la suite, mais il n'y a aucun moyen de m'y soustraire. Et puis, l'attitude de cet aîné ne manque pas de m'intriguer. Grand et légèrement enrobé, il a l'humeur joviale qui correspond à l'air bon et généreux qu'il a exprimé au premier coup d'œil. Je ne suis donc pas étonné d'apprendre qu'il est l'un des aînés superviseurs de ces moranes en fête. Une telle tâche est confiée aux « compagnons d'âge idéaux », à ceux que l'on surnomme avec grand respect les *inkaminin* (« les bienfaiteurs »), à la fois généreux, sociables, toujours disponibles et surtout au sens de l'humour très affûté. Son humour est en effet décapant. « Je suis un grand ami de John, malgré mon embonpoint. On m'appelle Daniel ! » me dit-il dans un anglais approximatif du ton de celui qui se tourne en dérision, avant de poursuivre en français : « Comment ça ba, ça ba bin ? » Il me dit ne pas savoir lire, mais qu'en revanche il ne perd jamais une miette de ce qu'il entend à la radio. Il poursuit en commentant l'actualité internationale, de la guerre en Bosnie, où sont partis de nombreux jeunes Maasaï, à l'intervention américaine : « *Restore Hope* », en Somalie. Ses paroles coulent comme la lame de son coutelas sur la viande grillée dont il me tend des bouts à une cadence si rapide que mes mains n'ont que le temps de les saisir et de les accumuler. « Tu sais, les *Kaputiei* ne sont pas les seuls à connaître des problèmes politiques », m'annonce-t-il en affectant un air compassé.

Mais, la seconde suivante, ses yeux espiègles, qui se remettent en mouvement, me font ressentir très fort le fait qu'il a su me parler de cette question à l'instant même où je me la posais. Cela m'arrivait souvent avec *papaï* ou Leken, et j'étais convaincu que les Maasaï avaient jadis été de remarquables adeptes de la communication par télépathie. Il poursuit avec malice : « tu n'as peut-être pas encore remarqué, mais le village de l'*eunoto* ne totalise que trente-neuf maisons, alors qu'il est supposé en avoir quarante-neuf ! A cause de différends politiques entre les aînés du foret-à-feu, survenus après que Magadi est devenue une division administrative, les moranes des *imanyat* de Magadi et de Torosei n'ont envoyé ici que dix représentants. Du jamais vu, chez nous », parachève-t-il tout en ne se prenant guère plus au sérieux, ayant sagement compris que face aux débordements inhérents à la politique l'unique parade était d'en rire. Alors que Daniel s'est tu, j'entends, au timbre haut perché des voix et à la surexcitation ambiante, que l'assistance s'est féminisée. Nous sommes submergés par des femmes de tous âges qui ne sont autres que les mamans des moranes car des *isurutia*, deux spirales de cuivre spécifiques à ce statut, pendent à leur poitrine. Le changement de décor s'est opéré si brutalement que j'ai la sensation de m'être assoupi entre deux actes d'une représentation théâtrale. Les drapés unis teints en rouge des initiés ont été remplacés par les imprimés aux couleurs vives et aux motifs en tous genres que les mères portent comme elles veulent sur leurs *ilkarash* plus codifiés. Assises en cercle par petits groupes de dix ou quinze, je ne distingue plus que les sphères agitées de leurs crânes lisses danser au-dessus d'une végétation buissonneuse. Des aînés, chargés de morceaux de viande rôtie qu'ils transportent au creux d'un tissu accroché à la taille, s'activent à les restaurer. « Les Maasaï respectent les femmes car ils les craignent beaucoup », me dit Daniel sur un ton doctoral. « Vous avez aussi peur des femmes, en Europe ? me demande-t-il d'un air entendu. — « La communication n'est pas chose aisée dans le monde moderne » lui dis-je, sans m'avancer beaucoup. Je préfère revenir à ces femmes que j'ai devant les yeux : « ici, je connais une légende maasaï qui raconte qu'autrefois les femmes étaient maîtresses de leur sort. Elles vivaient entre elles avec d'immenses troupeaux d'élans qu'elles avaient domestiqués et ne voyaient les hommes que pour échanger et procréer ». « *ee pae* ! Oui, bien sûr » me fait-il, médusé. Il ne me laisse pas le temps de finir qu'il enchaîne avec gourmandise : « c'est parce qu'elles ont été négligentes avec leur bétail que Dieu les a contraintes à rejoindre les hommes. » Daniel me tapote l'épaule, puis se lève pour retrouver les autres «parrains» groupés autour du feu qui a servi à cuire le «bœuf-des-blessures». Les moranes convergent en rangs serrés de l'autre côté d'une flamme devenue vacillante. Ce lieu est symbolique car c'est en allumant un feu à l'aide d'un bâtonnet pivotant sur une plaquette de bois que ces aînés ont, quelques années plus tôt, créé leur classe d'âge. Le feu marque chaque étape de son cycle rituel, et c'est lui qui les fera renaître dans l'autre monde, celui des hommes mûrs. Ce cercle humain entourant le foyer symbolise aussi l'identité maasaï et l'idéal d'égalité qui s'y rattache. Les aînés exercent leur pouvoir éducatif sur les jeunes générations, sans exiger d'elles qu'elles se conforment à des relations de commandement-obéissance. La subordination hiérarchique, en principe fondée sur l'âge biologique, n'existe que pour distinguer entre ceux ayant atteint la pleine maturité sociale et ceux qui, pour y parvenir, doivent franchir

les nombreuses étapes d'une lente initiation. En voyant les jeunes membres de cette classe d'âge déjà unis par de très puissantes solidarités, je réalise pourquoi l'histoire maasaï n'en est pas moins fertile en cas de désobéissance à l'égard des anciens. Se sentant de plus en plus responsables vis-à-vis de leur société tout entière, à mesure que progresse leur apprentissage, ils prennent parfois sur eux d'appliquer le proverbe «la sagesse n'a pas toujours les cheveux blancs ! »
En dépouillant les archives coloniales, j'ai ainsi été bouleversé par le compte-rendu d'un cas comme celui-là. L'action remonte à une journée de septembre 1918, au cours de laquelle les moranes de la section *Purko* outrepassèrent la recommandation de leurs aînés de ne pas attaquer le poste administratif d'Ololunga, près de Narok. Ils le prirent d'assaut dans le but de s'opposer à l'ouverture d'une école et à l'enrôlement de force des enfants. Face à la passivité voulue des anciens qui considéraient toute résistance comme futile et dangereuse, — attitude justifiée lorsque je lirai en conclusion que cette opération fera quatorze morts et soixante blessés parmi les moranes— ils se sont sentis investis d'une mission destinée à sauver l'honneur de la société maasaï en même temps qu'ils sauvaient les enfants de ce qu'ils avaient déjà perçu comme une forme d'esclavage exercée par l'Etat.
Les pères spirituels brandissent leurs longs bâtons blancs, imités par les moranes dès qu'ils eurent fini de les bénir : « ... que Dieu vous aide à prospérer... Vivez en paix et heureux... » Bientôt, l'air que je respire s'est rempli de connivence avec eux et semble vouloir me transmettre, à travers leurs *naaï*, *naaï*, *naaï*, scandés dans les graves les plus purs de leur âme, la promesse d'un bonheur à venir. A quelque distance de là, mon oreille saisit le rythme plus

aigu de voix féminines qui leur font écho en vibrant d'une même harmonie. Tandis que les hommes continuent d'agiter en l'air leurs bâtons de berger, j'entrevois les femmes qui se sont regroupées en formant une longue haie d'honneur à l'orée de notre antre feuillue. La mélodie qu'elles chantent se fait pressante. Sans doute s'agit-il d'une invitation à les rejoindre. Avançant dans leur direction, les hommes, tous âges confondus, se sont mis à la file, faisant tournoyer leurs bâtons avec une excitation montée d'un cran. Je me lève et décide de me poster à l'entrée de l'étroit goulet formé par les deux longues rangées de femmes, qui se font face, et dans lequel les hommes de tête se sont engouffrés. La procession s'étire sur une seule file, les femmes fermant la marche sans cesser de chanter, soit en solo, soit à l'unisson. De concert avec le ronflement lancinant des hommes qui nous parvient de loin, l'ensemble musical engendre de fantastiques vibrations. Ici, tout est musique, l'homme et la femme sont la musique, et pour cela, nul besoin d'instrument particulier. Depuis son plus jeune âge, c'est en lui-même qu'un musicien apprend à la transporter. Avant de rencontrer les Maasaï, j'avais toujours considéré le fait de chanter comme un véritable cauchemar. Je suis encore traumatisé par le souvenir d'une fin de soirée chez des amis à Paris où, j'avais dû chanter, quand mon tour était venu, en lisant laborieusement, sur une partition de chansons françaises, les paroles qu'un autre accompagnait à la guitare.

En arrivant sur le plateau, en vue du village cérémoniel, les chants s'interrompent et la file se désagrège en une fraction de seconde. Le bel ordonnancement s'est mué en une pagaille indescriptible. Hommes et femmes courent en tous sens pour se munir de longues verges feuillues. Si les premiers, nonchalants, peinent à se déplacer tant ils sont

hilares, ce n'est pas le cas des secondes dont le sérieux s'affiche sur leurs visages déterminés. Les jupes ont beau battre la cheville, elles ne paraissent guère entamer leur vivacité ni leur rage.
Les hommes font l'effet d'avoir été anesthésiés, et je suis moi-même sans réaction lorsqu'à dix mètres à peine de l'endroit où je tente de me faire oublier, une meute de jeunes femmes se ruent sur un aîné dégingandé, demeuré coi alors qu'elles lui assènent une série de coups pas feints du tout. Le malheureux se trouve trop près de la brochette pourpre qu'elles convoitent et que j'aperçois, plantée dans le sol brunâtre, sec et friable. Je viens seulement de comprendre que nous sommes rentrés, au moment où je m'y attendais le moins, dans la seconde phase du rituel de purification qui consiste en une lutte humoristique entre les deux sexes pour la conquête de la viande. Si je n'avais pas su qu'il s'agissait d'un combat où les hommes s'arrangent plus ou moins pour laisser leurs femmes l'emporter, je ne l'aurais pas deviné, car les coups qui pleuvent à présent de tous côtés ne semblent pas du tout simulés. Les moranes, demeurés en retrait, s'y mettent à leur tour et fondent sur les femmes en mimant la férocité mais les tressaillements rieurs de leurs traits ont tôt fait de les trahir eux aussi. Un autre groupe d'aînés fonce sur une femme qui était sur le point de s'emparer de la brochette, et le manège des coups redouble d'intensité. Les branches fouettent l'air, je les entends siffler et se rapprocher de mes oreilles. Les femmes sont montées comme sur des ressorts et prennent du plaisir à fouetter les hommes, jeunes ou vieux. A l'instant où je vais prendre une photo de la scène tumultueuse et que je me colle à l'oculaire de mon appareil, un coup cinglant est porté par derrière sur ma nuque. La surprise et la douleur me font vaciller, mais j'ai encore la présence

d'esprit de prendre mes jambes à mon cou, car la femme qui en est l'auteur se précipite sur moi pour réitérer son agression. Là, je n'avais pas rêvé, la frappe était réelle, me confirmant que la gent féminine ne rate jamais une occasion, même s'il s'agit comme ici d'un rite d'inversion où la bonne humeur est de mise, d'en remontrer à l'homme. Essoufflé, je me mets à l'écart pour reprendre mes esprits. Je me rends compte que l'événement n'est pas passé inaperçu, les yeux rigolards des femmes étant à peu près tous braqués sur moi au point qu'elles en oublieraient l'objectif de se saisir du morceau de viande. Moi qui voulais me faire tout petit, c'était réussi ! Je venais comme les autres de me faire humilier, mais n'était-ce pas le but ? Non seulement je devais l'accepter, mais je pouvais être fier d'avoir contribué à la pleine réussite de ce jour mémorable. C'est ainsi que j'interprète l'attitude de John qui se jette de joie dans mes bras, comme si je venais d'accomplir un authentique exploit. Une clameur, je regarde. Les femmes exultent, elles ont profité de ce relâchement d'inattention pour subtiliser la brochette. Une à une, elles portent le trophée bien haut au-dessus de leurs têtes. Cette fois, ce sont elles qui ont pris les rennes du cortège. Les chants recommencent, qui laissent éclater leur bonheur sans calcul. Alors qu'elles pénètrent dans le village de l'*eunoto*, John me fait pivoter dans l'autre sens et m'indique le bas de la dépression. Une forme trépidante s'extirpe à grand-peine du creux que nous venons de quitter. « Je dois rentrer pour mes animaux, me glisse-t-il. Nous reviendrons demain au lever du jour, c'est promis. » Message reçu. Je serais bien resté, Charlotte aussi j'imagine, à la voir faire front avec autant de vaillance que d'enthousiasme aux assauts bon enfants des moranes. Dans la voiture, John, Patrick, Osupat et Leken sont tellement impatients de raconter des anecdotes sur ce qu'ils viennent de vivre, qu'ils parlent tous en même temps. Au centre du village en pleine effervescence que nous longeons, deux drapeaux semblent se défier au sommet de l'interminable courbe d'une branche qui fait office de hampe. Les couleurs vives du rectangle national contrastent avec le bleu uni du fanion de l'*emanyata*. Les moranes, rassemblés en demi-cercle, rivalisent, par vagues successives de deux ou trois danseurs, à qui bondira le plus haut. Cent mètres plus loin, à l'est de ce périmètre habité, mon regard interroge une seconde structure villageoise mais en miniature. Exactement comme si des enfants l'avaient construite pour imiter leurs parents. Je dénombre, à la périphérie d'un cercle imaginaire, neuf maisons ou plutôt neuf cabanes de branchage, recouvertes de peaux. Osupat, qui a lu dans mes yeux y répond : « plus on approche de la conclusion de l'*eunoto* et plus le village se concentre en un lieu restreint et dépouillé. En supprimant les divisions physiques, on consacre l'union de tous les membres de la classe d'âge. » John précise à mon attention : « c'est aussi le centre rituel où vont se dérouler les toutes dernières bénédictions. En général, lorsque ce village est édifié, le bœuf de l'*oloborru enkeene*, le tailleur de sangles, est sacrifié le jour suivant. » A l'entendre, demain serait donc l'une des deux journées capitales à ne rater sous aucun prétexte, la seconde étant réservée au sacrifice du bœuf de l'*olotuno*, le planteur. John poursuit : « le tailleur de sangles et le planteur ont été désignés sans le moindre problème. C'était début juin, lorsque les deux villages cérémoniels ont fusionné en ce village actuel de trente-neuf maisons. » Le «sans problème» sorti de la bouche de John est tout sauf anecdotique. Malgré l'immense honneur et le prestige qui entourent une telle charge, j'ai toujours entendu mes amis dire combien les hommes redoutent d'en être un jour désignés responsables. Ils ne veulent pas devenir différents de leurs pairs et surtout devoir se placer au-dessus d'eux. C'est pourtant bien ce qui arrive au premier jour de la seconde phase du grand rituel de la «plantation». Une fois élus, ils sont amenés à juger des comportements jugés indignes et à les sanctionner d'une amende en bétail. Devenus les gardiens spirituels de leur classe d'âge, leur mission est aussi de préserver à tout prix l'avenir de leur groupe d'âge en allant jusqu'à catalyser sur leur personne toute menace de désordre et d'infortune. Le «planteur» et le «tailleur de sangles» focalisent tout ce qui peut entraver la progression harmonieuse vers l'aînesse de leur génération. D'un coup, c'est leur liberté, si chère, qu'ils doivent accepter de perdre. Beaucoup de témoignages, oraux ou écrits, m'ont convaincu de cette franche et totale impopularité, et c'est un euphémisme, car combien sont morts dans des conditions mystérieuses, voire se sont suicidés, peu de temps après leur sélection en tant que leaders rituels ? « *Esupen* ! me dit John sur le ton de la confidence, leur désignation n'est pas une plaisanterie. Elle continue d'être vécue par les familles comme quelque chose de capital et susceptible de conditionner leur avenir. Elles sont conscientes que le moindre faux pas peut être fatal à la classe d'âge tout entière. Le choix est mûrement réfléchi par les moranes qui sont conseillés par les aînés. Les deux hommes pressentis pour devenir le « planteur » et le « tailleur de sangles » auront nécessairement une réputation sans faille et des qualités exceptionnelles. Ils seront sans tache dans tous les domaines et leur origine sera purement maasaï. Leur beauté physique ne souffrira d'aucun défaut et leur santé sera parfaite. Bien sûr, il faut qu'ils n'aient tué personne et que leur nom n'ait jamais été associé à la moindre infamie ou malédiction. Enfin, leurs parents doivent être vivants... » Je ne suis pas le seul à avoir l'attention captée par John, ou plutôt par le sujet qu'il aborde. Osupat et Leken se sont tus. Quant à Patrick, heureusement que les cahots lui font se souvenir qu'il est en train de conduire. « Le choix s'est fait sans heurt, mais leur sélection fut gardée secrète jusqu'à l'ultime moment de leur intronisation, en juin. C'était pour éviter le risque qu'ils se sauvent en apprenant la nouvelle, ou qu'ils commettent l'irréparable. Par le passé, il est arrivé que des moranes désignés trouvent le moyen de se rendre indignes de ce choix en s'infligeant une cicatrice ou en blessant quelqu'un d'autre. La façon de s'y prendre pour les affranchir de leur nouveau statut n'a pas varié depuis des temps immémoriaux. Elle est codifiée et, cette fois-ci encore, n'a pas failli à la règle. Deux aînés ont attendu le coucher du soleil avant d'approcher Shuro et Pararian pour les couvrir d'un vêtement neuf en peau de mouton et suspendre à leur cou des *isurutia*, tous deux symboles maasaï de fertilité. Mais ils l'ont fait en prenant soin d'être aidés par des moranes forts et aguerris, car Shuro et Pararian, c'est leurs noms, devaient avoir la tête bloquée pour qu'ils ne pussent se retourner à l'instant crucial où on les ceinturait par surprise. Tout s'est déroulé comme prévu. Ils ont été maîtrisés au moment où ils marchaient en direction du sud. Les deux choses à éviter l'ont donc été avec soulagement. On ne doit jamais les capturer lorsqu'ils se dirigent vers l'est ou l'ouest, deux points cardinaux associés à la vie et à la mort, ou lorsqu'ils se retournent, signe de vulnérabilité. C'est l'épreuve la plus délicate de l'*eunoto*. Maintenant qu'elle est passée avec succès, tout le monde est serein. » De retour chez John, le soleil couchant a strié le ciel apaisé de longs rubans de nuages blancs et roses qui s'effilochent jusqu'à ne plus être...

Le soleil est doré, éblouissant, déjà écrasant, et pourtant je claque des dents, je grelotte de froid ou plus sûrement de fièvre. J'ai dû tomber malade. Je marche depuis deux bonnes heures sur cette piste caillouteuse et chaque pas est une souffrance. Collines et ravines semblent dériver au loin comme si je les observais par le mauvais bout de la lorgnette. Cet univers minéral devient inhospitalier, tout n'est plus que défiance contre mon intrusion, et mes pensées bondissent d'un sujet à l'autre. Mon crâne est comme rongé par cette image obsédante de l'autre jour lorsque nous revenions en voiture du village de l'*eunoto* après la victoire des femmes. Nous avions trouvé un veau de John à moitié dévoré par un guépard. Sa tête était intacte et ses yeux, demeurés étrangement purs et vivants, m'avaient fait l'effet de me regarder en me confiant la mission de changer la nature de ce monde barbare.
Une autre image m'obsède, celle du chef administratif revêtu d'un complet strict et coiffé d'un feutre qui, invariablement, à chacune de nos allées et venues vers le village de la cérémonie, est là pour nous servir de guide comme si on visitait le Louvre. A chacun de nos départs, tandis que nous rentrons à pied une nouvelle fois dépités, il croit bien faire en nous répétant en anglais cette phrase la plus improbable qui soit : « *to morrow will be very colourful, there will be a lot of white people !* » Cela fait une semaine que nous nous levons au milieu de la nuit pour parcourir à pied les kilomètres qui séparent le village de John, de l'*emanyata* tant rêvée. John, accompagné de Patrick et de Steven, est parti toute la semaine à Narok organiser un séminaire sur les méfaits de la privatisation. Ils étaient navrés de devoir nous laisser ainsi, livrés à nous-mêmes, et, pour la sixième fois consécutive, le

« demain très coloré » n'a pas encore daigné se montrer. Non seulement le sacrifice du «tailleur de sangles» n'a pas eu lieu, mais, à chaque tentative, nous avons trouvé le village déserté. Je regarde en l'air des nuées de vautours se laissant porter par un courant thermique, planant et montant sans effort dans le bleu du ciel, à des centaines de mètres au-dessus de ma tête. Ils doivent être repus ceux-là, dis-je en ne m'adressant à personne et en fixant à présent pendant de longues secondes en contrebas une centaine de ces mêmes rapaces qui, posés tout près, me font penser à des hyènes à plumes. En s'engouffrant dans les entrailles d'un cadavre de vache, leur long cou déplumé me donne l'impression que c'est moi qu'il éventre. Charlotte et Leken se sont arrêtés un peu plus loin derrière moi pour voir défiler sous leurs yeux un troupeau de gnous faméliques. L'un d'eux est estropié. Il ne survivra pas longtemps ! Je mets un pas devant l'autre comme un automate dont les piles seraient sur le point de rendre l'âme. C'est la malaria, j'en suis sûr, car je ne suis obsédé que par la nivaquine que j'ai laissée chez John, comme d'autres, probablement est-ce le cas de Charlotte, le seraient par des mirages d'eau fraîche. Les piles de mon automate ont dû se décharger entièrement, pensé-je, alors que Leken et Charlotte me hissent à bout de bras à bord de la cabine arrière d'une énorme locomotive diesel-électrique. C'est à peine si je me souviens de l'exténuante marche que je viens d'effectuer. En tout cas, ma mémoire n'a rien imprimé des ultimes instants de mon errance, jusqu'à ce qu'à demi inconscient je commence à recouvrer quelque idée de la réalité. Je suis déshydraté au point que lorsque Leken me tend une bouteille de Sprite, je bois avec délice et sans retenue ce breuvage industriel tiède et d'ordinaire si insipide. Inondé de sueur mais la soif étanchée, je lève la tête,

suivant de mes yeux troubles le regard de deux femmes, chargées de provisions, qui se pose sur moi, interrogateur et ravi. Je suis assis sur le linoléum de la cabine entre Charlotte et Leken, dont la voix lointaine m'informe que nous sommes dans le convoi de Magadi en route vers Kajiado. Charlotte a le visage blafard, comme si on l'avait grimée en vieille femme avant le tournage d'une scène de film. Ses cheveux, devenus gris crayeux, sont prisonniers d'une épaisse couche de poussière. Les trépidations du train de marchandise en mouvement me mettent en proie à de sombres pensées. « On vient de quitter Mile 46. Nous descendrons au prochain arrêt, à Kampi ya Mawe, c'est aujourd'hui le *harambee* des femmes, John y est sûrement ! Nous profiterons de sa voiture... Tu ne pouvais plus avancer, on n'aurait jamais atteint son village à pied » m'assure Leken en s'égosillant à cause du bruit du moteur mais aussi de mon état second.
En entrant «en gare», au sortir d'un écheveau complexe de crêtes et de ravines, jamais Kampi ya Mawe ne m'était apparue aussi sinistre, comme si un cyclone s'était abattu sur ses cabanes en tôle enfouies sous un sable triste. Je me traîne vers la maison d'argile et de tôle ondulée de l'hôtelier-épicier. Un homme, très grand et voûté, vêtu d'une combinaison de toile, surgit de derrière un rayon, arborant un sourire commercial. Il a le front bas et le visage mobile. Miracle, il me tend cinq pilules à base de quinine et une bouteille de Sprite. Je la bois d'un trait, puis, chancelant, m'en vais m'écrouler sans demander mon reste sur la racine protubérante d'un gros épineux poudré qui trône sans grâce tout en haut de ce qui fait office de grand-rue et qui suggère plutôt le lit à sec d'un torrent de montagne. Le plus surréaliste dans tout cela, ce sont ces centaines de femmes, étincelantes dans leurs parures en bleu-blanc-

rouge, qui la remontent sous mes yeux hagards en contournant avec soin les roches les plus saillantes. Je comprends que la section *loodokilani* a adopté le même code de couleurs que les *Ilkaputiei* voisins. A l'*emanyata*, je n'y avais même pas prêté attention. Mais, je réalise surtout pourquoi la dernière phase de l'*eunoto* a été retardée, les femmes étant trop occupées à préparer leur *harambee*. Il aura fallu que je délire de fièvre et d'épuisement pour parvenir à une telle évidence. Tout me semble flotter comme ce sable gris, plus léger que l'air, comme ces paroles dites à voix basse par ces femmes déhanchées qui murmurent des incantations. Comme ces mots aussi, vociférés par un politicien et répercutés aux quatre coins de la «Carrière» par des haut-parleurs suspendus à des piques : « rendez hommage à ole Moi qui vit à Kabarak. Que Dieu lui vienne en aide car il dirige le Grand Kénya. Sanctifiez-le de vos applaudissements!... » Je suis seul, Charlotte et Leken m'ont quitté pour retrouver John et surtout Patrick, le chauffeur. Dans un rêve fantastique, je suis l'un de ces Maasaï atteints de syphilis que l'on exposait jadis à la malaria afin d'annuler les terribles atteintes viscérales et nerveuses provoquées par la maladie vénérienne. Fantastique surtout, le fait que les Maasaï aient découvert cet extraordinaire principe bien avant la médecine moderne occidentale, comme tant d'autres remèdes naturels qu'ils possèdent grâce à leur observation centrée de l'environnement. Mais ce n'était qu'un rêve, car je n'ai pas, Dieu soit loué, la syphilis. Patrick Olairumpe et Charlotte m'aident à fouler le sable fin jusqu'au véhicule garé au fond d'un jardin en friche. Leken est resté avec John à la levée de fonds pour les femmes. Les heures qui suivront et toute la journée du lendemain, je les passerai sur mon lit de peaux, grogui dans mon sac de couchage à attendre que la fièvre baisse. Elle

baissera d'un coup après que John, ayant abattu une chèvre, m'en fera boire la graisse mélangée à une décoction d'écorces provenant de cinq arbres différents. Le surlendemain, je me sens bien. Je n'ai même pas de courbature. Dans la voiture cahotante, où nous sommes cette fois au grand complet, chaque pore de ma peau absorbe la force du soleil levant et les souffles de vent qui me fouettent le visage tandis que ma tête repose sur la vitre baissée. La mort n'existe pas, la vie a repris le dessus. Je ressens comme à l'occasion de la première poussée printanière lorsqu'une légère brise capiteuse abîme vos sens. Des bruits sourds, répétés, des ronronnements épais, constitués de très basses fréquences, se mêlent soudain à ces senteurs, entraînant mon exaltation naissante à son paroxysme. De loin, c'est comme si une corde rouge, très tendue et immobile, relie deux cercles, un grand, l'*emanyata*, et un petit, le village des rituels. De près, je me sens transporté sur une planète évoluant dans un lointain cosmos, en quête d'une terre pure propre à recréer un passé idéal.
L'histoire de ces moranes en ligne se mélange à la mienne, sous le signe de l'éternel retour. Les sons étouffés d'une corne de kudu en sont l'écho désespéré. Les quarante-neuf moranes « les plus méritants » ont profité de mon absence d'un jour pour être rasés. Ce sont eux qui mènent la procession, l'air grave, leurs crânes encore humides d'argile et un trait de craie blanche barrant le front. Ils se raccrochent au rythme des coups réguliers de cette trompe animale qui traduisent au dehors leurs roulements du dedans. Serrés les uns derrière les autres, certains effleurent d'un doigt la main droite de celui qui les précèdent, tandis que, tous, portent trois longs bâtons de bois blanc qu'ils font reposer en paix à leur côté, à chaque pas ralenti. La paix, et non plus la guerre, c'est à travers les *ing'udisin*, les

bâtons de berger, la future mission de ces hommes en passe d'être mûrs. En tête du cortège, le «planteur» et le «tailleur de sangles» les arborent plus ostensiblement encore, ayant paré de deux plumes d'autruche le sommet de leurs substituts de lances en bois. L'émotion est palpable. Leurs visages n'affichent aucune expression et leurs yeux fixent un ailleurs dont ils sont les seuls à connaître l'existence. Couverts d'une toge en peau de la même couleur que l'ocre orange de leur propre peau, ils se distinguent de leurs compagnons d'âge. Ceux-ci en effet portent en cape des *kanga*, tissus imprimés, chatoyants de mille couleurs différentes, que le soleil matinal enflamme de ses teintes chaudes. Je repère une autre particularité. Les deux guides spirituels de la génération en mouvement ont à leur cou un ample collier de perles bleu-marine. Il symbolise l'ensemble de la classe d'âge dont ils sont les gardiens. Chaque perle est le cœur d'un jeune homme. Jadis, si l'un d'eux la jetait publiquement en la maudissant, le membre ainsi désigné pouvait, dit-on, en mourir. Par l'effet d'optique du lieu de biais et en contrebas d'où j'observe, j'ai la sensation forte que la ligne droite dans laquelle s'insèrent la multitude de moranes, sort du tronc d'un arbre en surplomb dont le sommet, par contraste, est composé d'un enchevêtrement de branches défeuillées. Tout tend vers le haut, les hommes, leurs bâtons, le tronc, les branches. Ces mille regards qui portent loin sont les mille rameaux de l'arbre dans leur élan vers le ciel. L'arbre suspendu au-dessus de leurs crânes rouges semble lui aussi tirer sa sève d'en haut. Il est tel l'arbre de vie que Dante nous fait rencontrer, dans la *Divine Comédie*, au vingt-quatrième chant de son « Purgatoire ».

En se rapprochant du village des rituels, la ligne mouvante que je suis du regard avec excitation me fait moi aussi progresser dans ce parcours initiatique à la façon de celui imaginé en trois étapes par le grand poète florentin. A droite, au cœur du village composé de neuf maisons provisoires, je compte quarante-neuf femmes, les mères des moranes honorés d'avoir été les premiers à être rasés. Elles achèvent de bâtir à la hâte un vaste enclos de peaux de vache, blanches ou noires, érigées au pourtour de pieux plantés à mi-hauteur. Cette circonférence de peaux figure peut-être, comme jadis le jardin clos de Dante, l'accès au paradis terrestre ! me dis-je. Mais à entendre les gémissements insistants de la trompe, à voir tous ces regards graves, visiblement frappés de nostalgie, ils lui tourneraient plutôt le dos. Je lis sur leurs visages la lutte intense qui les met aux prises avec eux-mêmes, avec un passé tout frémissant d'exploits accomplis pour sonder les limites de leur liberté. Cette liberté, à l'évidence, ils luttent encore pour ne pas la quitter. Ils se sont arrêtés à dix mètres de l'enclos de peaux. Même leurs voix se sont tues. Leur attitude figée est à la mesure de la confusion extrême de leurs sentiments au point que je les crois statufiés. Dans le périmètre de peaux, j'entrevois un aîné en train d'appliquer une jupe de cuir souple sur les naseaux d'un énorme bœuf noir. C'est ainsi que les sacrifices rituels se passent chez les Maasaï, par suffocation. Le bœuf a cessé de tressaillir mais l'aîné continue de presser sur le mufle de l'animal prisonnier d'une peau elle-même encerclée d'une épaisse lanière. Son sacrifice a cette fois encore suivi la règle qui consiste à le positionner au sol de façon codifiée, de telle sorte à conforter la société maasaï dans son fondement historique et culturel. En effet, contrairement à un abattage classique, le sacrifice organisé dans les grands rituels collectifs métamorphose le bœuf en une icône, image sacrée de la plus haute importance. Celui-ci est plaqué à terre

puis positionné sur le dos, tandis que sa tête pointe vers le sud et sa queue, vers le nord, évoquant la provenance historique du peuple maasaï ; quant à ses flancs, le droit est dirigé à l'est et le gauche, à l'ouest, établissant ainsi un lien étroit entre les côtés «favorable» et «défavorable» du bœuf, et les directions des soleils levant et couchant, respectivement associées à la vie et à la mort. Tout ceci rappelle la généralité de leur migration du nord vers le sud et la particularité de chacun qui, dans le périple de son court passage sur cette terre, voyage de la vie vers la mort, c'est-à-dire métaphoriquement d'est en ouest.
Le silence assourdissant est rompu par la voix enjouée de Daniel autorisant ses protégés à pénétrer le cercle magique. Il me gratifie d'un clin d'œil. Il avait disparu depuis notre première rencontre, et le voilà qui réapparaissait à un moment où je l'attendais le moins. Sa gaieté est toujours aussi communicative. Je souris à détailler sa gestuelle ainsi que sa tenue. Il est vrai que le long drapé jaune d'or qui l'habille de pied en cap ne passe pas inaperçu, d'autant que le soleil de huit heures en accentue l'éclat comme si la couleur criarde de l'imprimé ne suffisait pas. Je ris vraiment lorsque adoptant un air martial, à la façon d'un major de l'armée britannique, il plie le bras droit et referme prestement sa main sur l'extrémité d'un *esiare narok*. La partie de la robe du bœuf entre le cou et l'abdomen est tranchée. L'animal a cessé de vivre depuis longtemps et l'officiant lui perce le cœur, faisant affluer son sang dans l'ouverture béante. Drapé dans une tunique bleu ciel, l'homme-médecine dépose dans cette poche aménagée une poudre qui protègera l'avenir de tous ces postulants à la vie d'adulte. Un à un, porte-parole et leaders rituels en tête, ils viennent s'agenouiller et, comme on embrasse une icône, plongent le visage dans le liquide

sacrificiel. Les secondes qu'ils passent ainsi, immobiles, les lèvres immergées, sont interminables. Et lorsqu'ils se relèvent, une nouvelle teinte de rouge barre le bas de leur visage sur toute la largeur. Le sacrifice n'initie-t-il pas à ses mystères les jeunes de la religion maasaï ? Ne comprennent-ils pas la nécessité du sacrifice, leur version du baptême, comme jadis les chrétiens qui devaient être lavés dans le sang de l'agneau ? Chez nous aussi, le sang de l'agneau, remplacé aujourd'hui par de l'eau, était à l'origine le sang d'un taureau sacré. Enfant, je me souviens d'un livre qui m'avait beaucoup marqué. On y parlait des courses de taureaux en Espagne comme d'une version ultérieure du même sacrifice. A Merida, on avait construit des arènes au-dessus d'une antique chapelle romaine consacrée à Mithra et où les centurions se dévêtaient et étaient rebaptisés par le sang d'un taureau blanc avant chaque combat pour recevoir la force de lutter contre leur ennemi. A mesure que le sang diminue et pour donner à chacun une pleine mesure de la boisson rituelle, le prêtre de la cérémonie y verse un mélange de lait et d'hydromel. Une vibration sourde roule dans le lointain. Mes yeux se braquent vers la forêt où nous étions l'autre jour.

Un tout petit point rouge s'anime sur la toile bleue de l'horizon, nouvel effet d'optique. Comme ragaillardis par le sang du sacrifice, les centaines d'initiés se précipitent au dehors du cercle de peaux et laissent éclater leurs émotions jusque-là contenues par des cris brefs et perçants. La trompe sonne en accéléré, les voix produisent des sons de plus en plus aigus; les bâtons clairs pointés au-dessus de leurs crânes rouges se découpent dans le ciel clair. « C'est l'*olamal*, ils reviennent de la montagne où ils sont allés chercher l'*enkorien*, sculpté dans le tronc d'un olivier sauvage, me lance John.

— Pour quel usage ?
— C'est notre arbre sacré. Le support du drapeau de la *manyata* provient de cet arbre, et maintenant c'est au tour de l'*osingira*. Il sera planté au centre de la «grande maison des rituels». » J'aperçois non plus un point mais une ligne compacte de moranes serrés les uns derrière les autres, se mouvant avec lenteur. La longue et lourde pièce de bois qu'ils portent à hauteur d'épaules ressemble à un python maintenu déroulé pour lui interdire d'exercer sa puissante et fatale étreinte. La vibration s'est changée en clameur. En une ondulation unique due à une danse exécutée à l'unisson comme si leurs corps n'étaient plus qu'un, la file des « buveurs de sang », emmenée par Nangayai, porte-parole des «militants», vole à la rencontre des porteurs sacrés. Je les suis. Lorsqu'ils se retrouvent à cent mètres de l'autre groupe, leur progression se fait plus lente, brusquement sinueuse, telle la reptation d'un python qui exécuterait une danse ensorcelante à l'approche de sa victime. Le «planteur» est passé en tête, comme pour dire que sans lui *eunoto* et classe d'âge ne signifient rien. Il est, comme le soleil resplendissant à l'arrière-plan, un rappel du Tout qui dissout toute forme de dualisme. Le tronc d'olivier sauvage qu'il s'apprête à planter au centre de l'*osingira* symbolisera non seulement la cohésion d'une génération, mais aussi l'équilibre et la complétude, en un mot l'unité intérieure de chacun d'eux. Dans nos sociétés asphyxiées par le matérialisme, ces rites de passage font cruellement défaut. Je ressens très fort, à les voir, que mon esprit et mon corps sont en manque. Chez nous où tension et dualité règnent en maîtres, il n'est pas étonnant que nous demeurions toute une vie prisonniers de l'indécision et du manque de confiance en soi. La musique est douce, les rires dominent. Pourtant, les moranes des deux groupes se

rencontrent par vagues qui moutonnent sur un rythme empreint d'une indicible vigueur.

Défilant l'une l'autre en sens contraires, les deux lignes humaines se passent en revue tandis que les hommes se congratulent en effleurant le haut de leurs épaules d'un coup bref. Les tresses de ceux qui n'ont pas été tondus volent en tous sens, le stress de tout à l'heure n'est plus. Nangayai mène à nouveau son groupe, mais cette fois il est composé de l'ensemble des «militants», puisque ceux qui transportent le lourd pieu en bois ont attendu que les moranes venus à leur rencontre reviennent sur leurs pas pour les suivre en file. Hormis Nangayai qui continue de tenir sobrement son club de bois sombre, tous sans exception, porteurs inclus, n'ont de cesse de brandir leurs bâtons toujours plus haut. Mais j'oubliais les femmes ! Mères et jeunes filles se sont jointes il est vrai discrètement au moment où la chaîne humaine se démêlait à nouveau presque entièrement. Je les entrevois qui ferment la marche et répondent par des mélodies douces aux sons gutturaux poussés par les hommes. Nous sommes de retour à l'intérieur du village rituel. Les moranes du bois d'olivier ne sont plus visibles de là où je suis maintenant, tant la foule des jeunes gens est compacte à mesure qu'ils comblent les rares espaces encore libres. Leken n'a pas quitté Charlotte, et je l'observe depuis ce matin n'économisant ni les mots ni les gestes pour lui expliquer le sens de tel ou tel détail. Même s'il avait été écolier, je savais combien il était bien plus fier d'avoir été morane toutes ses vacances durant, et bien sûr d'avoir en son temps accompli l'*eunoto* si prestigieux. Sur ma gauche, deux ainés s'affairent encore sur le bœuf dont il ne reste que la tête et une portion restreinte de la robe. Sa viande a été dépecée, et, à en juger par l'épaisse fumée qui se dégage du foyer aménagé derrière moi, à l'intérieur de l'enceinte de peaux, ils n'ont guère non plus attendu pour la mettre à rôtir. John me tire par le bras pour me montrer, excentrée, une couronne de longues branches feuillues s'agiter très haut au-dessus d'une foule surexcitée. Sans l'aide de John, je ne me serais jamais douté de la présence des mères des moranes au pied du bouquet en train de s'épaissir, tant leurs fils les ont submergées par le nombre mais aussi par le volume sonore. Et puis surtout, je croyais toutes les femmes à l'arrière de la procession ! « Elles édifient l'*osingira* à l'emplacement qu'elles ont délimité avec la sangle taillée dans la peau du bœuf de l'*oloborru enkeene* », me dit-il d'une traite en criant pour se faire entendre. Cette bande de cuir symbolise l'unité de la classe d'âge au même titre que l'olivier sauvage, d'ailleurs probablement déjà planté au cœur de la maison rituelle en construction. Pour ne rien manquer, il faudrait avoir le don d'ubiquité, mais, plutôt que de restreindre ma capacité de perception aux seuls faits visibles, parvenir à ressentir une atmosphère est de toutes façons ce qui m'importe le plus. L'assistance se disperse et, maintenant qu'elle est clairsemée, j'entrevois la maison des rituels qui, du fait de la vitesse d'exécution, semble avoir été érigée d'un coup de baguette magique. Trois femmes sont montées sur le toit en devenir pour achever de recourber les hautes branches flexibles, qui, l'instant d'avant, formaient encore un bouquet d'interminables tiges feuillues pointant vers le ciel, et les arrimer au treillis de branchages de la partie supérieure à l'aide de liens végétaux. John est revenu auprès de moi avec un morceau de viande rôtie, embrochée sur deux branches croisées. Nangayai l'accompagne. Ses yeux sombres scrutent mon être. Si les yeux sont les fenêtres de l'âme, la sienne doit être impénétrable et majestueuse. J'y vois des plaines infinies et sauvages, des rivières impétueuses, des arbres élancés et protecteurs, des montagnes sacrées, et la volonté de respecter tous ces éléments pour continuer d'être libre. Il a su rester un Maasaï vivant dans l'un des plus beaux sites de notre planète terre. C'est sans doute le message qu'il a voulu me transmettre car, sans avoir prononcé un mot, il est reparti parmi ses compagnons d'âge. Je suis accroupi et mange la viande sans être du tout à ce que je fais. Mes yeux vagabondent dans le ciel, là où des vautours, toujours plus nombreux, semblent vouloir se rapprocher du miroir bleu, comme s'il leur réfléchira la promesse d'un festin sans commune mesure avec les maigres reliefs du sacrifice d'ici-bas. Lorsque mes yeux redescendent sur terre, ils n'osent croire ce qu'ils voient. Jusqu'alors, je ne m'étais rendu compte de rien, ou avais-je feint de l'ignorer, tant le contraste est grotesque. Une *Land-Rover* est garée à l'entrée du village rituel, portière arrière grande ouverte. Un homme massif y distribue des sodas, et, à en juger par le nombre de moranes qui s'y agglutinent, l'affaire doit rapporter. J'ai tôt fait d'imaginer les peaux formant l'enceinte sacrificielle remplacées par des panneaux publicitaires Coca-Cola, Fanta ou Sprite, comme dans une arène sportive. La présence de ce vendeur ambulant m'est insupportable. Je la ressens comme une violation de ce qu'il y a de plus sacré. Mais eux sirotent avec naturel leur liquide à bulles acheté à prix d'or, comme me le confirme John : « c'est Mohammed, le colporteur pakistannais de Mile 46. Les gens du village l'aiment bien et l'ont adopté. Depuis plusieurs mois que l'*eunoto* a commencé, il ne ménage pas sa peine et fait le trajet tous les deux ou trois jours. Il a compris qu'en profitant de cet afflux de monde résidant loin de toute boutique, il pouvait vendre beaucoup et, pour certains produits, deux à trois fois plus cher... » John m'invite à nous y rendre. La *jeep* regorge de vivres, de sodas et d'une multitude d'autres choses bien ciblées par notre homme. Incrédule, j'aperçois dans la pénombre de son antre mobile des boîtes Kimbo de toutes tailles, des monceaux de paquets de lessive Omo, de savons, d'aspirines, ainsi que d'énormes sacs de pommes de terre, de riz, de thé, de sucre, de bonbons, de tabac à chiquer et à priser, etc. Mohammed, gouailleur et bon vivant de soixante ans, a de la répartie à revendre. Mais, selon l'interlocuteur, la truculence de son verbe swahili mâtiné de mots maasaï se change parfois en une violence qui n'est plus comique du tout. Lorsque je le salue, ses petits yeux enfoncés bougent sans arrêt. Il ne plaisante pas et, malgré notre présence, continue de morigéner un morane par trop débiteur, refusant tout net de lui faire à nouveau crédit. Leken et Charlotte nous ont rejoints. Mohammed, bon prince, s'est calmé. Pour nous, il a extrait de sa caverne d'Ali Baba une caisse de Coca-Cola en bouteilles qu'il décapsule d'un geste auguste et avec la fierté de celui qui reçoit des hôtes de marque. Il nous introduit auprès de son épouse, demeurée assise dans la cabine. Elle a l'allure fière et discrète. De grands yeux noirs remontés en amande vers les tempes illuminent un visage rond et sensuel, et de longs cheveux entrelacés de fils d'or cascadent sur ses épaules. C'est Leila, une jeune femme somali. Nous nous asseyons sur des caisses vides renversées, du côté du véhicule donnant encore un peu d'ombre. Mohammed est intarissable et ses propos que nous qualifierions de café du commerce prennent ici un tour qui surprend par leur absence de connotation péjorative. D'ailleurs, il n'est qu'à voir John et Leken rire de bon cœur et même surenchérir avec lui. Les apparences, comme la plupart des jugements *a priori*, sont trompeuses.

Tandis que j'en suis à liquider une troisième dose du breuvage le plus emblématique de la mondialisation, et que je m'efforce de suivre la conversation à présent axée sur l'inaction coupable de l'élu local, les affaires n'en continuent pas moins de tourner à plein. Mohammed a passé le relais à son commis, un jeune homme également très farceur que je sais *kikuyu* pour avoir entendu notre vendeur prononcer le nom : Kinanjui. Mais il n'a pas l'autorité de son patron. En me penchant au-dessus de mon épaule, je l'entrevois submergé par les vagues malicieuses des moranes. Devant lui, la file d'attente continue de grossir. J'ai la sensation d'être à la buvette, comme on dit chez nous, en train de me rafraîchir à la mi-temps d'un match de football d'un village de campagne. Une impression vite balayée par ces mêmes hommes en rouge, car, en me concentrant à nouveau sur eux, ils me rappellent que ce sont eux le gros d'une assistance composée d'acteurs jouant leur vie. Au cœur du village de peaux, les maîtres de cérémonie se sont levés pour déposer toutes les pièces brunes de viande rôtie sur un lit de longues tiges vertes semblables à du roseau. Courant en tous sens, les jeunes moranes ne sont pas long à se rassembler à l'extérieur du village rituel des neuf maisons. Leila, Mohammed et Kinanjui ont été laissés seuls avec leur chargement d'un autre temps. Nous aussi, nous nous sommes désintéressés de nos bouteilles à demi pleines pour accourir là où l'interminable file rouge s'est à nouveau formée. Les centaines de gorges, dansant au-dessus de l'arc en mouvement, expulsent une immense rumeur caverneuse. Les porte-parole emmenés par le «tailleur de sangles» pénètrent le cercle qu'ils parcourent, en ondulant doucement, dans le sens des aiguilles d'une montre jusqu'à en faire le tour complet et être les premiers à s'asseoir à droite de l'entrée. Les autres suivent en cadence, se serrant les uns à côté des autres. L'alliance des couleurs, rouge, vert, paille, est puissamment belle. L'*osingira*, qui, située à deux pas de là, domine le cercle, brille comme un panier géant qu'un vannier aurait renversé pour achever d'entrelacer les dernières fibres végétales. Ils sont tous assis, prêts à recevoir la bénédiction de la viande du sacrifice. Je surprends Patrick et Steven, l'œil attendri rivé sur moi, plus attentifs à guetter mes réactions qu'à suivre dans le détail les évolutions du rituel. Je me suis posté derrière Nangayai. Devant moi, six aînés de bleu vêtus avancent deux par deux. Les trois paires, transportant chacune des morceaux différents, viennent d'entamer le cercle humain à bénir dans le sens contraire des aiguilles d'une montre. Les deux premiers parrains portent une pièce très lourde, la poitrine du bœuf, et, par trois fois, en essuient la tranche de l'extrémité supérieure sur le visage du «tailleur de sangles».

A deux reprises et sans faire usage de ses mains, le leader rituel bloque la viande avec ses dents. Il en arrache un bout, qui est beaucoup trop gros à mâcher. On l'autorise à cette phase à se servir de ses mains. Les rires fusent, lui-même est fou de joie. Les aînés suivants ne sont pas trop de deux pour tenir plusieurs organes de l'animal sacrifié dont, parmi eux, je discerne le coeur, le diaphragme et les poumons. Le mouvement de bas en haut en partant du nez est le même, et le final provoquant l'hilarité n'a pas varié, à cela près qu'elle se conjugue à présent avec l'explosion de rire suscitée par la conclusion tout aussi catastrophique de la bénédiction de Nangayai. Celui-ci a mordu tellement fort dans la viande qu'il en a enlevé un pan énorme. Les aînés restent plusieurs secondes pantois à fixer leurs mains et la minuscule tranche qu'ils ont réussi à sauver. Les cinquième et sixième aînés ferment la marche en distribuant à chacun une poignée de petits morceaux. A mi-parcours, le bourdonnement initial s'est mué en un torrent de paroles et de rires en cascades. John me glisse à l'oreille que nous devrons rentrer avec le colporteur. Il est d'accord pour nous ramener. Je n'ai pas le temps d'acquiescer qu'il a filé. John a toujours eu peur que ses animaux manquent de quelque chose. Son inquiétude ne se dément jamais, et la sécheresse actuelle n'arrange rien. Qu'ils puissent souffrir sans qu'il soit auprès d'eux pour les soigner lui est insupportable. Les autres pères du foret-à-feu se sont assis au centre de la circonférence sacrée et se nourrissent des restes. Charlotte est venue m'interroger sur ce que Leken ne lui a pas encore révélé. Elle note tout. Les six aînés de la consécration quittent le cercle, leur rituel accompli. Un silence surnaturel a enveloppé l'enceinte des peaux alors que je lève les yeux au ciel. Loin dans les profondeurs, la structure des nuages s'éclaire de la lumière en nappe du soleil couchant. Les moranes se lèvent et s'insurgent contre le fait d'avoir une taille insuffisante pour atteindre la voûte céleste. Ne tentent-ils pas d'y parvenir en dressant leurs bâtons le plus haut possible au-dessus de leurs têtes ? Le tumulte a repris, plus soutenu, plus cadencé aussi. Les initiés se faufilent vers l'unique sortie du premier cercle d'une façon que je n'avais jamais observée auparavant. Il en émane une première impression de désordre. Mais elle n'est autre que mon désarroi devant la capacité de ces centaines d'adolescents à passer si vite et si spontanément d'un état de recueillement à une surexcitation exprimant par leurs corps magnifiques la joie intense qui les habitent. Le désordre est en fait une vraie chorégraphie, les moranes bondissent en tous sens, les pieds joints, et, malgré leur nombre et le resserrement du passage, jamais ne se gênent. Au contraire, des cris brefs et perçants pour unique chant, c'est comme s'ils recherchent l'éclatement de l'ego pour parvenir ensemble à des qualités supérieures d'élévation, d'ivresse et de joie extrême, voire à une expansion de la conscience. Une fois dehors, c'est une seule file qui progresse à pieds joints vers l'une des neuf sorties du second cercle, à travers la barrière dédiée au «tailleur de sangles», comme me l'explique Leken qui me fait l'effet d'avoir rajeuni de dix ans. Je cours, tout essoufflé à ses côtés, Charlotte est devant dans une tentative désespérée de rattraper la file indienne. Même à pieds joints, ils ont une avance considérable sur nous. J'aperçois les premiers en train de franchir la ligne épineuse du troisième cercle, dans la poussière rougeoyante du soleil déclinant, et j'entends les sons intérieurs de la corne de kudu venir à mon secours comme le signal d'une corne de brume. Une corne qui s'étiole en un son beaucoup plus banal de klaxon. La *jeep* de Mohammed nous coupe dans notre élan. « Les jeunes, si vous ne voulez pas faire tout le chemin à pied, c'est le moment. J'ai fini mon business pour aujourd'hui... » nous fait-il, rigolard. Son moteur crachote une fumée noire, sa guimbarde cahote. Il ne prend même pas la peine de s'arrêter. Kinanjui nous hisse à l'arrière comme il peut. La charge intense de ce que nous venons de vivre est éphémère, et, malgré ce changement brutal de notre état, je me concentre pour la conserver pure, intacte. Nous avons toutes les peines du monde à trouver le moindre interstice entre les montagnes de produits pour nous mettre sur notre séant. Nous finissons par les gravir, aidés dans cette périlleuse ascension par le faisceau de la lampe torche actionnée par le jeune vendeur. Faute d'ouverture, notre capharnaüm est plongé dans le noir. Mohammed est passé en première pour aborder une série de descentes et de montées qui zigzaguent vers la grande piste. Il enclenche la seconde une fois le terrain plat retrouvé, nous pouvons souffler. J'ai dû m'assoupir, Kinanjui m'aide à m'extraire de mon pic. Le faisceau blanc de la *jeep* balaye un portail aux ventaux donnant sur la cour attenante à une maison de bois. Leken s'est précipité avec Charlotte pour l'ouvrir. Mohammed s'y engouffre. Les oiseaux de nuit chantent leur complainte.

Mile 46 ressemble à un navire en perdition dans une infinité de nuit, avec une maigre guirlande de lumignons pour unique phosphorescence. La façade en bois de la maison du colporteur est disjointe, décrépite et délavée, mais se distingue des habitations voisines qui sont faites d'argile et de tôle ondulée. « Voici mon palace ! » s'enflamme Mohammed sur un ton railleur dont il a oublié de baisser le volume. « Rentrez, sentez-vous à l'aise... Nous allons dîner et je vous ramènerai chez John tout de suite après. » L'intérieur est coquet, le sol est recouvert d'un grand tapis de raphia. Un ensemble canapé et fauteuils en similicuir y trône autour d'une table basse en cuivre. Leila est enroulée juqu'aux chevilles dans une jupe d'une ampleur surprenante. Elle est occupée à actionner la tirette d'une lampe à acétylène qui peine à faire entendre son souffle. En attendant, Mohammed a allumé une lampe tempête. Il est fier de nous présenter sa fille Hibaq, âgée de quatre ans. Elle a des yeux malicieux qui paraissent d'autant plus grands qu'elle a les cheveux rasés à l'exception d'une couronne de boucles sur le sommet de la tête. Une jeune servante, moulée dans un pagne orange très vif, me tend une assiette fumante pleine à ras bord de riz au curry, de viande de mouton et de crêpes-chapatis. Une lueur amusée passe dans son oeil au moment où elle revient vers moi avec un récipient pour mes ablutions. Des miaulements furieux éclatent sous la fenêtre, des chats qui se battent ! Tout en somnolant, je savoure mon repas qui est accompagné d'un thé sucré à la cardamome. La jeune femme au pagne repasse parmi nous, munie d'un broc d'eau et d'une bassine pour nous laver les mains une seconde fois. Le silence me parle différemment ; je ne l'entends pas de la même façon que chez John ou *papaï* où il se fait sans cesse l'écho aux mille variations de la vie sauvage et où je me sens pourtant merveilleusement en sécurité. Ici, c'est comme si toute vie s'était retirée à des kilomètres à la ronde après que les oiseaux de nuit et les chats se sont tus. Quelqu'un gratte à la porte, et ce simple son me fait l'effet d'un coup de tonnerre. Mohammed sursaute et déchire la nuit de ses « *karibu* ! *karibu*!... » très lyriques proférés en réponse aux « *hodi* ! *hodi* !... » susurrés par le visiteur. Dans l'encadrement de la porte, un homme peinant à reprendre son souffle, une longue toge rouge remontée jusqu'au sommet du crâne, reste figé là à nous regarder avec soulagement. Je le reconnais aussitôt qu'il s'engage à l'intérieur de la pièce et qu'il rabat le bout d'étoffe sur ses épaules. C'est Takula, le frère aîné de John. Je me demande comment les mains d'une seule personne peuvent tenir autant d'objets à la fois. Parmi eux, en plus de trois bâtons de taille et de volume différents dans chacune d'elles, je repère surtout une lampe torche géante. Elle doit faire un mètre et je songe qu'après avoir usé la dizaine de grosses piles rondes qui doivent remplir le long cylindre, il pourra l'utiliser comme une arme défensive au moins aussi redoutable que son arsenal de bâtons. Mais son sourire est bien plus désarmant encore. On le fait s'asseoir sur le canapé, près de moi. Il me tient les avant-bras avec délicatesse pendant qu'il nous explique l'objet de sa visite pour le moins inopinée : « *She*, Xabio! *Aï*, *aï*, *aï*, *aï*, *aï*... John est chez moi avec Patrick et mes deux autres frères. Je suis heureux de vous trouver. Je suis venu vous prévenir que son véhicule est immobilisé dans mon village. Il était passé déposer un sac de sucre pour notre mère. Au moment de repartir, le volant qui commande les roues n'a plus fonctionné. Depuis, on essaie de le remettre en état. « J'ai ce qu'il faut, ne perdons pas de temps ! » tranche Mohammed en nous demandant d'entreposer dans une sorte de hangar une partie du chargement de sa *jeep*. Il court rassembler ses outils. Nous nous exécutons. Leila vient apporter à Takula le réconfort d'une tasse de thé. En arrivant en trombe au village de leur mère, nous sommes accueillis en sauveurs par un déluge d'applaudissements et des dizaines d'enfants courant dans tous les sens. Takula rit de bon coeur, ravi d'avoir contribué à un début de dénouement heureux. Patrick, John et ses deux autres frères, Lenkaayie et Kitungat, se sont détournés du capot grand ouvert de la *jeep* défaillante pour nous adresser des signes de connivence. Une discussion d'experts s'engage bientôt entre Patrick, imperturbable en toute circonstance, et Mohammed, martelant d'une voix au timbre plus sonore que jamais des certitudes sans appel. Toujours est-il que John nous fait entrer, Leken, Charlotte et moi, dans la maison en dur de son cadet Kitungat. Elle est la copie conforme de la sienne, avec, près de l'entrée, cette même amphore géante qui semble tout aussi dérisoire en ces temps démesurément secs. L'intérieur par contre est plus dépouillé. Plusieurs lits métalliques à une place garnissent les murs de la pièce principale qui n'a d'autre éclairage que la flamme très vive d'un foyer mobile placé au centre. Comme de bien entendu, une marmite de thé au lait y repose. Et comme toujours, nous n'y coupons pas. John a déniché dans ses poches deux bouts de carton dont il se sert pour ne pas se brûler les mains au moment de saisir le fait-tout et de verser le liquide bouillant dans des gobelets en métal. John : « Mohammed est le meilleur réparateur qu'on puisse trouver de Magadi à Kajiado. Mais ça risque d'être long car la direction est cassée. Il est préférable que nous passions la nuit ici et, demain matin dès l'aurore, nous repartirons avec ma voiture à la *manyata...* » Je me réveille, le temps de me laisser envahir par la réalité, remarquant d'abord la fraîcheur qui précède l'aube. Leken est debout, je l'aperçois à travers le carreau en train de mâchonner une *enkike*. Charlotte parle dans un rêve. Le récipient noir de suie est toujours à sa place, frémissant d'une même quantité de liquide marron clair, à croire qu'il se remet à niveau de lui-même à mesure qu'il se vide. Je me précipite pour me remplir une tasse. Sur le pas de la porte, Leken m'apostrophe par ces mots :« ils n'ont pas réussi à la réparer parce qu'il manquait une pièce; Mohammed vient de partir à Kajiado où il pense la trouver, mais il ne sera pas de retour avant dix ou onze heures ». John est accroupi près de ses frères et de Patrick, à proximité de la «bête», la gueule toujours béante. Ils paraissent abattus, comme s'ils avaient été vaincus par la créature de métal après avoir lutté toute la nuit. « *Aï*, *aï*, *aï*, *aï*, *aï*, *esupen* ! mon amie la voiture nous fait toujours la tête, il va falloir que vos jambes soient fortes si vous voulez assister à la dernière journée de l'*eunoto* », me prévient-il, le visage creusé par l'absence de sommeil. Il me tend une bassine remplie de trois gouttes d'eau, et un savon miniature enveloppé dans un papier à l'enseigne d'un hôtel de Nairobi. L'air matinal est pur, je ne vois pas un nuage. En me délectant du spectacle du soleil d'un rouge mat, j'ai du mal à croire que d'ici trois ou quatre heures, il sera devenu d'un blanc incandescent. Dans la savane, on se surprend à marcher sur de petits chemins étroits qui ne se remarquent pas davantage dans le paysage qu'un trait de crayon sur une peinture. Ce matin pourtant, nous avons décidé de couper en ligne droite pour atteindre au plus vite la *manyata* à travers les herbages cendreux et rêches. Mais je suis en train d'apprendre à mes dépens que la ligne droite n'est pas nécessairement le chemin le plus court, du moins lorsqu'elle vous oblige à d'invraisemblables détours comme c'est maintenant le cas.

Nous y sommes contraints par une ligne continue de grosses branches épineuses qui ont été entassées pour former une succession de barricades infranchissables. « La privatisation des terres ! » soupire Leken, dépité. Je n'ai pas d'autre commentaire. La nature est somptueuse malgré la sécheresse, malgré la folie des hommes, et c'est tout ce qui compte pour moi à ce moment de la journée. Des cailles naines détalent en courcaillant entre les bouquets d'herbe jaune et cassante, et les petites perdrix des plaines sillonnent l'espace en quantité invraisemblable. Nous ne rencontrons ni vache, ni âme qui vive, à croire que la nature a définitivement repris ses droits. Il ne doit pas être très loin de midi lorsque nous sommes en vue du périmètre sacré des trois cercles. Et là, je suis pris de vertiges. Un homme accourt vers nous en gesticulant et en criant des choses que je n'entends pas. Mohammed en personne ou en mirage ? Leken s'est arrêté net et Charlotte est demeurée bouche bée, c'est donc qu'ils ont vu ce que je vois avec stupeur. Difficile de croire qu'il ait pu arriver avant nous. Je dois attendre qu'il vienne à ma hauteur, qu'il me serre dans ses bras et que mes oreilles bourdonnent de sa voix criarde, pour que je me convainque tout à fait que c'est lui en chair et en os. « Que feriez-vous sans votre *Muhindi* ? » s'exclame-t-il. Il poursuit, heureux comme un gamin qui a joué un tour pendable à ses camarades de jeu :

« j'ai même eu le temps d'abattre une chèvre à la façon musulmane, et Kinanjui a fait un feu à l'ombre de cet acacia là-bas. » En l'écoutant, j'ai le sentiment qu'il cherche à nous dire que lui aussi est capable de sacrifier un animal en respectant un rite et que, tout commerçant qu'il est, il n'en demeure pas moins un homme aussi digne d'intérêt que les Maasaï pour lesquels nous sommes là. Il nous attire vers son repère sacré à lui. Kinanjui achève de découper la chèvre. Il a fabriqué une grille qu'il a posée sur un foyer improvisé à base de pierres d'inégales grosseurs. Mohammed nous soûle avec ses paroles et des sodas de toutes sortes. La viande, trop fraîche, est impossible à mâcher, mais qu'importe, je suis ailleurs. Ailleurs, oui, mais où ? Les cercles sont vides, ou presque. Où sont les moranes ? Une fois encore, où sont-ils ? J'impose à Leken et Charlotte que nous allions séance tenante aux nouvelles. C'est aussi, je l'avoue, pour faire barrage au flot de détails techniques dont le colporteur nous abreuve pour illustrer les retournements de situation, certes passionnants, de la nuit dernière et finalement l'exploit de sa réparation. « Ma ami, ça ba bin ? » Je me retourne pour voir Daniel fondre sur moi en imitant une vache qui broute ! Le champion de l'autodérision insiste pour que nous allions prendre le thé chez lui, à l'autre bout de l'enclos agrandi par l'absence de monde. Daniel tombe toujours à point nommé, comme surgi de nulle part. En tant que superviseur, c'est à coup sûr un don remarquable. Je trempe mes lèvres dans un liquide plus proche d'une eau bouillante sucrée que d'un thé au lait. Daniel abandonne son rôle de vache pour celui, beaucoup plus risqué, de reporter de guerre en Bosnie. Il est redevenu très sérieux malgré les fous rires qu'il provoque. Il empoigne son club en guise de micro et s'exprime en anglais à propos d'un incident survenu à Sarajevo :

« un détachement de moranes en tenue de combat a été lâché dans la ville, à 8 h 15 ce matin, heure locale, pour arrêter des espions français. Intimidés par leurs lances menaçantes, ceux-ci se sont aussitôt rendus aux soldats maasaï des forces UN ! » Les saltimbanques, qu'ils sautent en l'air ou qu'ils s'essaient aux acrobaties de l'esprit, existent aussi chez les Maasaï et même parmi les plus «traditionnels» d'entre eux, et c'est d'ailleurs ce qui me les rend encore plus proches. Sans avoir à le lui demander, ce trait de caractère qui est très valorisé chez les siens ne l'empêche pas, une fois épuisée l'envie de nous interpréter d'autres rôles, de nous informer sur les moranes et ce qu'ils font actuellement. Nous les avons manqués de peu. Ils viennent de repartir sur les lieux où le bœuf du « planteur » a été sacrifié à l'aube. « C'est dans la forêt où Nangayai a eu sa cérémonie l'autre jour, nous précise-t-il, mais je vous conseille d'attendre avec moi qu'ils reviennent. Si vous suivez mon conseil, vous connaîtrez la plus grande émotion de tout l'*eunoto.* » Je suis d'autant plus enclin à le suivre que la bénédiction de la viande est semble-t-il à peu près la même que celle à laquelle nous avons assisté hier. De longues minutes passent encore, interminables. Un remue-ménage à l'extérieur me sort de ma torpeur. Nous sortons de la maison de Daniel comme le feraient des lapins affolés, de leur terrier enfumé. Les moranes sont de retour. Je les aperçois par centaines dans un panache de poussière, et leurs clameurs brèves et répétées me font croire de façon étrange que notre village est attaqué par des Apaches. Leurs pères, qui les précèdent, ont bien du mal à contenir leur fougue ; celle-ci se répercute jusqu'ici sous une forme de plus en plus sonore, de plus en plus impérieuse.

L'enceinte de l'*osingira* est prise d'assaut. Je me mêle

entre les lignes, dont l'une part à droite au tout dernier moment et une autre, à gauche, tandis que je compte neuf initiés, singulièrement jeunes et portant des couvre-chefs en plumes d'autruche, que l'on autorise à prendre place à l'intérieur de la maison sacrée. Vu leur âge, ils n'auront sûrement pas passé beaucoup de temps dans une *manyata*. Pas étonnant qu'ils aient été sélectionnés pour leur pureté, ce qui signifie aussi que tous les autres ont eu des relations sexuelles avec des femmes mariées, car seuls ceux qui n'en ont pas eues peuvent y pénétrer. Tandis qu'ils sont à l'intérieur et que les autres ont quitté l'enceinte, ayant déserté les lieux en bonne et due forme, je me dis que la fête est finie. Daniel vient près de moi et m'indique une très jeune fille tenant en laisse une brebis. « Ce sont les moranes qui la lui ont offerte. Ils ont choisi cette jeune fille pour sa grande pureté. Elle sera désormais la marraine de leur classe d'âge, et ils l'appelleront *pakuo* : "ma brebis", en souvenir de l'animal qu'ils lui ont donné aujourd'hui. » Mais la sortie des moranes n'était qu'une feinte. Je n'ai le temps d'esquisser ni geste ni parole qu'un feu d'artifice des plus grandioses nous est offert, une sorte de bouquet final, véritable éblouissement. Les moranes reviennent, perçant mes tympans de leurs petits cris qui s'amplifient à cent mille watts. J'entends aussi les cornes de kudu défiant les clochettes de métal qui frappent des centaines de cuisses en tintinnabulant. Leur impression de puissance a décuplé. De leurs pas de danse, à pieds joints, à cloche-pied, ou à vives enjambées, ils tentent, en nombre massif, impressionnants, d'investir l'*osingira* que leurs pères prétendent à mains nues protéger de toute violation. Leurs corps sont maquillés avec de longues lignes d'argile blanche. Les bâtons de paix sont brandis, menaçants. Les mères les encouragent, la plupart dansant avec eux. Je ne

sais plus où donner de la tête et «mitraille» comme je peux dans la tourmente. A chaque tentative, je manque d'être piétiné par cette horde magnifique. A nouveau, mais encore plus aujourd'hui, je sais ce que «Maasaï» a de fort et d'inaltérable, sans concession, sans calcul : le culte du vrai, du beau, du corps, sans aucune intellectualisation. Toute la communauté maasaï présente est en extase devant ce spectacle d'une rare intensité. La cohésion du groupe se dessine en même temps que prend fin, en cette joute ultime, le temps d'immense liberté des moranes.
Telles les vagues de l'océan, les moranes engloutissent l'*osingira* puis refluent hors de l'enceinte. Par groupes de vingt ou trente, ils l'encerclent et la quittent, réitérant l'opération maintes et maintes fois. Lors d'un passage, Charlotte est violemment plaquée sur la paroi de la maison par une multitude de moranes en furie. Je crois qu'elle va mourir étouffée, mais un vieil homme a eu le temps de la retenir en lui prenant la main. Elle émerge, désorientée, déboussolée, abasourdie par cette lame de fond et en même temps irrésistiblement comblée par un événement d'une telle ampleur, par quelque chose d'intense qu'elle n'a jamais connu et dont elle ne pouvait soupçonner l'existence. La culture maasaï n'est pas encore simple folklore. On en est loin, et ce constat me surprend toujours davantage. Comment un peuple encerclé par tant de forces contraires peut-il continuer d'être habité par un tel souffle ? Je demande au vieil auteur du sauvetage ce que font les deux aînés, en face, demeurés imperturbables. Ils sont assis en tailleur à l'entrée de l'une des neuf cabanes édifiées autour de l'*osingira*. « Ils enroulent sur un bâton d'olivier un bout de lanière consacrée. C'est pour les moranes de la *manyata* de Magadi qui n'ont pas pu venir. Leurs pères le leur apporteront là-bas et y découperont un

olkerreti, anneau sacré, pour chacun, avant qu'on les rase dans leur propre *manyata*... On n'a jamais vu une telle chose car un *eunoto* doit demeurer unique, mais c'est *esiasa ake*, de la politique ! » J'avais repéré tout à l'heure que tous les initiés portaient au médius de la main droite un anneau de peau, découpé dans le cuir du bœuf du «planteur». Des danses plus classiques remplacent jusqu'à la nuit tombée cette longue suite d'assauts rituels, à l'intérieur cette fois de la *manyata*. Sans nouvelles de John, nous rentrons avec le *Muhindi* jusqu'à son dépôt de *Kilonito*, situé à deux ou trois kilomètres d'ici, où il nous offre de dormir dans la tente du «watchman». Nous serons ainsi à pied d'oeuvre dès la première heure pour revenir assister au rasage de tous ceux qui ont gardé leurs tresses jusqu'à l'ultime journée. Daniel m'avait appris que le rasage s'opérait très tôt le matin, et puisque les trente-neuf maisons de la *manyata* étaient congestionnées et qu'il n'était pas question de revenir chez John, la proposition de Mohammed était la seule solution qui nous restait... A notre stupéfaction, la tente, une tente de l'armée couleur kaki, n'est qu'une simple toile gorgée de poussière.
Nous nous couchons à même le sol, dans nos sacs de couchage. Deux intrus se mêlent à nous dans le courant de la nuit, les gardiens du dépôt ? Ils sont ivres, menaçants. La peur s'installe, Yiaro a sorti un long couteau qu'il cache près de lui, plus pour nous rassurer qu'avec l'idée de s'en servir, me persuadé-je. Ils ont suspendu une lampe tempête à un arbre situé devant l'entrée. Je me lève pour aller l'éteindre puis me glisse à nouveau dans mon duvet. Les deux hommes ont disparu ! Je ne parviens pas à me rendormir, j'ai froid, un vent fort souffle par rafales. Je décide de finir la nuit dehors, au moins n'aurai-je pas cette odeur de poussière âcre qui m'oppresse. Emmitouflé dans mon

sac dont je me sers comme d'une couverture, je m'assieds sur une vieille souche dans cette sorte de terrain vague clôturé au milieu de nulle part. Malgré le froid vif, la nuit est magnifique. Depuis que je séjournais chez les Maasaï, dans leurs villages situés au coeur d'une faune sauvage en abondance, j'avais appris l'enchantement particulier qu'elle dégage, la légèreté de l'âme que le jour ne connaît pas. Tout autour, la vie animale reprend ses droits, les chauves-souris glissent dans l'air, des troupeaux bruissent en se déplaçant, et les cigales chantent inlassablement. Le ciel lui-même, semis d'étoiles brillantes comme des diamants, devient un conte pour enfants, comme l'étoile claire de la Vierge que je remarque à l'est au ras de l'horizon. Si la pluie doit venir, c'est de là qu'elle viendra, me dis-je, mais quand ? Juste au-dessus de ma tête, je reconnais Rigel et Betelgeuse de la constellation d'Orion qui, par la mouvance de leur éclat, me font l'effet de grossir à vue d'oeil. Plus au nord, je repère les étoiles de la Pléiade : six disposées en deux rangées parallèles avec la septième en arrière pour mettre un point final à cette double ligne. Certaines étoiles sont entourées de la lumière diffuse d'une nébuleuse. Loin, au-dessus de la dépression qui plonge vers Magadi, un chacal jappe à trois reprises puis déverse son âme dans un hurlement poussé à pleine gorge, comme si le son descendait lentement des étoiles, comme si c'était la voix de quelque carnassier des temps anciens dont la tristesse eût traversé le ciel. La liberté doit ressembler à ce que je ressens à cet instant précis. La liberté, par culture interposée ! C'est tout cet air pur, ce séjour durant lequel je revis tout simplement, qui me font croire la chose possible. L'indigo du ciel s'éclaircit, on dirait l'aube qui se dessine. Frigorifiée ou engourdie de sommeil, mais plus sûrement les deux, Charlotte fait son apparition en me soufflant une phrase venant tout droit de son subconscient : « un ciel rouge le matin ? » Au-delà du feuillage pâle, plus haut que l'horizon, une bande de ciel rouge clair passe au pourpre puis au gris. Je lui secoue le bras. « Je crois qu'il est grand temps de nous mettre en chemin... » La *manyata* s'éveille à peine, encore groggy des festivités virevoltantes de la veille, à moins que ce ne soit la retenue précédant le rasage qui signe la fin des moranes. C'est cela, nous ne tardons pas à nous en rendre compte. Tandis que Daniel nous offre une tasse de thé devant chez lui, les mères se sont rassemblées tout autour du village et, de dos par rapport à leurs maisons respectives, commencent à raser la chevelure mythique de leurs fils qu'elles ont mouillée avec du lait. Elles se sont réparties par groupes de deux, l'une et l'autre penchées à angle droit en bordure d'une peau claire sur laquelle deux de leurs fils sont assis et se font face. Elles ont le geste lent. Des cris s'élèvent, mais ce ne sont pas les cris tonitruants de la veille. Ceux-ci sont comme émis par quelque animal blessé et s'accompagnent de soubresauts lancinants, douloureux. Plus près de moi, un morane, l'écume aux lèvres, a projeté ses bras raides vers le ciel. En obligeant mes yeux à faire un tour complet de l'enclos, je remarque qu'aux quatre coins les jeunes adultes sombrent un à un dans des spasmes incontrôlés. Si l'émotion est la plus forte et les submerge, c'est qu'elle est proportionnelle à la liberté qu'ils ont connue, et je comprends qu'ils ne souhaitent pas y mettre un terme. Les mères tentent de les calmer en les cajolant comme des bébés. Je ne me résouds pas à les photographier tant l'émotion me gagne à mon tour, mais l'image que j'en garderai ne suffit-elle pas ? Lorsque tous sont rasés, on leur couvre le crâne d'argile humide de couleur ocre. Ils se rassemblent à l'écart et demeurent comme pétrifiés. Ils ne parlent, ni ne dansent... Du rouge plein la tête, nous nous mettons en route. Au moment de quitter la *manyata*, vers huit heures, deux américains corpulents dans des chemises hawaïennes, blancs comme des cachets d'aspirine, débarquent au volant d'une 4 x 4 flambant neuve avec plaques rouges diplomatiques et inscription en grosses lettres du Programme des Nations-Unies pour l'Environnement, zooms en batterie, camescopes en bandoulière. Ils ne me voient même pas et m'entendent encore moins quand je leur annonce sur un ton goguenard qu'ils arrivent trop tard. Leur excitation, proche d'un désir de consommation à assouvir dans l'instant, est telle qu'ils iraient jusqu'à vous bousculer pour être les premiers à prendre, en une accumulation de gros plans, les moranes sautant à nouveau haut dans le ciel du matin. Nous repartons le coeur léger, heureux de cet accomplissement, heureux comme jamais sans doute. Vu la nuit que nous avons passée, Leken nous convainc aisément qu'en passant par Mile 46 nous aurons une chance de profiter de la voiture de John pour la seconde portion du trajet, du moins si la réparation de Mohammed a tenu ses promesses. Il vaudrait d'ailleurs mieux car Charlotte prend son avion demain soir. Elle a préféré ne rien manquer de l'étape de fin d'une initiation en tout point si lointaine des préoccupations des jeunes gens européens de son âge mais qui, en d'autres temps, plus humains, pourrait à nouveau s'en rapprocher.

8

La désespérance des écoliers *Dalalekutuk*

« Aare isotwatin lemeitingo olalash lolporror »

« Deux liens ne se brisent jamais : celui avec son frère et celui avec sa classe d'âge ! »

Trois tables, des bancs qui courent le long de murs sombres, un comptoir solidement grillagé jusqu'au plafond comme si les sodas étaient de l'or à protéger, c'est ce que j'entrevois dans la pénombre de la taverne-buffet de la gare de Mile 46 où nous faisons halte. David et Jane, un couple de jeunes «*Peace Corps*» anglais débarqué à moto s'est joint à nous. Ils sont botanistes et travaillent depuis six mois au ranch des autruches. Ils ont rencontré John ce matin au bourg de Mile Tisa et sont venus jusqu'ici pour y laisser son message. Nous sommes supposés, Leken et moi, le retrouver à Kajiado, tandis que Charlotte l'attendra ici qu'il repasse en fin de journée, car elle a laissé toutes ses affaires au village de John. Ce dernier la reconduira demain à Nairobi. «Tout ceci est très bien, dis-je, en m'adressant à David, mais par quel miracle atteindrons-nous Kajiado ? Je n'ai pas vu le moindre train remonter de Magadi !

— J'ai croisé tout à l'heure Kamau, le chef de Kampi ya Mawe. Il attendait du monde pour partir, mais, c'est sûr, il y va. Attendez-moi ici, je vais m'assurer que sa voiture est toujours garée dans la cour de Mohammed et qu'il a une petite place pour vous. » Une heure et cinq sodas plus tard, grincements, frottements et nuages de poussière saluent l'arrivée triomphale du char de notre honoré chef. Celui-ci n'est guère du genre à plaisanter. Il a la corpulence d'Ololoitipitip mais pas l'humour. Il a surtout le regard froid et inquisiteur qui me rappelle quelque mauvais souvenir lorsque autrefois, avec Leken, nous avions été interrogés par la redoutable «*Special Branch*» (l'équivalent de nos

Renseignements Généraux). Sa voiture, qui fut un jour japonaise et de couleur moutarde, a dû remplir tous les offices, du transport de marchandises au *matatu* en passant par la bétaillère. La cabine passagers est une sorte de cage cubique, plus haute que large, dont les fenêtres latérales sont agrémentées de barreaux. Si David ne nous l'avait pas dit, je n'aurais pas cru que le chef eût consenti à nous prendre. C'est à peine s'il nous salue. Je passerai l'heure suivante à appuyer très fort sur la fermeture défectueuse de la porte arrière tout en voyant, par un interstice, défiler à rebours les cailloux menaçants de la piste. Mon angoisse d'y être éjecté à chaque soubresaut, bien que Leken me retînt fermement le bras, laissera aux jointures de mes mains un souvenir douloureux de plusieurs jours. Fixant le mince filet d'eau sourdre du pommeau de douche tordu, fiché dans le mur très haut au-dessus de ma tête, je le supplie de ne pas se tarir. L'eau est glacée mais le bonheur qu'elle me procure, par la rareté dont elle fut l'objet ces derniers jours, me la fait mettre sans hésitation dans la catégorie des luxes les plus raffinés qui soient. Même l'hôtel dans lequel je m'apprête à passer la nuit, en relève lui aussi malgré ses handicaps qui pour quiconque habitué au confort très feutré des lodges seraient rédhibitoires et lui feraient se dresser les cheveux sur la tête. L'ampoule nue du plafond de ma chambre diffuse une lumière blafarde, et les murs, jaunâtres, sont maculés de traînées de sang, souvenirs des moustiques que l'on écrase avec rage en plein sommeil. Mais après tout, je dormirai dans un vrai lit, même si le sommier est en piteux état et le matelas pas plus épais qu'une natte. L'arrière-cour, qui abrite de plain-pied une dizaine de chambres en enfilade, n'est autre que l'extension d'un bar dont la musique zaïroise et les rires alcoolisés me font prévoir à la baisse mes prétentions à

sombrer dans les bras de Morphée. La pièce où je suis jouxte la cour du Sizzlers mais surtout donne sur des latrines pour le moins malodorantes. Un peu plus tôt, Leken m'a quitté pour retrouver sa famille, et John m'a expliqué le sens de son message. A vingt minutes d'ici, il m'a emmené chez les *Dalalekutuk*, à Sajiloni, jusqu'à l'emplacement d'un village cérémoniel de vingt-neuf maisons, et m'a présenté à son demi-frère, le fils cadet de la seconde épouse de son père endormi. La célébration pour laquelle John nous a fait venir ici concerne à nouveau des *Ilmajeshi* mais qui, selon son explication, sont tous écoliers et n'ont guère connu la vie en *manyata*. Chez les *Dalalekutuk*, m'a-t-il prévenu, l'*eunoto* de la «main gauche» d'une classe d'âge est remplacé par un fête beaucoup plus restreinte qui se passe à l'intérieur d'un village appelé *enkang ong'udisin*, le «village des longs bâtons». La bénédiction finale pour ne pas dire la fête proprement dite ne durera qu'une journée, même si vingt-neuf de leurs mères ont construit, plusieurs semaines auparavant, le lieu rituel dans lequel ils vivent depuis un mois. Le laps de temps qui correspond aux grandes vacances scolaires. Après l'*eunoto* que je viens de vivre, je me dis, non sans condescendance, que je peux bien faire plaisir à John en y passant la journée.
Toute la tension que j'ai accumulée ces deux dernières semaines s'est relâchée, mon attention et ma curiosité aussi. Au fond de moi, je sais que j'irai à cette fête sans pression mais également sans cette joie qui vous fait soulever des montagnes et donc sans grande illusion sur un intérêt quelconque à en retirer. On frappe à ma porte au moment où je m'échappe vers le monde des rêves, et j'ai comme la sensation d'y avoir basculé lorsque le visiteur pénètre dans la pièce. C'est Stan, mon neveu ! Il a toujours

le chic, comme Daniel, d'apparaître à l'improviste, avec cet air de ne pas y toucher qu'ont ces personnes qui donnent l'apparence d'être à des années lumière de toute contrainte matérielle. Il flotte vers moi tandis que je surnage. Comment a-t-il fait pour savoir que j'étais à Kajiado ? Sans compter que le lieu d'où il vient a dû requérir de sa part la mise sur pied d'une véritable expédition. Avec ses longs cheveux aile de corbeau et sa kurta blanche, il me fait penser à un Indien lacandon de la forêt du même nom au Mexique. Sauf que lui arrive de la «forêt de l'Enfant Perdu», près des *Loïta Hills*, sur la frontière tanzanienne. « C'est Amina, du Sizzlers qui m'a dit que tu passais la nuit ici.

— D'accord ! lui répliqué-je, mais comment as-tu appris que je serais à Kajiado précisément aujourd'hui ?

— N'oublie pas que *naïmina enkiyio* est le berceau spirituel du clan des hommes-médecine de très grande renommée, ils devancent tous tes faits et gestes », poursuit-il sur un ton triomphant. Il m'explique que c'est John qui a tout manigancé en lui écrivant d'être là à peu près à cette date pour se rendre avec moi au «village des longs bâtons». Je lui réponds que l'effet de surprise a bien failli tourner court, John ayant trop attendu pour nous passer le mot. Ma joie est immense de le revoir, après tout ce temps qu'il a consacré à tenter, seul, de pénétrer l'intimité du coeur géographique et spirituel de la culture maasaï. Et je ne doute pas une seconde qu'il y soit parvenu, il suffit de voir vivre la flamme de son regard malgré la lumière crue de l'ampoule électrique. « Je vois que les "camps de bonne chère" te réussissent !

— Tu ne crois pas si bien dire, je viens de terminer une retraite à la lisière de la forêt qui a duré deux semaines. En fait, je dis deux semaines mais ce pourrait être trois, je n'ai pas compté, cela n'est pas important. Par contre, ce qui s'y passe et ce que je vis avec eux est prodigieux. Nous n'avons pas fait que manger de la viande ou déclamer des poèmes. Nous avons aussi composé des chants de résistance car les autorités locales veulent à tout prix s'approprier la forêt pour en faire une réserve ou un parc national pour les touristes. » Il pose au pied du lit son sac à dos, tellement minuscule qu'il doit à peine contenir une tenue de rechange et une brosse à dents. Il en ressort un assortiment de sarments de bois clair, dont un qu'il place d'un geste d'habitué entre ses dents et un autre qu'il me tend en me confiant, théâtral : « une *enkike* de *naimina enkiyio*, ça ne se refuse pas! » Tandis que je me masse les gencives avec, il enchaîne : « Le mois dernier, il y a eu comme chaque année la foire d'Ilkerin. Les *Loïta* sont bien les gardiens de la tradition mais aussi les plus audacieux en terme d'adaptation, fiers d'exhiber, malgré la grande sécheresse, des vaches magnifiques issues de leurs meilleurs croisements. Des tas de concours étaient organisés, du lancer du javelot au tir à l'arc en passant par la désopilante course de sacs. Imagine les moranes en grande tenue faisant la course à pieds joints, enfoncés chacun dans un sac en jute remonté sous les bras.

— Les politiciens exercent-ils une pression sur eux ?

— Ils tentent d'acheter les gens traditionnellement influents. Lors de la foire, ils leur ont martelé les avantages d'un transfert de la forêt à la collectivité locale et aux services de la *wildlife*. La réponse se fit cinglante au travers d'un chant de femmes : «nous appartenons à ces hautes terres de lumière. Notre culture et notre éducation les défendront, dussions-nous en mourir. Nos terres, région après région, ont disparu, les plaines chaudes de *Mara*, les hautes terres fraîches de *Mau*. Sachons retenir celles de

Loïta. Que ceux qui cherchent à les conquérir par la force ravalent leur orgueil !». Il fait une longue pause, concentré à ramener avec minutie ses cheveux en arrière comme le ferait un morane, puis il reprend : « je vais aller voir si je peux obtenir une chambre car j'ai bien l'intention de passer une bonne nuit, pas comme hier. Je me suis arrêté à l'hôtel où tu descends habituellement dans Taveta Road, le Samagat. Je n'ai pas fermé l'œil à cause de voisins bruyants qui avaient un peu forcé sur la Tusker. Au fait, Nicky le "Français" te fait ses amitiés ».
Nick Olooltisatti, tel est son nom. C'est moi qui l'avais surnommé "Français" suite à notre première rencontre, un jour de mai 1989. C'est d'ailleurs j'en suis sûr l'un de mes souvenirs les plus marquants en pays maasaï. «Je m'appelle Nick. Ne soyez pas inquiet, il ne vous sera fait aucun mal ! » avaient été ses premiers mots prononcés ce jour-là dans un français impeccable. Un français appris à l'Alliance Française de Nairobi. On m'avait renseigné sur la présence d'un village de taille gigantesque non loin de la route en direction de Narok, au pied du mont Suswa. Je m'y étais rendu avec deux amis de Nairobi, Guy et Isabelle, submergés tout comme moi par l'excitation et la peur. Dès que nous avions atteint le sommet de l'Escarpement, nous n'avions pas eu de difficulté à localiser le cercle tant il comptait d'habitations. En immobilisant notre *jeep* à proximité de l'une d'elles, la compréhension de ce qui se passait devant nos yeux nous pétrifia. Nous venions d'arriver au moment où trois *Land-Rover* remplies de policiers braquant leurs fusils étaient pourchassées par une foule en délire pointant vers eux des bâtons, des lances et des glaives. Nick, vêtu d'un complet sombre, était alors apparu de façon surréaliste. Son calme davantage que ses mots d'explication nous avaient aussitôt rassurés. A l'approche

des élections, un candidat local au poste de député avait cru pouvoir transformer ce «village des tabourets» (variante de la cérémonie *olngesher*) en une arène politique, et acheter leurs votes par de la bière et du sucre. Par la suite, à chaque fois que je reverrai Nick, il sera mû, malgré une infirmité à un bras, par la sérénité et l'enthousiasme qu'il avait affichés lors de cette folle journée. Je sais que ce sont ces qualités, mais aussi sa détermination hors du commun qui l'ont depuis amené à se mettre au service de la cause des *Loïta* et de leur forêt. « Il a un tel charisme, une telle simplicité communicative, une telle force d'adaptation aussi, que l'ONU l'a invité à New York à venir exposer ses vues en matière de préservation de l'environnement ! » renchérit Stan. Nous finissons cette discussion attablés au Sizzlers. Amina a ouvert rien que pour nous. Elle nous bichonne avec un curry d'agneau, mais caresse surtout mon neveu du regard. Stanislas, féminin dans ses traits comme peuvent l'être les moranes, exerçait auprès des femmes mariées un pouvoir d'attraction phénoménal, là aussi tout comme les jeunes Maasaï de sa génération. Disons que son séjour prolongé parmi eux n'avait rien arrangé. La tenancière *somali* que je connais depuis plus d'une décennie me gratifie d'un clin d'oeil entendu. Il est temps de rejoindre ma chambre car, en ce qui me concerne, le marchand de sable est passé depuis longtemps. Je laisse Stan, recru de fatigue mais survolté par le récit intarissable de ses propres aventures, avec Amina, étouffant ses rires de peur d'être entendue par des oreilles indiscrètes... Il est six heures, Stan marche silencieux à mes côtés. Je n'ai pas osé lui demander s'il avait bien dormi. Je me sens reposé mais sans le rituel de la première tasse de thé, il me faut toujours plus de temps avant d'éprouver le besoin d'ouvrir la bouche. John m'a indiqué le chemin à prendre derrière l'église catholique. Un chemin qui va en pente douce en direction d'une légère dépression. J'observe un nuage ardoisé qui flotte devant le soleil rougeoyant avant de s'effilocher. Malgré une extension anarchique de son espace semi-urbanisé, je suis surpris de la rapidité avec laquelle les constructions sans fard du chef-lieu de district se sont effacées de mon champ de vision. Les plaines roussies ondulent déjà à l'infini et au creux de chaque plissement, je m'imagine en train de franchir une dune s'étirant face à la mer. Mais à la place d'un scintillement en mouvement, je suis comme agressé par un miroitement plus massif et statique. Des dizaines de véhicules, de type *matatu*, sont garés aux abords d'un cercle imparfait abritant vingt-neuf paniers renversés, notre « village des longs bâtons ». Une foule hétéroclite est à pied d'oeuvre malgré l'heure matinale. Les hommes de tous âges sont debout à procéder à l'échange des nouvelles ou bien à rire bruyamment. La plupart ont revêtu leur plus beau costume de ville, et certains l'ont recouvert d'un drapé à carreaux bleu ou rouge. A cause de la fraîcheur ou pour se souvenir qu'ils demeurent maasaï avant tout ? Le long des coupoles de bouse, les femmes se sont divisées par cercles de vingt ou trente, assises à s'occuper de la nourriture des convives, les unes se brûlant les doigts à faire grossir leur tas de *chapatis*, les autres moulinant sans compter pour faire durcir la pâte de l'*enkurma*, d'autres encore transvasant des montagnes de riz d'un blanc étincelant dans un fait-tout géant. Je ne réalise pas sur le champ que l'homme d'une trentaine d'années, venu à notre rencontre en faisant montre de la même propension enthousiaste que John à être à l'écoute et dans l'accueil des gens, est son demi-frère. Il est vrai que contrairement à hier soir où il arborait une paire de jeans et un tee-shirt, les *ilka-*

rash consciencieusement noués à l'épaule le travestissent désormais en un Maasaï ordinaire. Je vois bien qu'il en éprouve une grande fierté, sa façon à lui de respecter un événement exceptionnel tel que celui-ci. « *Olmajeshi eldê* ? » me demande-t-il à propos de Stan qu'il détaille avec soin, puis, sans attendre ma réponse, il lui prend la main en feignant de l'amener de force vers le groupe des adolescents qui dans quelques heures seront devenus des adultes. Ils rient tous les deux de bon coeur comme s'ils se connaissaient depuis toujours. « Mon jeune frère, c'est ce grand là-bas, en troisième position dans la file! » s'exclame-t-il, ravi, en pointant du doigt un être filiforme ayant grandi trop vite, parmi plusieurs dizaines de garçons sagement rangés à la queue leu leu tels des écoliers avant le début de la classe. Il m'explique, comme John l'avait fait hier : « les *Ilmajeshi* sont la main gauche de "ceux qui n'ont jamais connu la défaite" (les *Ilmeshuki*), ils sont presque tous scolarisés et ils ont été moranes tout au plus durant les vacances. C'est pour cette raison que leur cérémonie a lieu ce mois-ci. Chez nous, la main gauche d'une classe d'âge ne va jamais à l'*eunoto* ». Je n'en vois aucun avec les lobes d'oreilles percés. Ils n'ont pas non plus la noble chevelure des moranes, simplement de l'ocre rouge sur des cheveux bien trop courts pour être tressés. C'est à peine si l'assistance s'intéresse à eux lorsque en file indienne, le bâton de paix à l'épaule, ils esquissent des petits pas de danse en cambrant timidement le corps, poussant la tête en avant et psalmodiant des sons rauques. Ils font plusieurs fois le tour intérieur du village tandis que des aînés sacrifient par suffocation un boeuf à robe blanche au centre d'une enceinte de peaux. Juste appliqués comme le seraient chez nous de jeunes communiants, ils

viennent ensuite s'abreuver rituellement du liquide encore chaud du sang de l'animal mélangé d'hydromel et de lait. Le groupe reconstitué, ils reprennent leur ronde initiatique et la monotonie de leurs pâles figures trop rapidement apprises. Je les sens en total décalage, comme nous, extérieurs à l'événement. Des hommes se succèdent pour nous commenter les images dans un anglais approximatif. Ils s'enhardissent. L'un d'eux m'empoigne le bras avec violence. Il flotte dans un imperméable bleu foncé de la police dont les dimensions ne correspondent pas à sa petite taille. « Ce sont des rites de sauvages, vous avez l'autorisation d'être là ?... » me répète-t-il cinq, six fois, sur un ton de dément.
Le demi-frère de John accourt pour nous sortir de ce mauvais pas et, pour capter mon attention, m'indique deux aînés agenouillés. L'un fait pivoter entre ses mains un bâtonnet frictionnant de plus en plus vite une plaquette issue du même bois, pendant que l'autre s'est courbé et souffle dessus profondément. « C'était notre façon d'allumer un feu, aujourd'hui on ne l'utilise plus que pour nos cérémonies, mais c'est un bois sacré qui provient de l'*oseki* (cordia ovalis) » me rassure-t-il. Un à un, les moranes-écoliers prennent position entre deux aînés qui les bénissent en les aspergeant, devant et derrière, d'hydromel et de lait contenus dans deux calebasses oblongues. Puis ils reprennent à la file leur parcours circulaire. Nous sommes noyés dans une épaisse fumée provenant du rôtissage de la viande qu'on a posée sur un treillage en bois. Les écoliers se sont dispersés dans la brousse environnante. Les femmes, par groupes plus restreints de quatre ou cinq continuent de préparer à manger devant *leurs maisons* : chapatis, viande bouillie et... pommes de terre ! Stan m'annonce qu'il a faim, mais nul ne semble pour l'heure

disposé à nous servir quoi que ce soit. Le «*Shoping center*» de Sajiloni est à seulement un kilomètre, se fait-il expliquer. Nous nous éclipsons. Le ciel à présent plombé ajoute à notre état, mélange de morne tristesse, d'ennui et de mélancolie. Sajiloni se résume à quelques baraques en tôle vendant l'habituelle pacotille des colporteurs. Nous buvons une Tusker dans ce qui ressemble davantage à une prison qu'à un centre commercial et où le tenancier est désemparé de voir deux étrangers débarquer en un tel lieu sans être accompagnés. La mine encore plus déconfite, nous repartons vers le village des bâtons, mais il suffit que le soleil réapparaisse et les couleurs reviennent pour que nous ressentions à nouveau très fort l'empreinte d'un lieu et l'emprise d'une culture. Nous croisons un homme en treillis qui nous dit être le chef et nous déclare comme une évidence: «la culture maasaï existe encore. Vous étudiez notre culture, je crois...» Les jeunes se présentent à l'entrée de l'enclos rituel où les attendent leurs pères pour les bénir avec la poitrine, le coeur et les poumons du boeuf. L'entrée de la circonférence de cuir est différée par un corridor d'une dizaine de mètres délimité de chaque côté par une muraille d'épineux. Nous nous apprêtons à assister à cette ultime étape un peu mieux disposés qu'en début de matinée lorsqu'un invraisemblable désordre rompt la monotonie d'un rituel exécuté jusque-là sans passion.
La colonne se désagrège tandis que des écoliers ayant poussé pour être les premiers tombent avec fracas sur les clôtures d'épines. Une irrésistible impulsion se propage à la file entière devenue cataleptique. L'effet de surprise est total, les cris aigus et répétés fusent de toutes parts. Le phénomène de transe est violent, et la panique, palpable et visible. Des dizaines de corps se débattent à terre convulsivement, soutenus par ceux de leurs rares compagnons

restés lucides. Les aînés accourent à la rescousse, nous ne savons plus quoi faire ni où aller. Tout près de moi, un écolier, qui ne doit pas avoir douze ans, se déplace à contre-courant de la danse frénétique, les yeux fixes, les bras seuls balancés au rythme de longs mouvements du corps, dans une sorte de transe paisible. L'intensité est telle que j'ai l'image d'un champ de ruines jonché de cadavres après la bataille. Mais des cadavres, les bras en croix, qui tremblent de tous leurs corps. Ils sont de plus en plus nombreux à parvenir jusqu'à l'assistance, se déchaînant, inconscients de leurs forces décuplées, sur leurs mères désemparées. Elles qui s'étaient levées pour venir plus près assister en masse à la bénédiction de la viande, poussent à leur tour des hurlements de peur et de désespoir. Elles fuient en ordre dispersé vers la sortie du village. Deux d'entre elles se précipitent sur Stan et sur moi, nous repoussant sans ménagement vers la maison la plus proche. « Nous allons vous donner à manger ! » prétextent-elles d'une voix elle aussi précipitée trahissant leurs craintes. Il me paraît pour le moins surprenant qu'elles aient eu la présence d'esprit de nous soustraire à un tel spectacle avant que notre stupéfaction ne cédât la place à la peur. Plus que tout, elles ne veulent pas que nous interprétions de travers de tels débordements. Le sang du boeuf est censé féconder le sol et redonner vie à la nature, c'est aussi un sacrifice baptismal qui situe l'homme dans le strict respect de celle-ci. Pour moi, la transe de ces jeunes Maasaï reflète leur angoisse de n'avoir pas reçu un enseignement complet de la tradition. Ils ont du mal à se situer entre la vérité vécue de leurs parents et celle apprise dans les livres d'école. Lorsque nous sommes autorisés à sortir de la maison où deux femmes nous ont servi de la viande bouillie avec des pommes de terre, un calme irréel plane

au-dessus de l'enclos ; les jeunes gens sont adossés au cercle de peaux et se passent à tour de rôle un coutelas pour découper leur ultime cube de viande en mémoire de la cohésion du groupe.
La bénédiction de la viande a bien eu lieu. Il ne subsiste aucune trace de la tempête qui a secoué le village. Sans la présence de Stan, ce n'eût été à coup sûr que le fruit de mon imagination. Les jeunes adultes se lèvent en silence pour rejoindre deux aînés qui les aspergent à nouveau de lait et d'hydromel. Ils gagnent avec autorité le centre du village. Ils ne sont plus les mêmes. Il leur a peut-être suffi de ne plus pouvoir maîtriser leurs corps, pantelants et gémissants, l'espace d'un instant pour se sentir initiés de façon durable à un état profond de paix intérieure. Les écoliers gauches qui déambulaient ce matin se sont métamorphosés en véritable main gauche de «ceux qui n'ont jamais connu la défaite à la bataille». Au signal de leur jeune porte-parole, ils dressent leurs longs bâtons blancs vers le ciel en perçant l'air de cris brefs et joyeux. Leur groupe donne l'effet d'un corps qui s'enroule et se déroule au son mat des bois clairs entrechoqués. Femmes et jeunes filles les ont rejoints avec la peur en moins et des parures en plus. Si la plupart de ces *Ilmajeshi* n'ont pas connu l'enseignement en *manyata*, cet événement est là pour nous prouver que même la section maasaï la plus touchée dans son être et dans ses terres n'entend pas se laisser engloutir dans le ventre mou d'une pseudo-construction nationale. Les apparences sont parfois trompeuses. Le frère de John nous a rapporté deux timbales de thé bouillant. Stan tente à grand-peine d'engager la conversation avec un adolescent habillé comme un joueur de tennis. Il est mal à l'aise et étrangement réservé pour un Maasaï de son âge. Vingt bonnes minutes sont nécessaires pour

lui arracher quelques mots. Lerina, circoncis à dix ans, est en «Form 3» à l'école de Loitokitok comme Peter et Tom. Le regard perdu dans le vague en direction des jeunes acteurs aux longs bâtons, il prononce une phrase d'un tout autre bois : « les Maasaï ne doivent pas conserver leurs traditions, elles les retardent dans le développement ! » Au fur et à mesure de nos répliques, son argumentaire appris par coeur et avec lequel il pensait nous séduire, faiblit, et, très vite, il n'a plus de répondant. Il est abasourdi de nous entendre parler de la préservation de leur culture et des valeurs communautaires qui s'y rapportent. Il nous jauge du regard, perplexe, mais, bientôt, vire de bord et abonde dans notre sens. Son attitude, sa manière d'être, ses expressions, tout atteste qu'il est fragile et mal dans sa peau. Je mesure à quel point il souffre de la dégradation des conditions de vie locales. On lit dans ses yeux les efforts qu'il a dû fournir pour oublier la mémoire de son peuple et s'embarquer, via l'école, sur la voie pavée de bonnes intentions de la modernisation. Le Bishop local l'a obligé à intégrer l'église luthérienne s'il voulait obtenir une bourse et poursuivre ses études, sésame pour le monde merveilleux de la civilisation. Lerina n'a plus besoin de nos questions, il est sur sa lancée, ses yeux sont à nouveau habités même si c'est au détour d'histoires toutes plus scabreuses les unes que les autres. J'écoute avec horreur son récit sur la façon de faire des sectes protestantes, en particulier les Coréens, pour les amener à rentrer dans leurs églises en mal d'ouailles. Ils ratissent à plusieurs la région, ciblent un à un les villages et n'ont aucun mal à acheter isolément l'aîné propriétaire, dépassé, par des dons en vêtements, nourriture et matériaux de construction. Lerina nous invite à nous rendre au village de ses parents pour juger par nous-mêmes de l'état de la situation. Nous traversons des pâturages sinistrés, plus proches d'un terrain vague que d'un jardin d'Eden. De part et d'autre du chemin qui nous y mène, les villages maasaï se réduisent à une ou deux coupoles de bouse, dont le piteux état est souligné, à l'entrée d'une sorte de paddock, par une maisonnette en pierres noires et tôle ondulée. « Voilà le résultat de leurs dons empoisonnés », s'écrie-t-il de dépit en frappant ses cuisses. Et lorsqu'un peu plus loin nous croisons deux bergers de dix ans, avec une poignée de chèvres, il nous stupéfie en nous informant que la spécialité des sectes est de semer la discorde parmi eux. Les soi-disant religieux leur font très tôt la morale et leur inculquent que rechercher la compagnie des autres jeunes est à la fois pécher et perdre son temps. En ne voyant pas leurs camarades, ils ne seront pas tentés de constituer des bandes pour razzier le bétail des futurs ranchs de viande sur pied. « C'est ce qu'ils pensent !... » dit Lerina. Il est comme le lit d'une rivière demeuré sec trop longtemps. Sa bouche est maladroite à accueillir tout ce qu'il a à dire. Elle a besoin de temps pour en réguler le cours devenu impétueux. « Ils obligent aussi les femmes à ne plus prier sous notre ficus sacré, *oreteti*, pour ne plus adorer que le Dieu des chrétiens... » Des piquets en bois ont été plantés, les fils de fer ne sont pas loin. Lerina se penche à intervalles réguliers pour nous indiquer des "*beacons*". « C'est quoi des "*beacons*" ? » lui demande Stan, interloqué, en découvrant des triangles en métal figés dans du ciment et enfoncés dans le sol : « notre ranch collectif a été divisé en parcelles individuelles. Les "*beacons*" marquent maintenant les limites de propriété. Mais le comité de subdivision a été soudoyé par les "*surveyors*" du "*Land Adjudication*" (les officiels), et ceux qui leur donnent de l'argent ont de plus grosses parts. Des gens qui n'ont jamais vécu ici ont reçu de vastes terri-

toires. La corruption est ouverte à tous les vents et en plus, chaque aîné doit donner à manger pendant plusieurs semaines aux équipes du ministère chargées de l'opération... Bien sûr, les nouvelles générations n'auront jamais la moindre chance d'être enregistrées. Comme eux, je devrai aller à la ville. Les quelques hectares de terre aride qu'on a consenti à laisser à mon vieux père ne suffiront pas à me nourrir ainsi que mes deux frères. » Il parle comme pour crever l'abcès de ses inconsolables frustrations. Le village de ses parents a des maisons maasaï, mais avec des toits en tôle. Il nous présente à son père assis sur l'*eruat kitok*. Le temps de m'habituer à la pénombre et je vois un visage plein de bonté nous regarder sans la moindre surprise comme s'il s'était attendu à nous recevoir. Ses traits traduisent le bonheur simple de nous rencontrer, nous des «Blancs». La dernière fois que des Européens se sont invités chez lui remonte au temps des Anglais lorsqu'il était morane. Ses paroles, douces et sans aucune rancoeur, nous disent combien les Maasaï étaient heureux à cette époque-là, fût-elle coloniale. Lerina prépare le thé avec excitation. « Notre mère est à l'hôpital de Kajiado pour soigner une douleur à l'oreille, et mes deux autres frères sont à Namanga à la foire au bétail; ils font le commerce de la viande. Il ne reste que Nayioma, ma jeune sœur, et moi, pour nous occuper de la maison ! » nous confesse-t-il en riant. « Je n'ai pas vu Nayioma ? lui fais-je. Quel âge a-t-elle ?
— Elle a onze ans, et c'est elle qui garde nos moutons et chèvres. Elle sera bientôt rentrée.
— Et vos vaches ! Où sont-elles ?
— Oh ! Nous n'en avons plus que vingt, et elles sont chez un cousin, de l'autre côté de la rivière, pas très loin d'*Entepesi.* » Ses yeux pleurent lorsqu'il nous décrit comment

le cynisme des fonctionnaires en charge du développement de l'élevage a eu raison de la crédulité de son père.
Il a vu son cheptel péricliter de plus de cinquante têtes à cause de l'*oltikana*. Ils l'avaient séduit en lui faisant avoir un prêt afin d'acheter des *high breeds* Sahiwal de grande taille, beaucoup trop fragiles pour faire face à l'agression des tiques. « *Hodi* ! » fait à l'extérieur une voix d'adolescent que j'associe à Peter. « *Karibu* !... » lui répond Lerina. C'est bien Peter. « *She* ! Xabio, Sitan ! You are here!... *Aï, aï, aï, aï*...Je veux que vous veniez dormir cette nuit dans ma maison. Je l'ai construite de mes mains et sans l'aide des sectes. » Dans un même empressement, il ajoute : « j'ai rédigé mon journal. » A l'évidence, il brûle d'envie de me le montrer. Nous irons donc passer la nuit dans sa maison qui se situe tout près d'ici dans le village de ses parents. Quand vient son tour de parler, je suis saisi par le contraste entre le timbre enveloppant de sa voix qui serait parfaite pour conter une histoire enfantine, et la teneur tragique de ses propos. Stan est allé prendre la main de l'ancien, persuadé que les flux de sa douce assurance lui seront transmis par ce simple contact. «...Ici, le comportement des gens se résume à "l'homme mange l'homme". Tout ça parce que les leaders sont manipulés et donnent des terrains à ceux qui les corrompent. Les pauvres qui ne leur donnent rien ne reçoivent que quelques arpents sans intérêt, quand encore ils obtiennent quelque chose. On les évince et on les replace ailleurs de force, dans les endroits les plus stériles. La confusion est totale chez ces hommes, ils ne savent pas vers qui aller pour demander de l'aide. Comme une majorité de Maasaï de leur génération, ils sont analphabètes. Que faire lorsque celui qu'on a élu pour vous représenter est devenu cannibale ? Aucun de mes frères n'a été enregistré. Notre génération n'existe plus.

Cinquante hectares à diviser entre quatre personnes signifie la famine pour nous et nos futures familles. Combien de Maasaï, riches selon nos critères, souffrent et sont sans le moindre espoir d'une quelconque amélioration ? Ils sont bien trop conscients d'avoir affaire à plus forts qu'eux... »
Nous avons marché jusqu'à son village à la nuit tombée. Je suis allongé chez Peter sur le cuir lisse de l'*eruat kitok* qui couvre au moins les trois quarts de sa cabane de bouse. Il est tellement grand que la table et la chaise posées dans la place restante m'ont obligé à les enjamber. Dans le lointain, j'entends Stan essayer de se faire comprendre en agrémentant ses phrases de quelques mots français, mais il réussit plutôt bien si j'en juge par les commentaires et les rires du père de Peter.
Il y passera la nuit, bercé par la chaleur réconfortante de l'âtre. Il est dans la maison familiale, une vraie maison maasaï. Dans mon abri de fortune, mon sac de couchage suffit à peine à me prémunir des assauts du froid. Je promène le faisceau de ma lampe torche sur le mur d'en face recouvert des photos en couleur de magazines sportifs, avec les portraits de deux stars françaises du ballon rond, Jean-Pierre Papin et Eric Cantonna ! Je sais que Peter, comme beaucoup de Maasaï de son âge, n'ignore rien de ce jeu devenu universel qu'est le football, mais ces images me laissent songeur dans leur capacité à formater les désirs des jeunes générations du monde entier. Il est probable qu'un jour, les terrains de football auront remplacé les villages de moranes, pensé-je en m'endormant.
« Tenez, mon oncle, prenez cette tasse de thé, vous prendrez des croissants ? » L'espiègle Stanislas n'avait pas fini de m'en faire voir, mais toujours en manifestant le respect de l'aînesse, même si, au premier degré, il avait pris pour habitude de tout tourner en dérision, moi y compris. Une

façon de se protéger de l'ennui, j'imagine. En même temps qu'il me tend un quart bouillant, il me jette un cahier sur le lit. « Le journal de Peter. Je l'ai parcouru avant de m'endormir, c'est du sérieux ! » J'y jette un œil tout en soufflant dans ma tasse. Un seul regard me suffit pour savoir que sérieux n'est pas un mot assez fort. Il faudrait lui adjoindre conscient, concerné, réfléchi. « Voilà une journée qui s'annonce bien » dis-je au jeune morane de la « Forêt de l'Enfant perdu », mais il est déjà ressorti. L'air matinal encore frais est envahi de bêlements impatients. Je bois tranquillement mon thé dans lequel je suis surpris de trouver un peu de lait, puis je sors à mon tour, tout droit en direction d'un bouquet d'acacias aux épines plus grosses que les branches. Le soulagement du matin n'est pas un vain mot avec toujours cette même sensation de liberté, puissante et parfumée, qui vous submerge avec nostalgie. Peter accourt vers moi. Il s'est accoutré dans une tenue de morane qu'il n'a pas beaucoup portée, cela saute aux yeux. Ses tuniques rouges semblent neuves, et ses parures de perles n'ont sur elles aucune trace d'ocre, indice incontournable lorsqu'on connaît l'usage fréquent qui en est fait. Même ses sandales sont flambant neuves, ainsi que les longues chaussettes de l'armée qui lui remontent à mi-mollet. Plus encore qu'emprunté, il m'apparaît figé comme tous ces Maasaï désireux de se faire photographier, adoptant un air martial pas du tout naturel.
Je ne crois pas si bien dire, il s'est habillé de la sorte pour que je le prenne en photo. Le plus décalé est son visage auréolé de noir par une couche de cheveux, aussi mince soit-elle, la coupe habituelle du morane étant par contraste tout en tresses ocre-rouge ou le crâne rasé, mais pas entre les deux. Le fait aussi que ses lobes d'oreille soient demeurés intacts et exempts de bijoux. Il est ému, fier

aussi. « Je veux que tu nous prennes en photo mon père et moi. » Un vieil homme arrive vers nous. Il se tient aussi droit que la haute lance qu'il vient de planter devant lui d'un coup sec. Sa silhouette, par la sécheresse et la beauté des lignes, me fait penser aux dessins qui ornent les grottes de notre préhistoire. Ses muscles longs, fins et doux sont la preuve vivante qu'ils furent un jour d'une vigueur extrême. Comme si sa belle présence, véritable livre ouvert de son glorieux passé, ne suffisait pas, il a placé devant lui, en offrande à l'objectif que je ne tiens pas encore, une photo grand format en noir et blanc. C'est lui, dans les années cinquante, au corps d'éphèbe et d'athlète, jeune morane photographié par un anglais de passage. Le contraste est d'autant plus intense qu'à ses côtés son fils fait pâle figure dans ce qui s'apparente à un déguisement. L'émotion passe malgré tout. A mon tour de fixer sur la pellicule cette image qui fait le lien avec notre époque, en espérant que la mémoire du passé saura être autre chose que cette simple photo. Je cours chercher mon appareil. A l'instant où je presse le bouton, la couverture de l'ancien glisse et découvre une partie de son torse, laissant voir un énorme sillon qui laboure sa chair sur toute la largeur. « Le souvenir d'une chasse au lion ! » me dit Peter sans autre commentaire.

9

La malédiction des dépossédés d'Iloodo Ariak

« Meeta oltungani oidim atamanya
eshumata olcani anaa emotonyi »

« Nul être humain ne peut vivre
tel un oiseau sur une branche ! »

« Cinq lions ont dévoré avant-hier deux ânes et trois vaches dans le *boma* familial. Les *"game rangers"* nous ont empêchés d'empoisonner la viande, ils recommenceront ! » me confie Tom, revenu à Kajiado ce matin. Il ajoute : « Il y a un grave déséquilibre depuis qu'on empêche les moranes d'agir pour que le lion continue de nous respecter comme on le respecte. Celui-ci a désormais plus de valeur que nous... » Tom n'en a pas perdu le sourire pour autant. « J'ai tenu parole ! » me fait-il même, sur le mode du jeu. Il ressort de l'intérieur de sa veste en toile un paquet de feuilles manuscrites roulées et maintenues ensemble par un élastique — son journal. « Merci, lui dis-je. A mon tour de te promettre que la vérité se saura. » Il me serre dans ses bras en me murmurant : « je le sais bien, même si je dois attendre toute une vie pour cela. Les Maasaï ont la faiblesse d'être patients. » J'entre dans le bureau du Coordonnateur diocésain du développement où l'atmosphère est au recueillement. John nous introduit, Stan et moi, auprès d'une certaine Luan Reid, l'une des responsables de *Survival International*, l'organisation anglaise qui prend fait et cause pour les peuples premiers mis en danger par le développement sauvage à travers le monde. Une petite femme dans un tailleur grège se lève pour nous serrer la main. Son regard est pétillant. « Madame Reid arrive de Londres. Elle est venue pour le racket foncier d'Iloodo Ariak. Nous lui fournissons les faits », nous résume-t-il pour faire vite et revenir à ce qui les réunit. John nous présente aussi à un homme d'une petite quarantaine

d'années, l'allure discrète dans une tenue stricte, chemise blanche et pantalon de flanelle. « C'est Eliud, l'un des Maasaï *keekonyokie* de la région spoliée qui mènent la résistance pour que justice soit faite. » John m'avait écrit toute l'histoire. Avec cette affaire, on aboutissait, comme je l'avais moi-même prévu au terme de ma longue étude, à la phase ultime de ce que j'avais appelé « ethnocide » à l'époque où, à l'échelle du *Maasaïland*, j'en avais analysé les mécanismes et les enjeux. Ce qui arrivait aux Maasaï d'Iloodo Ariak était certes un vol plus massif qu'ailleurs, mais participait, implacablement, d'une même logique globale de dépossession du peuple maasaï où tout était mis en œuvre pour que les «puissants», extérieurs à ce pays, se taillent la part du lion au détriment des pasteurs traditionnels. Je venais d'écrire un papier sur ce thème de la privatisation foncière vue sous un angle de privation pour les pasteurs maasaï régulièrement enregistrés.
Iloodo Ariak est le nom d'une région maasaï qui fut découpée en ranchs collectifs. Selon la rumeur, Georges Saitoti, député sans la moindre parenté maasaï et imposé sans vote à cette circonscription, n'avait pas eu grand mal à utiliser sa position de vice-président du Kénya pour imaginer un subterfuge propre à instaurer sur ces terres un marché foncier florissant, en transformant les ranchs collectifs en coopératives foncières commerciales. Les registres où figuraient les noms maasaï de plusieurs centaines de vrais membres auraient été remplacés par une liste de personnalités extérieures ayant un poste-clé au sein de l'élite, locale ou nationale. Ces terres sont idéalement situées sur les contreforts d'*Oldoïnyo Loolaïser* (les Ngong Hills), région très fertile dont la vente de parcelles peut permettre d'en acheter au minimum trois fois plus dans le reste du pays maasaï. La terre a toujours été un

enjeu majeur au Kénya. Plus visible qu'ailleurs car brutale et opérée à grande échelle, la spéculation foncière fait ici du Maasaï traditionnel, à mille lieues d'imaginer les raisons de cette manipulation marchande, une victime emblématique. Eliud vient de prendre la parole, il apporte un nouvel éclairage tout en se gardant bien de charger le vice-président. « Loodo Ariak, au lieu de donner naissance comme ailleurs à des ranchs collectifs, est longtemps demeurée une section d'adjudication pourvoyeuse de propriétés privées. Il a fallu attendre les années 90 pour que trois ranchs collectifs de taille modeste voient enfin le jour. Mais les "gros poissons" se sont vite attelés à la tâche de leur subdivision, sans s'embarrasser de procédure officielle, en toute illégalité. Avec Johnson, j'ai décidé de me battre pour maintenir ce qui reste de terres communautaires en organisant la résistance autour des milliers de Maasaï exclus. Devant notre insistance, le vice-président Saitoti a créé une première commission chargée de faire un état des lieux de la subdivision. Il a fallu trois mois pour qu'on obtienne à force de pression quelques chiffres. Deux cents personnalités non maasaï sont déjà en possession d'un ou de plusieurs *title deeds* sur nos terres collectives. Parmi elles, on trouve les plus grands dignitaires du régime comme le ministre des Terres dont l'épouse a reçu deux titres de propriété. Un second groupe de cent-trente spoliateurs est composé de Maasaï et de Samburu, mais étrangers à la région d'Iloodo Ariak et presque tous des élus, des chefs administratifs ou des fonctionnaires. La commission, présidée par le *District Commissioner*, nous a proposé de diviser par deux la superficie allouée à ces ranchers individuels. La communauté spoliée d'Iloodo Ariak a refusé et a élu son propre comité de quinze membres pour réclamer l'unité d'avant le racket foncier et le dépeçage, c'est-à-dire du temps où elle n'était encore qu'une section d'adjudication. Ils ont alors constitué une seconde commission d'investigation dont je fis partie. Elle s'est réunie à trois reprises mais en pure perte à cause de trop grandes divergences de vues entre les officiels et nous. Ces manœuvres dilatoires nous amenèrent à engager une action auprès de la Haute Cour de Nairobi qui la rejeta pour cause de forclusion. D'après leurs conclusions, il eût fallu que nous saisissions la justice dans un délai de six mois après la délivrance des titres de propriété... » Peter entre avec précaution, muni d'un plateau avec un thermos d'eau chaude, cinq tasses et quelques sachets de thé empilés sur une assiette. Il dépose le tout sur le bureau de John qui fait le service sans que l'orateur n'ait à s'interrompre. « ...Les aînés étaient désespérés. Nous n'avions plus qu'une chose à faire : rencontrer le Président. Une première fois, le 8 septembre dernier, je me suis rendu avec cent-quarante-six aînés à « State House », mais les GSU (police spéciale) nous ont chassés. Le lendemain, le Président Moi a accepté de recevoir vingt-quatre d'entre nous. Le procureur général de l'Etat est un Maasaï qui soutient activement notre cause. Le président l'a nommé devant nous coordonnateur du dossier, mais en liaison avec le Vice-président, le garde des Sceaux et le directeur de cabinet du nouveau ministre des Terres. Depuis, plusieurs mois ont passé, et rien n'a changé. Nous venons d'engager une nouvelle action en justice sur la base d'un nouveau rapport du ministère des Terres. Combien de vaches les gens d'Iloodo Ariak ont-ils dû à nouveau consentir à vendre pour payer les honoraires des avocats et les frais de justice ? Nous sommes plus que jamais décidés à aller jusqu'au bout pour que la vérité éclate et que ce qui nous arrive ne devienne pas un folklore d'injustice, de violence et d'humilation

que nous raconterions plus tard à nos petits-enfants en perdition dans les villes et si loin du pays de leurs glorieux ancêtres. » Sa voix posée et son air calme expriment une détermination hors du commun. Il a quelque chose de Chico Mendès, dans son combat désespéré pour la survie de la forêt Amazonienne contre la mise en coupe réglée des terres indiennes par les éleveurs de bétail.
Il se lève et conclut qu'il n'attendra pas d'être grand-père pour relater comment ces terres leur auront été volées. Personnage mince, de taille moyenne, son front porte les rides que creuse la fatigue chez un homme ordinaire d'une petite quarantaine d'années. Mais ses yeux n'ont rien d'ordinaire. Noisette sous de curieux sourcils noirs très épais, ils éclairent son visage d'une intelligence vive et curieusement gaie. John enchaîne sur cette tragédie banalisée par une sentence qui tombe comme un couperet : « *a new tribe of landless Maasaï is in the making, swelling the ranks of many other Kenyans who have gone there before* ». A mon tour, j'apporte à Luan Reid une vue panoramique d'une spoliation qui me rappelle un peu, pour en avoir lu les épouvantables récits, celle, réalisée au siècle dernier, sur les terres du Nouveau-Mexique confisquées aux « illettrés » lors d'une soudaine ruée des Américains sur les pâturages et d'une spéculation foncière sans précédent. Je me souviens en particulier de l'une de leurs multiples façons de procéder qui n'était pas sans rapport avec ce qui se passe ici aujourd'hui. Lorsque les fermiers apprenaient qu'ils n'avaient pas de titre de propriété pour leurs terres familiales et se présentaient à l'administration pour faire enregistrer leurs droits d'exploitation ainsi que le permettait la loi américaine, il était pratique courante de la part des fonctionnaires corrompus de rédiger une description erronée des terres. Le fermier « illettré » la signait, certifiant

faussement dans son ignorance qu'il vivait sur des terres situées ailleurs. Le fonctionnaire établissait alors au nom d'un complice une nouvelle déclaration de concession concernant la terre du fermier. Si la victime protestait, on lui montrait sa signature sur le faux acte et on le menaçait de le faire arrêter et poursuivre en justice. « La privatisation des terres communautaires, censées pourtant appartenir équitablement à tous les Maasaï, n'a jamais été qu'un leurre destiné à pourvoir ceux que le système a déjà enrichis, dis-je sur un ton enflammé. C'est une vraie foire d'empoigne où les seuls maîtres du jeu sont ceux qui possèdent l'argent et les informations utiles. Prenez le fonctionnaire chargé de l'adjudication, c'est lui l'homme à corrompre, tout simplement parce qu'il a sous sa responsabilité le fameux registre où figurent, sous un numéro d'identification, les noms des aînés enregistrés dans les ranchs collectifs. L'expert-géomètre est à ses ordres pour redessiner les limites des parcelles, et les puissants ont tout un arsenal de moyens pour faire taire les revendications de ceux qui possédaient les terres avant les modifications frauduleuses du cadastre. Les aînés maasaï détenteurs de la tradition, mais analphabètes, ne valent pas mieux que des enfants dans le nouveau contexte d'une culture basée sur le matérialisme, qui leur est imposée de force. Ils sont condamnés, au mieux, à se satisfaire d'un lopin pelé, infesté de tiques, et de quelques vaches étiques, et, au pire, à se souvenir qu'ils ont un jour été environnés par les plus beaux plateaux et les plus belles forêts du monde ! » Luan Reid se tortille sur sa chaise, elle est impatiente d'intervenir même si elle a fait ce long voyage pour venir écouter les victimes d'une nouvelle forme d'entreprise coloniale. Je suis heureux de lui laisser la parole. « Il faut faire pression sur le président Moi, dit-elle, visiblement très concernée. Je vais demander une audience avant de repartir en Angleterre. De retour là-bas, *Survival International* mettra en place une campagne d'action urgente, avec la publication et l'envoi à tous nos membres d'un bulletin d'action urgente ainsi que des lettres de pétition à faire signer par le public.» Malgré tout le respect que je porte à ce type d'organisation, je ne peux me résoudre à perdre mon scepticisme quant à l'efficacité d'une telle démarche. Une anecdote concernant le président Moi, racontée par un ami maasaï quelques années plus tôt, me revient. Je savais que le chef de l'Etat était l'un des grands bénéficiaires du partage des terres maasaï, comme tous les dignitaires du régime par ordre d'importance. Il m'avait été impossible de chiffrer la superficie des parcelles qu'il avait, lui et sa famille, obtenues aux quatre coins du pays maasaï, mais il ne faisait aucun doute qu'elle était considérable. Si le sujet n'était pas aussi dramatique, l'histoire à laquelle je repense serait à mourir de rire. Un jour, tandis qu'il se rendait à un *harambee*, dans le district de Kisii, pour la construction d'écoles primaires, et qu'il survolait la forêt de Mau West, à Narok, il exprima sa colère devant le spectacle d'abattage massif des arbres qui lui était donné de voir. A l'occasion de son allocution, l'heure d'après, il préconisa la création d'un comité exceptionnel chargé de la protection des forêts du Kénya. Une fois qu'il eut terminé, l'un de ses conseillers l'informa qu'il s'agissait de sa propriété ! De cette forêt, censée relever du domaine géré par la collectivité locale du district, il ne reste aujourd'hui pas grand-chose, si ce n'est de vastes étendues recouvertes par la culture lucrative du blé. Non, je ne croirai à l'intervention de bonne volonté des gens de l'extérieur que si les victimes elles-mêmes parviennent à faire bloc. Il faudrait pour cela un Maasaï éloquent qui

s'adresserait à elles qui comprennent et apprécient tant l'éloquence, un homme qui croit à ce qu'il dit, et dont les mots résonneraient des accents d'une foi furieuse dans le rétablissement de la justice. Quelqu'un comme Eliud ou comme John peut-être. « Ils doivent s'unifier pour récupérer leurs terres ancestrales et continuer de vivre dans la paix et la dignité, comme les Maasaï-*Loïta* réussissent à le faire si bien autour de la « Forêt de l'Enfant perdu », » dis-je comme si je sortais d'un cauchemar.
Je raconte à Luan Reid l'histoire de cette magnifique résistance, de quoi avoir la foi dans la capacité des Maasaï à faire survivre leur culture dans un contexte moderne fait de chausse-trappes. Puis, chauffé à blanc par mon récit, j'opère une mise en perspective des grandes étapes ayant jalonné le contact malencontreux des Maasaï avec l'Occident et son matérialisme. « Depuis les premiers contacts avec les Blancs jusqu'à aujourd'hui, les Maasaï sont un obstacle majeur à la bonne marche des affaires. Ils évoluent sur un vaste territoire qu'ils sacralisent en faisant valoir le principe selon lequel tout être vivant y est de passage et par conséquent que « nul n'est propriétaire de l'herbe ». Au début du siècle, lorsque les premiers colons ont débarqué au Kénya, les Maasaï occupaient des plaines et des plateaux qui s'étendaient le long du Rift sur douze cents kilomètres. Charles Eliot, premier commissaire du protectorat, s'exclama: « ce sont les meilleurs pâturages du monde, le succès de nos ranchs en est intimement lié ». Le sort des Maasaï était déjà scellé, et leur image aussi, puisque c'est encore elle qui est véhiculée aujourd'hui. On sait à quel point la colonisation a été légitimée par des caricatures et des clichés. Eliot s'en chargea avec une poignée de futurs officiels : « ils sont tels des lions ou des léopards, des bêtes de proie magnifiques et puissantes exci-

tant au plus haut point notre sens esthétique, mais qui, d'aucune valeur, constituent un formidable danger. Vivant de violences et de rapine, ils sont incapables de discerner le bien du mal et en plus ne savent pas utiliser avec intelligence ce qu'ils ont dérobé». Une image qui aida le pouvoir britannique à s'installer durablement en favorisant l'expression d'une succession de manipulations. Grâce à de soi-disant traités, les Anglais récupérèrent les « meilleurs pâturages du monde » tout en se débarrassant des Maasaï au sein de deux réserves puis d'une seule. Cette spoliation de terres fut de loin la plus importante de toute l'histoire de l'Empire colonial britannique. On ignore combien de personnes et de têtes de bétails succombèrent lors de ces migrations massives. Après avoir perdu le coeur même de leur pays, comme ils appelaient alors leurs hauts plateaux du Rift, les Maasaï eurent pour tâche pour le moins délicate de se réorganiser sur un territoire aux cinquante pour cent inexploitable par manque d'eau et à cause des tiques et des mouches tsé tsé. Ceci tout en subissant le reproche, qui ne les quittera plus jamais, d'être les responsables de la « tragédie des terres collectives » vue sous l'angle d'un surpâturage devenu chronique. Ce qui se passe aujourd'hui est intimement lié aux manipulations d'hier. Les Maasaï, boucs émissaires manipulés, n'ont pourtant jamais perdu la foi dans les gens et, à chaque nouvelle demande, à chaque nouvelle proposition qui leur fut faite, ils ont continué de prendre le temps d'écouter et de faire confiance. Ils ne peuvent pas imaginer que, derrière, le véritable objectif est de créer un entonnoir juridique dont ils ne sont pas en mesure de contrôler ni l'entrée, ni la sortie. Ils ne peuvent concevoir que tout est fait en trompe-l'oeil, que le but ultime est de les chasser pour ne conserver que les entrepreneurs de viande sur pied, les écarter une fois pour toutes, eux, les aînés traditionnels, garants de la culture maasaï, pour faire de ce pays de savane une juxtaposition de prairies avec d'immenses corrals, des clôtures à perte de vue, des pédiluves, des forages électriques, et des abattoirs... » Luan Reid s'est levée sur la pointe des pieds, elle regarde sa montre et me fait un vague signe d'adieu. John la raccompagne vers la sortie puis revient s'asseoir : « elle s'excuse de partir comme une voleuse, selon son expression, mais elle a un rendez-vous important à Nairobi ». John esquisse un sourire, c'est son humour qui affleure, mais Eliud ne sourcille pas. Je conclus en rappelant le constat très juste d'une chercheuse, Olivia Graham : « cette entreprise de privatisation des terres maasaï fera très peu de gagnants... L'exploitation intensive d'une terre à écologie fragile conduira à sa progressive détérioration. Les uns seront brutalement mis hors jeu par une sécheresse, les autres verront leurs ressources diminuer année après année, et s'endetteront jusqu'à ce qu'ils « n'aient plus d'autre solution que de vendre leur lopin ; d'autres encore, qui sont riches, verront leur richesse croître, les possibilités de diversification se multiplier, et leur vie devenir plus sûre. Y-a-t-il la moindre chance que cette richesse profite un jour à une majorité de Maasaï appauvris ? Il est plus vraisemblable que ceux-ci seront un jour ou l'autre destitués du peu de terre qui leur reste, et finiront, s'ils ont de la chance, par entreprendre un travail manuel sous-payé, pris au piège de la pauvreté. Une bien triste perspective pour un peuple si fier ». Plus un mot, plus une mouche, le silence s'installe pour l'éternité. Puis, la voix de John se fait entendre, plaintive : « il y a une autre conséquence à tout cela, les cas de Maasaï destitués de leur terre qui se suicident se font moins rares. Beaucoup de ceux qui ont déjà obtenu un titre de propriété ont été forcés, par l'alcool et la ruse, à le vendre à vil prix à de très riches propriétaires fonciers qui sont étrangers à cette terre, ce qui les contraint ensuite à se salarier auprès de ces nouveaux possédants. Et comme la plupart s'y refusent, ils finissent mendiants... » J'entends Stan parler doucement, comme envoûté, de la « Forêt de l'Enfant perdu », comme si elle cristallisait à elle seule le fol espoir de tout un peuple si magnifique d'humanité. Impassible, Eliud s'est tu de bout en bout, hochant parfois la tête, l'écoute parfaite. Il s'est levé pour nous étreindre, ne parlant que pour remercier: *ashe naleng* ! John le prend par le bras, je comprends qu'il veut s'entretenir avec lui seul à seul. Peter nous accueille dans son sas minuscule, il me tend une vieille coupure de journal, elle est extraite du *Nation*. Je la lis avec la sensation d'écœurement de lire un commentaire stéréotypé du début du siècle : « Changez ! A notre époque, nous n'avons pas les moyens d'avoir une section de notre communauté qui soit engagée dans les vols de bétail, errant à travers les plaines, vêtus de drapés et de *shukas* ; un peuple assoiffé de trophées de lion qui ne sont rien d'autre que des activités de braconnage ; une communauté qui enlève les jeunes gens des écoles pour qu'ils passent des années dans le "bush" à s'auto-admirer, faisant pousser leurs chevelures couvertes d'ocre rouge en un style mondialement célèbre ; mais quand ils sont occupés à se faire beaux et apprennent à sauter toujours plus haut, de leur côté, les jeunes Kényans profitent des avantages de l'éducation gratuite en allant à l'école... » Peter est pris d'un fou rire, Eliud et John passent devant nous et rient de bon coeur sans savoir pourquoi.

Je suis bientôt le seul à avoir gardé un air, non pas sérieux, mais grave, ne parvenant pas à me détacher d'une lancinante interrogation : pourquoi tant de haine et d'incompréhension à l'égard d'un peuple qui m'a tant donné ? Sont-ils trop beaux, trop fiers, trop sages ? Doivent-ils disparaître sur l'autel du matérialisme et de l'argent ? Triste perspective. Dehors, John nous demande de le rejoindre pour nous rendre chez un avocat, dont le bureau est situé dans une petite rue, juste derrière le Sizzlers. Je sors de ma torpeur. « Un bureau d'avocat, à Kajiado ? fais-je, éberlué. « Oui, il y en a même plusieurs » me rétorque-t-il en prenant un air important. Tu ne peux pas imaginer le nombre de procès en cours dans le district. Avec toutes les vaches que les pauvres Maasaï sont obligés de vendre pour leur payer leurs honoraires, ils pourront bientôt racheter tout Kajiado. C'est un métier d'avenir, oh! que oui. » En arpentant le chemin défoncé attenant au Sizzlers, j'ai peine à croire que cette activité rapporte ici autant qu'il le prétend. En plein milieu, trois chèvres se désaltèrent dans une mare d'eau stagnante, tandis qu'une nuée de gamins vêtus de guenilles nous dépassent en virevoltant autour d'un pneu qu'à l'aide de leurs bâtons, ils font rouler avec une étonnante dextérité. John s'arrête en nous indiquant, cachée par un euphorbe bien mal en point, une baraque d'argile et de tôle ondulée qui ne déparerait pas dans un bidonville. « C'est là ! ». Mais, alors qu'il s'apprête à frapper à la porte en bois coloré de l'entrée, la voix précipitée de Peter l'interpelle, un visiteur le demande à son bureau de toute urgence. « Allez-y de ma part, je vous y retrouverai dans une minute » me lance John en repartant en sens inverse. Je m'avance vers la porte dont la peinture verte s'écaille par contraste avec, apposée en plein milieu, une imposante plaque de cuivre sur laquelle je peux lire en lettres énormes : OLBIOTO NTUYOTO ESQ. Juste en dessous, une ligne de sigles est faite de caractères plus petits, LLB (Hon) NBI, DIP. Law (KSL), LLM (Camb.). Je reconnais, à la manière anglaise, les initiales de ses diplômes ; puis, encore plus bas, apparaît, en toutes lettres, le mot magique qui parachève le tout : ADVOCATE.

« Please, get in ! » nous fait une voix claire en réponse aux coups mal assurés de mon index sur la porte. En franchissant le seuil de la maison, un autre monde s'ouvre à moi, et je repense à ce que John nous disait tout à l'heure à propos de l'aspect lucratif de ce métier que confirme la soudaine et pléthorique présence de ces hommes de loi dans le district.

Quand je pense que jusqu'à aujourd'hui, les Maasaï n'avaient presque jamais eu recours à la justice de l'Etat pour régler leurs conflits. Ils n'en avaient pas l'utilité puisqu'ils réglaient entre eux leurs différends. Ils n'avaient donc point besoin d'avocats ! La lumière intérieure est tamisée par le jet retenu d'une belle lampe à halogène située sur une étagère latérale. Au-dessus, les pales d'un ventilateur tournent paresseusement. Un homme, de trente, trente-cinq ans, est installé dans un confortable fauteuil club en cuir noir, les bras posés sur un bureau acier et bois très original bien que de forme rectangulaire. Il porte un costume assorti, dont je remarque le fin tissu de shantoung, avec, à l'avant de la veste, une pochette fièrement blanche. Ses cheveux sont calamistrés. Il se frotte les paumes de ses longues mains manucurées puis pose un crayon sur son bureau avec des précautions exagérées, et finit par me parler en m'adressant un sourire poli :

« Sir ? — A dire vrai !... nous venons de la part de John... je suis Xavier Péron, et voici mon neveu, Stanislas... » Je n'ai pas le temps de terminer qu'il nous fait d'un ton très oxfordien : « *Indeed*, John m'a beaucoup parlé de vous. En quoi puis-je vous être utile ? » Je lui fais part du léger contretemps ayant contraint mon ami à regagner son bureau, en lui expliquant que c'est John qui voulait le voir et profiter de cette occasion pour que nous fassions connaissance. « *Indeed*, mon rôle est de rétablir mes frères dans leur droit pour qu'ils obtiennent les titres de propriété qui leur reviennent » enchaîne-t-il dans un anglais prononcé avec l'affectation et le détachement d'un professeur de Cambridge. « Vous occupez-vous du racket foncier d'*Iloodo Ariak* ? dis-je de façon abrupte pour décourager sa propension à s'en tenir à des généralités et autres propos entendus.

— *Indeed,* je vois que vous savez beaucoup de choses à mon sujet. C'est exact, en effet. J'ai reformulé une nouvelle demande à la Cour, concernant cette affaire, après le rejet pour forclusion de notre action initiale » m'explique-t-il sans aucun état d'âme, en me tendant deux feuillets qu'il a extraits d'un attaché-case grand ouvert derrière lui. Je déchante en y lisant l'intitulé « Civil Case n° 56836 » suivi d'une succession de considérations strictement procédurales et de signatures. Je renchéris donc : « combien de shillings les Maasaï spoliés vont à nouveau devoir débourser et quelles sont les chances de succès ?

— *Indeed*, vous avez raison de me poser cette question car c'est assurément beaucoup d'argent pour un résultat plus qu'aléatoire. » Je ne me décourage pas.

— Combien ?

— Heu, heu, heu ! Ce sera au minimum un million et demi, mais, croyez-le bien, cela couvrira à peine les frais de justice, et, de toutes façons, les intéressés ne pourront rassembler une telle somme que s'ils recourent aux associations qui les soutiennent.

— Qu'espérez-vous de ce nouveau recours en justice ? Pensez-vous parvenir par ce biais à rendre caduques tous les titres individuels de propriété illégalement délivrés ? Et

croyez-vous qu'Iloodo Ariak puisse redevenir la section d'adjudication d'une terre communautaire qu'elle était avant le racket foncier ?
— *Indeed*, vous avez raison, il est temps que justice leur soit rendue. Je connais bien la culture maasaï, je suis moi-même un pur Maasaï, et je ferai tout ce qui est en mon pouvoir pour que chacun ait en toute équité sa propre parcelle de terre. Les étrangers s'imaginent que les Maasaï sont des nomades ignorant tout de la propriété privée. C'est faux, car, de tous temps, ils ont appliqué chez eux les principes de l'appropriation privative de leur bétail mais aussi de leurs terres... »
Je n'ai plus l'énergie de lui rétorquer quoi que ce soit. Les secondes qui passent me font l'effet de durer une éternité. Je prie pour que John arrive et me sauve de ce mauvais pas lorsque, tout sourire, le futur milord de Kajiado, également promis, j'en suis sûr, à un bel avenir à l'échelon national, me met un gros mémoire entre les mains. Un mémoire universitaire, le sien. Il me déclare avec fierté : « c'est le mémoire de licence que j'ai moi-même rédigé sur le régime foncier des Maasaï, lorsque j'étudiais à Cambridge, au *Trinity College*. « Toutes mes félicitations » dis-je mécaniquement en imaginant à l'avance l'idéologie ayant présidé à son élaboration. Il avait donc étudié le droit dans l'un des collèges les plus réputés de Grande-Bretagne. Indubitablement, son passage au pays de Shakespeare avait édulcoré ses origines au point qu'il s'était lui-même transformé en une caricature d'Anglais, mais pas de n'importe quel Anglais, d'un Anglais au cursus sans tache Eton-Cambridge. J'ai l'idée de lui exposer mes vues en faisant un parallèle entre la nature de sa présente activité en pays maasaï et celle qui présida, au début du siècle, au premier recours des Maasaï en justice, et sans doute d'un peuple premier dans le monde.

L'histoire est bien utile parfois, et je dois, malgré moi, esquisser un sourire que, j'espère, il ne prend pas pour de l'ironie. Un seul et unique avocat, Alexander Morrisson, avait jadis tenté de rétablir tout un peuple dans ses droits et aujourd'hui, il fallait une myriade de juristes rompus au droit dit moderne pour rétablir dans ses droits subjectifs chaque Maasaï pris individuellement, sans aucune considération pour les valeurs communautaires de la culture dont il était issu. « L'avocat a joué un grand rôle au début, lorsque les Blancs ont envahi les hauts plateaux maasaï ; entre ce moment et maintenant, plus rien, et puis, aujourd'hui, on assiste ici à une ruée des hommes de loi au moment où l'espace, objet de tous les litiges, est dépouillé de sa dimension et de ses repères, dis-je, en préambule. Il n'est pourtant pas trop tard pour tenter de préserver les derniers pans indivis de territoire qui restent. Les *Loïta* s'y emploient plutôt bien, malgré les fantastiques pressions dont on les accable. Se battre pour l'indivision d'Iloodo Ariak, et non pas uniquement pour le droit de chaque maasaï enregistré à obtenir un lopin de terre, serait-il par trop utopique ? C'est ce qu'avait fait Alexander Morrisson à l'échelle du pays maasaï tout entier et à une époque où il était seul contre tous. »

— *Indeed, you are right !!!* » Je lui rafraîchis la mémoire sur ce cas unique de l'histoire coloniale : « Alexander Morrisson, avocat à Mombasa, lors du procès de 1913 devant la Haute Cour d'Afrique de l'Est, fit valoir que puisque les Maasaï n'avaient pas signé le second traité, ils étaient toujours tenus par les clauses du premier, et, en conséquence, ils étaient toujours habilités à occuper les deux réserves. Voulant éviter que, sur une simple question de forme, la Cour refusât de statuer pour motif d'incompé-

tence, il avait motivé son action sur le fait que le premier traité était un contrat civil, toujours en vigueur dans la mesure où le second n'avait pas reçu le consentement des Maasaï susceptibles de pouvoir décider au nom de tous. Le juge déclara qu'il s'agissait bien de traités, et non pas de contrats, et en plus de traités équivalant à des décrets d'Etat opposables devant aucune des cours du protectorat... L'affaire maasaï est devenue un célèbre cas d'école, illustrant comment le droit moderne peut être l'instrument idéal de justification du pouvoir tyrannique d'un Etat, dis-je en guise de conclusion. » Maître Ntuyoto est attentif comme s'il s'était mis à la place d'Alexander Morrisson.
J'achève mon récit par ce que déclara de façon savoureuse le juge de l'appel, l'année suivante : « l'idée qu'il pût exister un système de droit auquel un homme est tenu d'obéir, bien qu'à tout moment cet homme soit sous la menace de se voir privé de la protection de ce droit, est une idée que les avocats anglais ont beaucoup de mal à admettre. Il leur sera pourtant plus aisé de l'accepter en se souvenant que le protectorat s'applique à un pays où une minorité dominante d'hommes civilisés exerce son contrôle sur une majorité d'individus semi-barbares ! »
John n'est toujours pas en vue, je me demande ce qui a pu le retenir. *« Indeed, you are very right !... »* L'avocat, à n'en pas douter, est présent, lui. Je reviens à la situation actuelle : « si je me suis permis de vous faire cette analyse du passé, c'est parce que aujourd'hui pas grand-chose n'a changé et que je suis d'avis que ce n'est pas par les tribunaux qu'éclatera la vérité. Du moins à ce stade. Le droit moderne, on peut lui faire dire ce que l'on veut pour peu qu'on ait le pouvoir de son côté. Et aujourd'hui comme hier, les Maasaï ne le possèdent pas. La seule chose à faire, selon moi, est de stimuler la cohésion communautaire qui

à son tour leur donnera le goût de se transcender pour inverser le rapport de forces à leur avantage. Et vous n'y parviendrez sûrement pas en les rassurant individuellement sur le fait de recevoir une parcelle dérisoire. Par contre, si vous parlez de leur cohésion, et vous leur dites qu'*Iloodo Ariak* est votre terre, qu'elle est à vous tous, que vos enfants doivent se voir reconnaître sur elle un droit collectif, de même, si vous leur montrez les aspects pervers du droit subjectif qui nie toute dimension spirituelle et réifie la nature, là, on peut espérer que, grâce à la prise de conscience des victimes, des groupes ou personnalités influentes du monde extérieur auront à cœur de relayer la lutte avec un formidable impact.
— *Indeed, indeed !* » Je demande à Stan de lui parler de la position des *Loïta* à ce sujet, tandis que je m'éclipse pour aller voir où en est John et surtout me reposer les nerfs. C'est toujours épuisant que d'essayer de convaincre les gens, et souvent vain, mais qui sait ? Parfois, je crois que c'est moi qui ne suis pas dans le vrai, que j'ai peut-être tort de vouloir rendre les situations meilleures qu'elles ne le sont, et que tout bonnement je perds mon temps. Dans ces instants de grand doute, tout m'échappe et j'en arrive à me dégoûter moi-même. Je me dis alors qu'il me faut au plus vite me remettre dans le droit chemin, du moins celui qui a le mérite de vous faire accepter les choses telles qu'elles sont. Mais les choses telles qu'elles sont sont-elles acceptables ? « *Esupen*, vite, nous partons à Kiserian, on est venu me prévenir que Johnson cherchait à nous rencontrer car il organise la semaine prochaine une marche de protestation dans les rues de Nairobi. J'ai eu du mal à trouver de l'essence. » La voix de John suffit à me faire oublier ma légère baisse d'enthousiasme.
« Qui est Johnson ?

— C'est un ami d'Eliud. Il se bat pour que le scandale d'*Iloodo Ariak* ne soit pas étouffé, et, à cause des menaces et des intimidations qu'il subit, il est constamment obligé de se cacher et de changer d'endroit. Pour mieux protéger ses amis spoliés de ce harcèlement et aussi pour « conscientiser » les aînés, il a formé un groupe de défense qu'il a appelé les *Ilmerisho* (les vainqueurs) ! »

Epilogue

« Il me fallut des années pour comprendre
que le plus important dans le voyage, pour un écrivain,
ce sont les gens parmi lesquels il se retrouve. »
V.S. Naipaul

En rentrant au village un peu plus tôt, j'avais croisé un très vieil homme. De loin, il m'avait semblé que c'était Leparakuo ole Sankuya. J'avais pris mes jambes à mon cou pour le saluer et savoir si son absence ne serait pas trop longue. Il ne restait plus guère que deux jours avant mon départ. Je voulais encore évoquer avec lui l'avenir de leur culture mise à mal par la réification rapide de leur environnement. De plus, je savais qu'en raison de son âge nous n'aurions plus beaucoup d'occasions de nous revoir. En m'approchant très près de lui, je vis que ce n'était pas mon père mais l'un de ses vieux amis. Etait-ce leur sagesse qui les faisait, à s'y méprendre, tous se ressembler ? Plusieurs fois déjà, je m'étais laissé prendre au piège de ces merveilleux grands sages. Adossé à la maison de *mamaï*, je n'ai pas mis longtemps à m'asseoir près de *papaï*, au seul endroit plus ou moins protégé du soleil dru de la mi-journée. Il n'a revêtu que ses drapés à carreaux rouge et blanc. La chaleur est sèche et dense. Hormis nous, ainsi que *mamaï* et Lengete, le village est désert. Cette étrange sensation est accentuée par le bourdonnement intermittent de mouches voletant autour de mes oreilles. Il y a de la malice dans le sourire de *papaï*. Il croque un morceau de tabac et de sel cristallisé extraits de sa tabatière numérotée qu'il vient de finir de remplir. A présent je ne commettais jamais plus la faute de goût d'arriver les mains vides et surtout sans les fameux *olkumpau* (tabac) et *emakat* (pierre de sel) dont j'avais fini par déceler sur les étals les subtiles nuances de qualité. A la place d'une moquerie, il me gratifiait désormais d'un grognement de plaisir. Malgré la disparition des grands villages communautaires, je sais, comme c'est le cas de tous les anciens admirés et traités avec déférence, qu'il continue de percevoir le temps de la vieillesse non comme celui de l'isolement et de la peur, mais comme celui où se maintient tout l'intérêt qu'il y a à vivre au milieu des siens. Ce n'est pas pour rien qu'il est reconnu comme un *enkopiro*, une plume fort respectée. Avec lui, nul besoin de poser des questions précises. Je me souviens qu'après les tests prolongés de notre première rencontre, j'avais été séduit par son intime compréhension de mon questionnement. Sa faculté d'anticipation, sa facilité d'expression ainsi que son élégante éloquence avaient toujours été pour moi sources d'émerveillement. Je comprenais aussi pourquoi les Maasaï s'étaient rendus si célèbres auprès des autorités coloniales britanniques pour leur art oratoire allié à leur amour de la vérité.

Cette vérité, il n'avait pourtant fallu la conquérir de haute lutte lorsque j'avais élu domicile chez lui la toute première fois. *Papaï* et tous les autres étaient intarissables et les informations qu'ils me distillaient, ou plutôt les histoires qu'ils me contaient, avaient d'emblée été si riches que trois mois de terrain, avais-je pensé naïvement, devaient suffire à « plier » mon étude. Ils m'avaient tout bonnement mené en bateau jusqu'à ce qu'un jour je me rendisse compte de l'inadéquation entre leurs dires et la réalité. Cette prise de conscience se fit à l'occasion de la « cérémonie de la viande ». Après que Naserian eut rituellement donné la viande à Naiyielenya, il m'avait été dit que les moranes viendraient purifier leur maison en y mettant le feu ! Il n'en avait rien été et j'avais revécu ce même drame de l'enfance où tous vos rêves, Père Noël en tête, s'écroulent en une fraction de seconde. Ma recherche, surtout de moi-même, avait débuté ce jour-là. *Papaï* m'expliqua le lendemain que puisque je ne leur distribuais pas d'argent, contrairement à une pratique courante chez les universitaires lâchés sur le terrain, la seule alternative était que je devais devenir un jeune « missionnaire ».

Papaï parle. Je l'écoute : « Moshookia ole Tulutian est mon compagnon de classe d'âge. Il vit à *Maroro*. Nous ne nous étions plus rencontrés depuis des jours parce que nous sommes vieux pour nous rendre mutuellement visite. Je demande à chaque occasion aux gens qui viennent de ce côté comment il va, et lui de même. J'ai eu l'honneur de sa visite car il s'est rendu un peu plus haut à une réunion d'*iloïkop* (prix du sang), chez son beau-frère Parsoi ole Purkei. Cette réunion devait fixer la procédure de paiement du prix du sang à cette famille. Un frère du père de son beau-frère a été tué accidentellement il y a près de quarante ans. Comme le meurtrier est mort lui aussi, on a laissé le temps s'écouler jusqu'à ce que la famille de Parsoi réclame la tenue d'un conseil avec l'ensemble des aînés alentour. Mon ami m'a annoncé que la réunion avait été annulée en raison d'un nouveau décès survenu dans la famille du coupable. Je n'y étais pas, mais ils ont bien fait de l'ajourner jusqu'à ce que cette famille surmonte son chagrin d'avoir perdu l'un de ses hommes. Nombreux sont ceux qui viennent jusqu'à moi pour me demander s'il était judicieux d'annuler au dernier moment une discussion d'*iloïkop* lorsque celle-ci était sur le point d'aboutir. Je leur ai dit que c'était une chose juste, car ce n'était pas cette famille qui avait refusé de continuer mais Dieu qui avait fait son oeuvre. Nous saurons attendre. *Iloïkop* est dangereux si l'on ne procède pas avec amour et bon sens. Soyons patients. » Un jour, leur conception du droit ne sur-

vivra peut-être plus que pour gérer la mort.
Je me souviens d'une métaphore de Karen Blixen que je trouve très belle : « Rétablir l'équilibre changeant des circonstances... Comme l'eau qui afflue là où le niveau baisse, ils cherchent à combler les trous que le destin creuse ». Les anciens se livrent encore de nos jours à des calculs passionnés pour déterminer qui, et avec quel nombre de têtes de bétail, devra contribuer à éteindre la dette des quarante-neuf vaches — le prix du sang, lui, demeurant le même dans tous les cas. Seule cette tâche leur incombe vraiment. Ils sont persuadés qu'ils ne seront jamais en paix et qu'ils ne prospéreront pas tant que ce genre de dette n'aura pas été réglée. Pour le reste, à savoir la responsabilité individuelle ou la recherche de circonstances atténuantes, ils ont la sagesse de croire qu'elle les entraînerait sur des chemins bien trop tortueux. Mon père, lui, ne craint pas de m'entraîner trop loin, de son timbre certes affaibli mais toujours aussi magnétique : « ... à part les vieilles personnes dont on dit qu'elles se sont endormies, face à la mort, les Maasaï croient que l'individu qui a cessé de vivre a perdu la vie en raison d'une mauvaise action. S'ils retracent sa vie, ils retrouveront la cause de sa mort. "Dieu te fait payer pour ce que tu as fait !" est un proverbe encore en vigueur aujourd'hui. Je continue d'assister à beaucoup de cérémonies de deuil malgré mon grand âge car beaucoup de familles requièrent ma présence pour être sûres que tout se passera bien. Si c'est un père qui s'est endormi, les aînés sont là pour veiller à ce que le serment de la dernière parole soit respecté. Le père laisse un message avant sa mort aux anciens de son clan de telle sorte que ses fils sachent rester ensemble en bonne intelligence, car chacun pourrait être tenté de prétendre au *leadership* familial et à l'obtention de la plus grosse partie de

l'héritage. Cette raison est suffisante pour engendrer de graves conflits. De nos jours, ceux qui vont à l'église font appel à un homme du PEFA (*Pentecostal Evangelism Fellowship of Africa*) pour y ajouter une bénédiction moderne... Ce qui est mal, ce sont les femmes qui vont à l'église et qui pleurent alors qu'elles n'ont pas de deuil à porter. Toute l'année, lorsqu'elles reviennent de l'église, elles s'écroulent le visage en larmes alors que personne chez eux n'est malade. Non, celles-là ne prient pas Dieu, elles se comportent mal. D'autres qui vont à l'église ont une attitude normale et n'oublient pas pour autant les prières spécifiques à notre religion. Lorsque à l'église, on leur dit de fermer les yeux, elles les ferment; lorsqu'on leur dit de les ouvrir, elles les ouvrent. C'est donner à Dieu le respect qui lui revient et c'est bien. A part les idiots, nul ne doit minimiser le pouvoir de Dieu. Aujourd'hui, plus personne ne prête attention à l'autre. Les gens se querellent pour des petits riens. Les plus jeunes ont perdu tout respect pour leurs aînés. Lorsqu'un jeune me rencontre en chemin, il ne s'arrête plus pour me saluer avec les mains, les paroles de bienséance et les nouvelles; il se contente de hocher la tête en prononçant deux mots: *Supa papaï* ! Il n'y a pas si longtemps, les Maasaï avaient encore une culture forte. Aujourd'hui, si quelques-uns parviennent à sauvegarder les traditions et que d'autres changent en raison du *Maendeleo* (Développement, en swahili) tout en continuant de s'intéresser à une partie d'entre elles, beaucoup les perdent de vue complètement. Ils sont stupides car ils sont persuadés que c'est bien de délaisser notre enseignement en faveur de l'éducation moderne. Or, l'éducation est beaucoup une question de chance. L'un pourra devenir un DC (*District Commissioner*), mais l'autre sera un *owushuushi*, un vagabond sans espoir. Il ne lui restera alors plus rien.

Ces gens stupides ne plantent plus un zizyphus mucronata à proximité de leurs maisons lors des cérémonies de circoncision. C'est très grave, cette perte de culture. Nos jeunes gens qui travaillent en ville font l'amour avec des femmes *kamba* ou *kikuyu* et finissent par accepter de les épouser sans dot sous la pression de leurs futurs beaux-parents à cause de nos terres. Grâce à cette tactique, ce sont toutes leurs familles qui finissent par s'installer en pays maasaï. Ce n'est plus comme autrefois, où nous étions peu nombreux sur de vastes territoires et où nous croyions que les seules vraies richesses étaient les femmes, les enfants et les vaches. A cette époque, les femmes d'autres sangs étaient très prisées, et elles comptaient en général parmi les plus actives de notre société. De nos jours, les femmes provenant des ethnies voisines ne nourrissent plus de curiosité à l'égard de notre langue et de nos traditions, leurs enfants n'ont plus de culture en propre et parlent de façon hybride. Ces femmes transforment en profondeur leurs maris et ce sont elles qui décident à leur place. Ces hommes-là ne sont plus des Maasaï car ils n'initient plus leurs enfants, ne prennent plus part à nos cérémonies et n'ont plus de *pakiteng* (amis qui se sont échangé une vache), d'oncles, de clan. C'est la pire chose qui puisse nous arriver, ne plus avoir d'amis, de parents ou de voisins sur qui compter en cas de besoin. Je regrette les Anglais, car même s'ils nous avaient volé nos meilleures terres et étaient parfois autoritaires à l'instar de *Ntalamiya*[24] (Lord Delamere), ils ne se mêlaient pas de nos affaires. Le monde et la vie étaient un enchantement, pas comme maintenant. Il y avait les aînés et les moranes. Les

[24] Transposé en langue maa, Lord Delamere = *Ntalamiya* est devenu un prénom courant. Lors d'une réunion, *Ntalamiya* sert aussi à qualifier l'attitude hautaine et autoritaire d'une personne.

rôles étaient clairement distribués. Les colons laissaient les aînés gouverner les affaires de la société maasaï. Notre culture ne souffrait d'aucune restriction. Lorsqu'un conflit émergeait entre deux groupes, les aînés se divisaient eux-mêmes en deux parties selon le clivage existant puis confrontaient les points de vue par le biais de délégations appropriées. Aujourd'hui, les aînés sont les conseillers de l'une ou l'autre des parties au conflit. Donc, plutôt que de tenter de le résoudre, ils l'attisent. Je me suis rendu l'autre jour à un meeting pour tenter de réconcilier deux sections, les *Kaputiei* et les *Kisonko*, qui se sont à nouveau battues à *Eselenkei*. J'ai dû utiliser la force. Parce que des morts d'hommes eurent lieu juste en présence de l'administration. Et ils n'ont rien fait pour arrêter les coupables. Le DC était là, et plusieurs hommes se sont tout de même fait tuer. Durant la colonie, une telle chose eût été inimaginable. Nous avons tenté d'arrêter l'escalade du conflit en usant de la force et non de la compréhension. Nous ne pouvions pas nous asseoir devant la scène et les regarder se battre. Nous devions aller au devant des combattants pour les séparer. Depuis l'indépendance, les choses n'ont fait qu'empirer car nous sommes désormais à la fois les administrateurs et les moranes. C'est mal. Si aujourd'hui un seul homme décide de m'exploiter, de me dominer, il le peut. Il peut corrompre chaque élément du sytème car plus rien n'est clair. Tout est rendu possible par le fait même que les gens ne sont plus ouverts aux autres. C'est la politique qui est responsable de la destruction de notre culture. Elle divise les Maasaï en les prenant séparément en tant que membres de tel clan ou de telle classe d'âge. Tout le monde s'y perd. Les politiciens ne s'intéressent pas aux opinions des autres, ils prétendent qu'ils sont les plus intelligents pour comprendre les questions modernes. Ils décident entre eux en secret. Les Maasaï disent qu'"une seule tête ne peut venir à bout de la connaissance !" Cela veut dire que l'opinion d'un homme ne peut fonctionner seule en excluant celle des autres. Les politiciens font tout pour mettre du désordre dans les lieux où ils n'ont pas eu de voix. La façon de faire d'autrefois était bonne parce que c'était la section tout entière qui se rassemblait sans dire "c'est tel ou tel" clan et tous acceptaient unanimement les décisions des aînés... L'administration nous met partout des pièces de métal posées sur des blocs de ciment (bornes) pour délimiter la terre de chacun de nous. "Nul ne peut vivre tel un oiseau sur une branche !" Que deviendront ceux qui ne possèdent pas un *"title deed"* (dit par lui en anglais) ? Mais les anciens tels que moi, nous disons " si Dieu le veut ainsi !". On commence presque à s'y habituer. Les jeunes aînés acceptent aveuglément la subdivision car ils ne veulent voir que les bons aspects de posséder un bout de terrain à soi, y construire une maison permanente, y faire vivre leur seule famille, y avoir une sépulture ou creuser un point d'eau. Ils ne réalisent pas ce qui pourra leur arriver une fois que ce sera fait, comme ce qui s'est passé avec les Maasaï du Nord qui ont vendu une bonne partie de leurs terres une fois subdivisées. C'est comme un homme qui gaspille son troupeau et met sa famille en danger, mais qui malgré tout continue à vendre ses animaux et à accroître les problèmes. Une majorité de Maasaï ne connaît pas la valeur d'un titre de propriété. C'est quelque chose de nouveau, et ils ne maîtrisent pas bien la façon dont un tel système doit fonctionner. Il est très facile de faire boire ceux qui ont des problèmes en période de sécheresse et de les amener par la ruse à le vendre. Je suis triste de voir tant de pères de famille qui ont vendu leur terre pour acheter une voiture d'occasion.

Celle-ci cassée, ils deviennent *olowuaru* (léopard), errent de place en place pour mendier, ce qui pour nos traditions ne s'est jamais vu. Nos femmes ont créé un nouveau chant à ce sujet : « *je dis au Maasaï, ne vends pas ta terre, cela te mènera nulle part. Le Shilling n'a pas de but, il ne sert qu'à te faire boire de la bière. La bière détruit des familles entières et nous fait régresser. La vente de ta terre te suffira à peine à payer deux jours de ta vie. Le troisième jour, une voix te dira : bouge ! et trouve-toi un nouveau lieu de vie. Tu as acheté une imposante Mercedes, tu pensais que c'était la seule façon de jouir de la vie alors que souffrent tes enfants. Ne vends pas ta terre parce qu'un Shilling n'est rien. Il n'est pas un être en vie qui louera ton attitude. Celui qui te dit "vends ta terre !" est comme le lion un insatiable gourmand. Les jours suivants, tu t'en iras et deviendras gardien de nuit, ta maison sera condamnée à la misère et tes enfants seront livrés à eux-mêmes dans la brousse... Une prostituée kikuyu te dira: "esupen ! ndauwo ! mon meilleur ami !" Elle prétendra : "je suis la plus belle pour toi !"* Le shilling n'a d'autre but que de te faire boire de la bière. La subdivision de notre pays détruit notre liberté de mouvement. Si Naiyielenya et moi-même n'avons plus d'herbe sur nos deux portions, nous sommes désormais contraints de requérir auprès d'un autre propriétaire la permission d'y emmener paître nos animaux. Ceux dont les troupeaux sont plus nombreux se mettent à louer des terres à ceux qui en ont moins. Et les plus riches n'hésitent plus à acheter les pâturages des plus pauvres. Demain qu'en sera-t-il de l'application de notre dicton "tu l'as aujourd'hui, je l'aurai demain" ? Les villages individuels ont tant d'inconvénients. Un homme avec une seule épouse, des problèmes surgissent, comme par exemple un accouchement, que fait-il ? Personne pour traire ses vaches, pour cuisiner, laver les enfants. C'est le gros problème de ces nouveaux villages. Il n'y a par ici quasiment plus d'*inkanasan*, les grands villages comme celui dans lequel nous vivions jadis avec toi. Ils ont disparu en prévision de la subdivision. Les seuls gros villages qui demeurent sont des villages d'une seule famille mais avec plusieurs épouses et des enfants en grand nombre. Dans de tels villages, nous n'avions jamais de souci. Une difficulté était immédiatement résolue par un soutien sur place. L'entraide était omniprésente et pour l'obtenir il n'était pas nécessaire de la réclamer tant les gens étaient ouverts aux autres. Donner son soutien était une chose spontanée. L'autre grand avantage concernait les enfants. Ils étaient nombreux et d'une grande joie de vivre. Ils s'inventaient des jeux avec les vaches, dans les enclos, ou avec l'*enkukuo* (charbon de bois) et pouvaient aller d'une maison à l'autre. Les mères et les grands-mères prenaient un grand plaisir à leur conter des tas d'histoires sur les moranes, les chasses au lion et les raids de bétail. Les plus grands les apprenaient et les racontaient à leur tour aux plus petits. Ils étaient autonomes car ils jouaient entre eux sans nous perturber, bien au contraire. Ils étaient notre plus grande fierté. On leur apprenait comment enlever une épine du sabot d'un mouton ou comment aider à mettre bas les veaux et les agneaux. On leur enseignait aussi des chansons à chanter aux animaux, des chansons qui expriment l'orgueil de posséder un troupeau et l'amour qu'il suppose de leur part pour obtenir leur nourriture favorite, de la viande et du lait. Avec cette nouvelle façon d'habiter seul, nous essayons juste de faire comme avant. En cas de problème, nous allons dans les villages voisins requérir du soutien. Car comme avant, les gens continuent d'aider du mieux qu'ils peuvent. Vous pouvez toujours compter sur vos amis et vos parents... »

Papaï est interrompu par son petit-fils Leyian qui, avec application pour ne pas renverser, lui apporte de la part de *mamaï* une tasse pleine d'un liquide que j'ai du mal à identifier. « C'est le médicament que j'ai demandé à ma femme de préparer, à partir d'extraits d'écorce bouillie de l'albizia anthelminthica. Quand il est refroidi, on le mélange à un peu de lait et on le boit. C'est très bon pour les articulations et aussi l'estomac. On l'utilise également comme vermifuge.

— Vous utilisez encore beaucoup les plantes pour vous soigner ?

— Oui, mais il y a peu encore nous ne connaissions que ce type de médicaments naturels. Tout Maasaï qui a reçu l'enseignement traditionnel est capable d'identifier les pouvoirs prophylactiques ou curatifs de chaque plante, de chaque arbre, de chaque fleur. Mais les jeunes générations qui vont à l'école ne sauront plus rien car c'est en étant morane qu'on apprend tout cela. La première soupe que l'on donne à une femme qui vient d'accoucher, comme ce fut le cas chez Naiyielenya, est faite à partir de l'écorce d'un arbre froid[26]. Pour le nourrisson, on fait bouillir les racines d'acacia *specialis* et de commiphora *specialis*. On lui donne de ce liquide régulièrement pour faciliter sa digestion et prévenir de maladies graves comme la dysenterie. Quand j'ai de graves douleurs de digestion, je mélange de la graisse de boeuf, de mouton ou de chèvre à une soupe d'écorces et de racines de cassier, je bois le tout, ce qui me fait vomir. Je suis guéri. Ceux atteints de maladie vénérienne se procurent des racines d'euphorbe qu'ils font bouillir avant d'y ajouter la graisse pure d'un animal bien

[26] Les Maasaï classifient les arbres en deux catégories: les arbres chauds, avec épines, et les arbres froids, sans épines, ces derniers étant sacrés.

gras, mouton, chèvre ou boeuf, abattu pour la circonstance. Après avoir bu le mélange, la maladie s'échappe avec l'urine dans les deux jours qui suivent. Pour mes yeux, je me sers d'une plante que je coupe de mes mains pour en extraire un liquide jaunâtre, et je l'applique, cela me soulage de mes irritations. Ou si je me blesse en marchant, je fais sortir un liquide épais contenu dans le commiphora et l'applique à l'endroit touché. Cette crème éloigne les mouches et sèche la plaie rapidement. Mais, avec ces arbres-là, on fait aussi des soupes pour purger le corps et le renforcer, ou en cas de fièvre. On y ajoute alors des racines de pappea *capensis* ou d'arbre noir. Tous les jours, je les remercie d'exister. »
Je suis si absorbé qu'à présent j'écoute le silence de *papaï* d'une oreille tout aussi attentive. C'est aussi cela la force de l'oralité. *Papaï* parle avec son coeur et son coeur parle encore lorsque ses paroles font une pause. Et, selon une même gestuelle quotidiennement répétée, comme s'il faisait une offrande au Créateur pour se purifier, il saisit sa tabatière qu'avec douceur il secoue d'une main pour verser dans l'autre des fragments de tabac. Après les avoir sondés du bout des doigts, il en retient un seul qu'il porte à ses lèvres non sans avoir au préalable veillé à ce que la moindre particule réintègre son précieux écrin. Le ballet des mouches continue dans la lumière du soleil tandis que je change de face à ma cassette. Je jette un bref coup d'oeil à *papaï*, il ne fait pas un geste pour tenter de les écarter. Il est calme et serein. Il pourrait se laisser aller ainsi à me parler jusqu'à la nuit tombée, sans s'énerver mais au contraire en éprouvant un réel plaisir comme si le fait de s'exprimer avec les mots libérait chez lui de l'endorphine. Je sens bien, malgré sa sérénité intacte, que le vieil homme a la nostalgie de l'époque à jamais révolue où toutes ces

plaines et ces collines qui nous entourent s'animaient d'une vraie vie et où les mots «privatisation» et «politique», alors parfaitement inconnus, n'étaient pas encore devenus les pires maux qui soient. De gros nuages blancs s'élèvent au nord et à l'ouest, comme des montagnes dressées sur les rideaux d'arbres agités par le vent. Saisissants de beauté mais inefficaces pour repeindre en vert les sols réduits en poudre. Je manque me brûler les doigts en m'empressant de saisir la timbale, remplie jusqu'à ras bord d'un thé bouillant, que le petit Leyian vient m'apporter. Je me penche pour la déposer à droite de mon tabouret, et mon oeil capte à l'horizon une chose qui me fait croire à une hallucination. A moins que ce ne soit le fruit d'une illusion d'optique, plausible si j'en juge par la lumière blanche soudainement transformée en ambre. Un tertre gris bleuté est en train de se mouvoir telle une vague à la marée descendante !
« Ce sont des pintades, m'assure *papaï* comme si c'était une évidence. Elles se regroupent pour mieux se protéger. Vois si elles ne sont pas poursuivies par des lycaons ! » En effet, la tache sombre et mouvante des gallinacés en surnombre est suivie comme son ombre par une meute de créatures qui, vu d'ici, ressemblent à s'y méprendre à des chiens. Je n'ai jamais assisté à pareil spectacle. Je ne les quitte pas des yeux. C'est leur nonchalance qui me surprend le plus. Ils avancent lentement en trottinant sans conviction. Serrés les uns contre les autres par centaines, les oiseaux sont par contraste pris de panique, piétant à portée de leurs mâchoires que j'imagine larges et puissantes. Je me lève pour traquer cette rarissime ondulation, à présent cachée par la maison, mais, ayant emprunté le plissement de terrain situé à l'arrière du village, bourreaux, victimes et palpitante poursuite ont disparu de mon

champ de vision. Je ne connaîtrai jamais le dénouement. Le ciel est maintenant strié de rose et d'or, et les nuages blancs moutonnent au ras de l'horizon. Mes poumons se dilatent dans la fraîcheur du soir. Craignant peut-être sa réponse, j'hésite à poser à mon père cette ultime question qui me taraude, mais je me lance sans réfléchir car j'entends Selei et les beuglements résignés de ses vaches. « Pensez-vous que l'école et la modernité finiront par détruire la raison d'être de vos traditions ?
— Quand le dernier morane aura disparu, alors, oui, ce sera aussi la fin de nos traditions. Parce que le temps des moranes, c'est ce qui donne vie à la culture maasaï. Il est en train d'être remplacé par quelque chose d'étranger. Nous espérons être en vie pour assister aux changements ! Bien que notre école des moranes soit mise au ban par l'Etat, elle mettra un temps interminable à disparaître partout et définitivement. Mais, à mesure que le temps passe, les moranes et notre éducation traditionnelle se diluent et s'affaiblissent toujours plus. Dieu en sera seul juge ! Il y a surtout la politique qui sème la zizanie et l'irrespect. Ce sont les aînés qui gouvernent la société maasaï, et, dans toute délibération, chacun exprime son opinion en se levant à tour de rôle. Les problèmes n'ont pas besoin de vote pour parvenir à des solutions. Lorsque tous les avis ont été formulés, la décision s'opère d'elle-même et chacun a le sentiment qu'elle lui revient. Le vrai prestige d'un homme se mesure d'abord à son intelligence, à sa sagesse et à sa modestie. Généralement, il atteint cette supériorité avec l'âge, au travers d'une lente expérience acquise au contact et par l'observation attentive des générations précédentes. Il apprend à être patient dans toute réunion, même la plus conflictuelle, car, s'il a mauvais caractère en parlant, il sait qu'il ne pourra distinguer la vérité du men-

songe. Il doit être raisonnable et jamais nerveux pour faire émerger la logique en mouvement derrière les avis individuels, et délivrer sa propre opinion la plus sensible qui soit. Il est ce qu'on appelle une plume, c'est-à-dire le contraire de "quelqu'un qui parle beaucoup pour ne rien dire, en effleurant un sujet sans l'aborder au fond avec ses propres arguments". Aujourd'hui, les politiciens l'utilisent pour être un supporter. Ils savent bien que c'est lui qui exerce l'influence la plus grande pour orienter une discussion et parvenir à une prise de décision acceptable de tous. Dans ces conditions, comment pourra-t-il continuer à être impartial comme l'exigent nos traditions ? Mais le pire de ce qu'on nous inflige, c'est l'obligation de posséder la terre. Chez nous, la terre appartient à tout ce qui existe. Le véritable mode de vie est le partage. La possession qui ravage notre pays et notre culture est l'acte suprême d'exclusion d'autrui par pur égoïsme. Jusqu'à aujourd'hui, personne n'était privé de terre chez les Maasaï. Demain, où iront nos enfants ? »

Glossaire

Chaï : thé.
Emankeeki (pl : *imankeek*) : collier plat de femme.
Emanyata (pl : *imanyat*) : village exclusif des hommes initiés (guerriers).
Emblanketi : couverture utilisée en cape.
Emboo : partie centrale des villages réservée au bétail.
Embombo : vaporisateur mobile.
Emodioi : bouse de vache.
Enaisho : hydromel.
Engudi (pl : *ingudisin*) : bâton de berger.
Enkaï : ciel-Dieu.
Enkaji (pl : *inkajijik*) : maison traditionnelle.
Enkang (pl : *inkangitie*) : village.
Enkima : le feu.
Enkiteng (pl : *inkishu*) : vache.
Enkorien : olivier sauvage.
Enkukuri (pl : *inkukurto*) : gourde à lait.
Enkurma (*ugali*, en swahili) : brouet à base de farine de maïs.
Entito (pl : *intoyie*) : jeune fille.
Eunoto : cérémonie de la Plantation.
Eremet (pl : *iremeta*) : lance de guerrier.
Esaei (pl : *isaen*) : perle en pâte de verre.
Esiare narok : bâton de marche.
Esiasa : politique moderne.
Esipolioi (pl : *isipolio*) : jeune initiée.

Kule : lait.

Matatu (swahili) : taxi collectif.

Menye : père de.

Ngoto : mère de.

Oinkat : gnou.

Olaiguenani (pl : *ilaiguenak*) : porte-parole.

Olamal : délégation de paix.

Olameyu : sécheresse, famine.

Olashumpaï : Européen.

Olkarasha (pl *: ilkarash*) : drapé.

Olmurrani (pl : *ilmurran*) : homme en phase d'initiation (entre autre guerrier).

Olngatuny : lion.

Olngesher : cérémonie de la claie-à-viande.

Oloborru enkeene : le tailleur de sangles.

Oloiboni (pl : *iloibonok*) : homme-médecine, prophète.

Oloiboni kitok : homme-médecine de très grande renommée.

Olosho (pl : *iloshon*) : section « tribale ».

Olotuno : le planteur.

Olowuaru keri : léopard.

Olpiron : foret à feu, parrainage.

Oreteti (pl : *iretet)* : ficus, arbre sacré par excellence.

Osingira : maison des rituels.

Osipolioi (pl : *isipolio)* : jeune initié.

Osotwa (pl : *isotwaitin)* : cordon ombilical, parenté.

Table

Imprimé en France,
par Chevillon Imprimeur
à Sens (Yonne)
Octobre 2003